생활과 매너

— Life & Manners —

생활과 매너

조남욱 외

인간사랑

머리말

우리 현대인은 과거 그 어느 때보다도 개방된 정신문화 속에서 삶의 다양성을 영위하고 있다. 그 다양성의 흐름은 산업경제와 과학기술의 발달에 병행하여 세계인을 낯설지 않게 하였으며, 사람마다의 개성을 존중하게 하였다. 그러면서 현대인은 인간 존엄의 보편가치는 곧 개인의 존엄성으로 이어져야 하고 삶의 기반은 더욱 안정되어야 할 것을 희구한다.

하지만 이러한 희망은 그저 성취될 수 있는 것만은 아니다. 거기에는 나의 존귀함만이 아닌 너의 존귀함을 보장하는 배려의식이, 그리고 우리들의 안락만이 아닌 너희들의 안락도 보장하는 공존의식이 요구되는 것이기 때문이다. 이를 향한 일차적인 생활양식은 곧 매너, 에티켓, 예절로 나타난다. 이것은 결국 사람다움으로서의 품격을 높이고 삶의 질을 향상시키는 요인으로 작용한다는 데에 그 의의가 드높다.

이러한 사실을 주목하며 우리 집필진은 특히 대학생의 수준으로 적절한 관련 내용들을 정리해 보고자 수차례의 세미나를 개최해 왔다. 그 결과 무엇보다도 대학의 젊은 시절에 어필되는 분야를 주제별로 크게 '사생활'과 '공생활'의 두 영역으로 나누면서 바람직한 매너의 실제를 모색해 보자는 것이었다. 그러면서 오늘의 우리들 삶 속에서도 살아 움직이고 있는 전통적 예속과 그 법제적 양식 및 북한의 가족관까지를 확인해 보려고 했다.

이 책의 편찬은 대학 교양과목 한 학기 수업용으로 구성한 것이기 때문에 일상적인 예절 그 모든 것을 수록하려 하기보다는 관심 주제별로 시대성과 정의감 및 실천성을 제고하는 데에 유의하여 이루어진 것이다. 그리고 곳곳에 '토론해 봅시다'를 붙여 공동의 학습 효과를 높여가고자 했다. 물론 전반적인 교수과정에서는 제시한 사례 중심의 다양한 영상물들도 함께 활용될 것이다.

이제 우리는 오늘의 경제력에 비례하여 매너와 예절을 더해 간다면 우리들은 다시 고급의 세계문화인으로 거듭날 수 있다는 신념을 따라 이 교재의 존재 의의가 평가되기를 기대한다.

그리고 이번의 집필진과 생각을 같이하여 출판에 앞장서 주신 인간사랑 여국동 사장님께 깊은 감사의 마음을 올린다.

2006년 2월

조남욱 외 집필자 일동

Contents

차례

PART Ⅱ 공생활과 예절 Public Life & Manners

PART I

사생활의 예절
Private Life & Manners

1

가족과 나

"君子之道 造端乎夫婦 及其至也 察乎天地"(中庸 12-2)

군자의 길은 그 실마리가 부부에게서 시작된다. 그것이 지극함에 이르게 되면 하늘과 땅에 가득 차 밝게 드러난다.

사례 최인호 가족의『할아버지의 사랑법』

손녀딸 정원이가 집에 와 있는 지 벌써 수개월이 되어 간다. 정원이를 보면서 느끼는 점은 아버지가 되어 아이를 키울 때와 할아버지가 되어 손녀를 키울 때의 사랑법이 다르다는 점이다. 나도 분명히 두 아이를 키운 아버지였지만 어떤 방법으로 아이를 키웠는지 까마득히 잊어버리고 있다. 지금 생각하면 닥치는 대로 키웠던 것 같다. 집사람도 정원이를 볼 때마다 그 점을 한탄하곤 한다.

"우리가 어떻게 다혜와 도단이(최인호의 딸과 아들)를 키웠는지 지금 생각하면 아슬아슬하기만 해요." 아내의 말은 정확하다. 다혜와 도단이 두 아이를 키웠지만 아내의 말처럼 지금에 와서 생각하면 아슬아슬한 줄타기를 한 기분이다.

그런데 정원이를 보면 모든 게 신기하다. 그저 무엇이든 정원이가 원하는 대로 다 해주고 싶은 것이 할아버지의 마음인 것 같다. 가지고 싶은 것은 다 가지게 해주고 싶고, 떼를 써도 다 받아주고 싶다. 요즈음엔 생떼가 늘어 곧잘 미운 짓도 하지만, 나는 버릇이 나빠진다 하더라고 정원이가 하고 싶은 대로 다 해주고 싶다. 그래서 할아버지나 할머니가 키운 아이는 버릇이 없다던가. 때로는 아이가 떼를 쓰며 울어도 모른 체하는 것이 아이를 교육시키는 참방법인 줄 알면서도 막상 아이가 울면 나는 정원이의 입에 사탕을 물려준다. 벌써 이가 일곱 개나 썩어서 치과에 가서 마취를 하고 충치치료를 했음에도 불구하고. 그래서 다혜가 정원이에게 사탕이나 초콜릿을 주어서는 절대 안 된다고 엄령을 내렸지만 아내와 나는 정원이가 울면 입 안에 초콜릿을 살짝 넣어준다. 정원이도 눈치가 빨라 지 엄마가 있을 때는 사탕을 달라는 떼를 안 쓰지만 지 엄마가 안 보일 때는 슬쩍 내게 사탕이 있는 냉장고를 손으로 가리켜 보인다. 그럼 나는 사탕을 몰래 꺼내 아이의 입 안에 넣어주는데, 그럴 때면 아이와 나는 공범자가 되어 기분이 짜릿짜릿해진다. 이 세상에서 혼자서 아이를 키우는 것처럼 잘난 체하는 딸애에게 복수하는 느낌까지 들어 짜릿짜릿한 스릴감마저 느끼게 되는 것이다. 그러다가 다혜에게 들키면 나는 혼이 난다.

"아빠가 사탕 줬지?" "아니." "아니긴 뭐가 아니야. 아이의 입에서 단내가 나는 걸." "한 알 줬다. 한 알 줬다고." "한 알이건 두 알이건 내가 주지 말랬잖아. 씩씩 …. 이빨이 다 썩으면 어떻게 할 테야, 아빠가 책임질 테야?" "야 치사하다. 하두 그래서 사탕 하나 줬는데, 그게 뭐 대수냐." "내가 주지 말랬잖아." "안 주면 되잖아. 안 주면 되지."

나는 싹싹 빌지만 하루가 가질 못한다. 정원이가 와서 또 주위의 눈치를 살피며 사탕이 들어 있는 냉장고를 가리키면 나는 한 표라도 더 얻기 위해 현금 봉투를 몰래 건네주는 국회의원 입후보자들처럼 부정한 뒷거래를 사양하지 않는다. 마치 기다렸다는 듯 사탕을 건네주는 것이다.

솔직히 말해서 나는 정원이가 지 애비나 에미보다도 할아버지인 나를 더 따르기를 은근히 바라고 있다. 사탕이나 달콤한 초콜릿은 그 미끼인 것이다.

(2003, 샘터 5월호)

토론해 봅시다.

1. 위의 내용은 소설가 최인호 씨가 쓴 〈가족〉이란 글의 일부분이다. 이 글을 읽고 가족과 가정, 그리고 나의 존재에 대해 조용히 생각해 보기로 합시다.

01 가족, 가정, 그리고 나

1) 가족, 가정, 그리고 나의 존재

인간은 인간과의 관계 속에서 태어나고 또 삶을 영위한다. 그런데 우리의 삶이 시작된 처음을 되돌아 보면 이 세상에서 최초로 나와 인간관계를 맺는 사람은 부모이다. 그리고 우리가 맨 처음으로 접하게 되는 집단도 '가족'과 '가정'이라는 특수 공동체이다. 이처럼 가족과 가정은 우리에게 있어서 사회의 최소단위이며, 부부는 가족과 가정의 단초이다.

가족은 시대적 · 문화적 배경에 따라 다양한 형태와 의미를 가진다. 그러나 보편적이면서 전통적인 가족의 의미는 다음과 같이 정의해 볼 수 있다. 가족은 한 개인이 태어나서 이익사회(Gesellschaft)와는 별개로 상호 의존할 수 있는 혈연관계의 집단이다. 물론 최근 동거형태의 변화에 따라 혈연만을 고집할 수는 없지만 전통적 의미에서 혈연관계는 여전히 가족구성의 중요성을 갖는다. 따라서 가족은 "혼인혈연 혹은 입양에 의해 결합된 집단으로서 하나의 가구를 형성하고 남편과 아내, 아버지와 어머니, 아들과 딸, 형제와 자매라는 각각의 사회적 역할 속에서 상호 작용하며 의사소통하고 공통의 문화를 창조, 추진하는 집단"(Burgess and Locke, 1963)인 것이다. 가족은 구성원인 '사람'을 중심으로 정의한 의미라 할 수 있다.

가정 또한 혈연으로 맺어진 공동체이다. 우리의 삶은 바로 이 가정에서 부모로부터 말미암아 시작된다. 물론 우리는 태어나는 순간부터 독립된 인격체이다. 그러나 그 근본은 부모로부터이다. 부모야말로 바로 우리의 존재 근원이다. 마찬가지로 부모는 부모의 부모에게로, 이렇게 거슬러 올라가다 보면 우리의 생명은 조상에게로, 나아가 인류의 조상에게로, 더욱 나아가 생명의 근원에게로 잇닿아 있다. 또한 우리의 삶은 우리의 자손에게로도 끝없이 이어진다. 결국 가정은 조상으로부터 나에게로 이어져 있고 나로부터 자손에게로 이어지는 영속성을 가지고 있다. 그리하여 우리는 한 개인으로서의 삶만을 살아가는 것이 아니라, 동시에 인류의 무한한 과거와 미래를 이어나가는 소중한 삶도 동시에 살아가고 있는 것이다. 그러나 그 출발은 항상 나와 가정으로부터이며, 가정의 중추인 부부로부터이다. 가정은 구성원인 사람들이 만들어내는 시스템을 중심으로 정의한 의미라 하겠다(보통은 장소를 의미하기도 한다). 그러므로 가족과 가정은 그 중점을 어디에 두느냐에 따라 차이가 있다.

가족과 가정은 이처럼 사회의 가장 작은 단위이며, 우리가 삶을 시작하는 출발점이다. 가족과 가정은 국가 사회를 이루는 기초 단위이다. 가족과 가정은 내가 대인관계를 이루어 가면서 사회생활을 하는 출발점인 것이다. 따라서 사회관계의 기본 질서인 예절도 모두 가정에부터 시작되는 이러한 의미에서 우리 전통의 가부장적 사회에서는 가족의 결속력이 필요했고, 가정의 예절 역시 매우 중요하지 않을 수 없었다.

그럼에도 불구하고 현시점에서는 가족과 가정의 존속이 어려울 지경으로 심각한 해체현상이 급속도로 번져나가고 있다.

사람이 이 세상에 태어나면 당연히 결혼을 하고 자녀를 낳아 길러야 한다는 사회적 통념의 시대는 지나간 것 같다. 실제 독신주의를 실천하는 사람들도 적지 않고, 이성 친구와 동거는 하되 독점적 성생활의 의무나 자녀를 낳아서 기르는 부담에 굳이 얽매이기를 싫어하는 사람도 적지 않다. 결혼을 전제로 한 가족제도를 앞으로도 계속 유지할 필요가 있느냐고 반문하는 이 분야의 전문가가 있을 정도이다. 조선조의 부계 직계가족 형태에서 본다면 이와 같은 변화는 도저히 이해될 수 없다. 이와 같이 가족제도에 대한 의식의 변화가 진행된다면 '바람직한 가족제도'를 논의한다는 것 자체가 별 의미를 갖지 못할 것이다.

어떤 개인이 자신의 신념체계에 따라서 가족제도의 구속을 받지 않는 삶을 원한다면 그는 그렇게 살아도 무방할 것이다. 결혼을 하고 자식을 낳아서 기르는 보통 사람들의 생활양식만이 절대로 옳다고 말하기는 어려울 것이며, 가족제도의 구속으로부터 자유로운 삶을 살고자 하는 사람의 길을 막을 수 있는 뚜렷한 근거를 제시하기도 어렵다. 자식을 출산하여 가계를 계승함이 사람의 도리라는 유교의 가르침을 받아들인다면 결혼을 하여 가정을 꾸미고 자식을 출산함이 인간의 도리라는 가르침도 따라야 할 것이다. 그러나 오늘날에는 모든 사람들이 제 자식을 낳아서 길러야 한다는 주장에는 설득력이 없다. 따라서 어떤 사람이 결혼제도 내지 가족제도를 거부한다는 그 이유만으로 그 사람을 비난할 수는 없을 것이다. 다만 결혼제도 내지 가족제도를 거부한 사람이 그가 가족을 갖지 않음으로 인하여 타인과의 공동체에 심각한 피해를 끼치게 된다면 그는 마땅히 비난의 대상이 되어야 할 것이다. 독신주의자가 사생아를 낳아서 양육과 교육의 책임을 외면한다면 그것 또한 사회적·도덕적으로 비난을 받아 마땅하다.

그러나 결혼제도와 가족제도에 대한 부정적 태도를 일반적 경향으로 수용하기는 어렵다. 우리가 사회의 안정과 개인들의 행복을 염

원하는 한, 결혼을 전제로 한 가족제도의 존속은 필요할 것으로 생각된다.

유교적 전통사회에서는 가족이 하나의 생활단위를 이루고 있었으며, 가족 개개인은 독립된 생활주체이기보다는 가족을 구성하는 부분으로서의 위치에 머물러 있었다. 따라서 결혼도 한 남자와 한 여자의 개인적 결합이라기보다 두 가문의 결합으로서의 의미를 더 강하게 함축하고 있었다.

가족은 그 성원들이 고락을 함께 나누는 운명 공동체로서의 성격을 띠고 있었으며, 가족을 구성하는 식구 개개인은 가족 공동체의 존속과 번영을 위하여 이바지할 의무를 지고 있었다. 개인적 이기심이 전혀 없었다고는 하기 어렵지만, 현대인의 경우와 같은 개인적 자유에 대한 인권의식은 별로 없었던 것으로 보인다. 농업에 의존하는 자급자족의 경제생활 체제 속에서 개인이 독립해서 살 수 있는 길이 열려 있지 않았다는 사실이 개인적 인권의식의 대두를 두렵게 했을 것이다.(김태길, 2001)

2) 가정은 인간관계의 근본이다

가정은 여러 인간관계의 원형이며 인간관계의 출발지점이다. 가정은 적어도 다음 세 가지의 각기 다른 관계가 한데 얽혀서 영위되며, 공동체로서 인간관계를 쌓아가는 가장 실제적인 훈련 교육장소이기도 하다.

먼저, 가정은 남녀가 부부관계에 의해 특징적으로 결합되어 있게 마련이다. 그렇다면 가정 속의 인간관계 중 가장 먼저 형성된 것은 부부관계이다. 이는 전혀 다른 두 인격체가 하나의 생활 · 생식 · 생육 · 성사(成事) 등 일치된 삶의 의지와 목적을 실천하기 위해 결합된 관계이다. 그러기에 이를 가정구성의 기본 여건인 남녀의 결합관계, 즉 부부관계의 정립이라고 한다.

다음으로 부부라는 이성의 횡적 관계가 있게 되면 자연 그들로부터 자녀가 태어나게 마련이고, 종적인 또는 전통적인 부모 자녀 관계가 형성된다.

한 가정 안에 이 생명의 종적 관계가 이루어져야 비로소 그 가정은 성숙단계에 들어가고, 부부관계는 가장 중요한 공동의 임무를 수행하게 된다. 엄격히 말해서 가정이란 남녀의 사랑만을 통한 단세대적 결합만으로는 그 존재 의의를 다했다고 할 수 없다. 생명의 영구한 지속을 가능하게 하는 다음 세대를 가져야 비로소 한 가정으로 완성된다.

또 그 다음 한 부모 밑에서 여러 자녀가 태어나 함께 자라가면서 형성되는 형제관계가 생긴다. 이는 생명 전통의 종적 관계가 아닌 각별한 횡적 관계이지만 도의적 질서상으로는 종적 관계와 횡적 관계를 함께 갖추게 된다. 즉 형제란 태어난 선후가 있게 마련이지만, 또한 같은 세대이기 때문이다.

그러니까 한 가정 안에서 기본적으로 형성되는 인간관계를 요약해 보면 부부관계, 부모 자녀 관계, 그리고 형제자매 관계로 말할 수 있는데, 이는 흔히 말하는 오륜관계 중에서 삼륜에 해당한다. 오륜 중에서 삼륜이 한 가정 안에 있다면 그 비중도 크거니와, 나머지 이륜이 바로 삼륜관계가 밖으로 신장한 데서 이루어지기 때문에 가정은 모든 인륜의 온상이다.

3) 피는 물보다 진하다

가정 내의 삼륜 문제를 살펴보자. 부부 간의 윤리는 상경여빈(相敬如賓), 부모 자녀 간의 윤리는 부엄자효이며, 형제자매 간의 윤리는 우애와 공경이다. 즉 부화부순 · 부자자효 · 형우제공이다. 이 중에서도 부부관계는 진정한 의미의 혈연관계가 아니므로 실제적으로 언제나 다시 남남인 남녀유별로 돌아갈 수 있다. 다만 부자관계, 형제관계만을 들어 인간이 인간답게 인도를 지키며 살아가는 근본이라고 한다. 『논어』에서도 효와 제를 들어 사람이 사람다워지는 근본이라 말하고 있다.

그러나 일단 부부가 되면 그 부부는 천지의 운행법칙을 본받으면서 합심하여 남편은 남편으로서, 아내는 아내로서 가정을 화목하게 유지하고 가정의 일을 성공적으로 이끌어 가야 한다.

부부관계란 원래 혈연적 관계가 없는 남으로서의 남녀가 결합한 것이지만, 부모 자녀의 관계는 혈연관계에서 이루어진 것이어서 도의적이기 앞서 자연적인 맺음이다. 부모 자녀의 관계가 도의적 질서 속에 들어오면 반드시 혈연에 의해서만 부모 자녀 관계가 이루어지는 것은 아니다. 예를 들면 의부모나 양부모 같은 것은 혈연관계가 아니면서 실제로 도의질서 속에서는 부모 자녀의 관계를 맺어 그 의를 지키고 있는 것이다.

흔히 피는 물보다 진하다는 말을 한다. 그리고 또 정(情)은 리(理)보다 앞서고 사람이라면 누구한테나 절실하다고도 한다. 이것은 부모 자녀 관계는 정감의 거리가 없는 직접 교류이지 이성적인 계산이나 제도, 관습 같은 것의 규제로 교통되는 관계가 아니다.

부모 자녀 관계는 이성관계를 넘어서서 그 어떤 이해관계도 고려되지 않는다. 부모는 자녀를 생육하는 것을 삶의 진의인 양 희열로까지 여기게 된다. 이것은 부모에게 자녀는 바로 자기 생의 의지요, 희망이요, 의미의 전반이 되기 때문이다.

그러기에 맹자도 "천하에는 자식에 대해서 최선이 아닌 사람이 없다"고까지 한 것이다. "호랑이도 제 새끼는 잡아먹지 않는다"든가 "도둑도 자기 자식에게는 도둑질을 가르치지 않는다"는 이야기는 바로 부모는 자식에 대해서 온갖 정성을 다 바치고 그 앞에서는 최선의 모범으로 자처한다는 뜻이다. "자식이 상전이다", "세상에서 제일 무서운 것은 자식이다"는 말도 따지고 보면 자식 앞에서 부모의 입장이 얼마나 어려운 것인가를 일깨워 주기 위한 것이다.

자녀를 가진 부모란 그 자식에 대해서 이 세상 최선의 모범이요 스승이 되므로 부모 된 자신의 반성과 수행은 물론 사람들도 그를 우대해야 한다. 남의 부모를 멸시하면 그 가정교육은 권위와 존경을 잃게 되고, 그러면 다음 인간교육의 모든 것이 따라서 차질을 가져온다.

또 남의 자녀도 자기 자녀를 대하듯 그 앞에서는 마치 시험대에 올라 서 있는 자세처럼 최선을 보여주어야 한다. 이것은 피차 자식을 기르고 부모를 섬기는 공통된 도리이다. 만일 이 부모 자식 간의 자효와 엄훈이 깨어진다면 가정의 기능은 생명을 잃게 된다.

친 혈연 사이의 정의를 통해서 도의의 원천을 여는 이 부모 자녀 관계는 흔히 말하는 법 이전의 문제이다. 그러기에 법도 이 존속의 정분을 침해하지 않으려는 것이 법정신이기도 하다. 부모 자녀 간의 정분을 그 어느 것보다도 우선하려는 정신은 다음과 같은 고사에서도 나타난다.

어떤 지방 관리가 공자에게 자기 고을 사람은 아버지가 남의 양을 훔쳤는데 그 자식이 이를 관헌에 고발할 정도로 정직하다고 말했다. 이 말을 들은 공자는 자기 마을 사람들의 정직함은 그런 법지상주의와는 달리, 부자가 밖으로는 죄를 감추면서 안으로는 잘잘못을 가려 시정하는 정의 중심의 정직이라고 했다.

이 이야기를 두고 혹자는 동양인의 정분 중심 가족관·대인관의 취약점을 비판하기도 한다. 그러나 공자는 법보다 먼저 윤리도덕을 생각했던 것이고, 법도 인간 사회의 질서유지를 위해서 있는 것이며, 그 법도 인간 질서의 본바탕을 무너뜨려서는 안 된다는 것이다.

사실 법이 지켜지는 것도 이 인간의 정의가 지켜지기 때문에 가능하다. 부모 자녀 간의 관계가 객관적인 법 앞에서의 입장과 같이 일반 사람과 같아진다면 다시 윤리문제는 논의가 필요없게 될 것이다. 오늘날처럼 점점 유법주의가 팽배해지는 상황에서 깊이 생각해 볼 문제이다.

법이 중요하지 않다는 것은 아니다. 다면 그 법의 적용영역이 혈연관계로 맺어져서 정의 중심으로 살아가는 가정에까지 파고 들어와 인간의 기본 관계에 틈이 나게 해서는 안 되겠다는 것뿐이다.

앞에서도 논의하였듯이 부모는 자녀 앞에서 최선의 존재요, 자녀는 부모 앞에서 순수한 피교육자라는 그 특수한 관계를 생각할 때, 사실상 가정은 법으로 질서가 유지되어 가는 것이 아니라 오히려 정의에 의해 질서가 유지되는 특수 지대임을 잊어서는 안 되겠다.

요약하건대 부모 자녀 간의 윤리는 법 이전의 순수한 정의를 더욱 계발하고 확충시키는 데서 나온 도덕적 자각으로 이루어진다. 아무리 법치국가라 하더라도 인간의 내면을 인정하고 가정의 존재를 인정한다면 부모 자녀의 관계에까지 법으로 문제를 해결하고자 해서는 안 된다. 가정은 철저히 윤리적인 토대 위에 성립되는 것이며, 도리어 그것이 법보다 근본적으로 효과를 거두고 있는 것이다.

다음으로 형제자매 간의 윤리는 이성적인 구별과 연령적인 차이가 함께하고 있다. 이 두 문제는 이른바 우애와 공경이라는 덕목에 의해 마찰이나 괴리 없이 조절되어 나간다. 말하자면 형제자매 관계란 엄격한 의미의 남과 남의 최초 교섭인 셈이다.

우선 연령의 차이가 가져올 수 있는 문제부터 생각한다면 힘의 강약과 피차 이해의 대립이라는 점을 들 수 있다. 다 자라나면 상황이 달라질 수도 있겠지만, 어려서 자라는 동안에는 아무래도 먼저 난 형의 체력과 지능의 측면에서 아우보다 우세할 것이고, 그러할 때 이들의 이해관계는 강한 자에 의해 지배되게 마련이다. 이는 어떻게 보면 사회생활에서 나타나는 문제의 원형일지도 모른다.

그런데 이러한 문제는 두 가지 반성과 자각을 통해 해결된다. 하나는 자기 생명의 근원이 같은 것임을 확인하는 것이고, 다음은 종적 부모 자녀 관계에서 세워진 정의를 횡적으로 적용하는 것이다. 즉 형제관계는 부자관계의 종적 관계와 함께 생명 분파로서의 피차 횡적 관계를 같이 생각해야 한다.

형은 아우에 대해 부모를 대신한 보호와 지도라는 책임을 갖는다. 먼저 나서 부모로부터 그만큼 힘을 기르고 교훈을 받았기 때문이다. 따라서 아우는 형에 대해 부모처럼 존경해야 하고 그를 따르고 배워야 한다. 특히 형제 간의 종적 관계는 부모 자녀 관계처럼 그렇게 엄격하지 않은 연령적으로 가까운 종적 관계인데다 거기에 횡적 관계마저 있어 친구관계를 이룬다는 특징이 있다.

형제는 이 세상에서 가장 가까운 친구다. 서로 돕고 서로 양보하고 서로 절차탁마하는 최초의 훈련이 이 형제관계에서 시작되는 것이다. 형제는 그 생명 분파에서 본다면 최초의 분리요, 처음으로 너와 나의 구분, 이해상반의 대립이 나타나는 관계이므로 어쩌면 사회생활의 첫 출발인 셈이다. 이를 부모 자녀 관계에서 정립된 윤리를 확대해서 질서지으려 한 것은 유가의 의도였던 것 같다.

남녀유별 문제도 최초로 나타나고, 또 그것이 실제로 처음 대해지는 것이 형제자매 관계에서이다. 물론 자매관계는 앞의 형제관계와 같은 이치라 하겠지만, 특히 남매문제는 새로이 나타나는 극히 묘한 것이며, 인간과 동물의 차이를 구체적으로 제시하는 한 가지 사실이 될 수 있는 것이다. 그러므로 이 남매관계는 부모에 의해 어려서부터 주의되어야 하고, 그렇게 해서 자연스럽게 질서지어져야 한다.

4) 가정윤리는 사회윤리의 뿌리이다

가정은 생명 지속의 시간성과 생명 확충의 공간성이 교차되는 지점이다. 가정은 한 생명의 중심이며, 그 핵을 둘러싼 여러 생명이 화합하는 장소이기도 하다. 그러나 그보다도 더욱 중요한 가정의 의의는 그 혈연 중심으로 모여진 생명체들이 정의 교감으로 서로 얽혀서 이해(利害)를 모르고 마음 놓고 살아갈 수 있는 생활의 최소 단위라는 사실이다.

흔히 인간관계에서 복잡하게 얽힌 문제를 해결하는 방법으로 '인간적' 또는 '가족적 분위기'에서 '잘 해보자'라는 경우를 종종 보는데, 이것은 바로 가정이 이해관계를 넘어서서 서로서로 고락을 함께 하는 하나의 생활권을 이루기 때문이다. 누가 시켜서, 어떤 명령이나 규제에서 그런 것이 아니라 스스로의 마음 속에서 우러나는 동정심과 이타심에서 인간관계를 영위해 나가는 가정생활이 그대로 가정 밖으로까지 확대될 수만 있다면 그 이상 이상적인 사회생활은 없을 것이다.

우리 집, 우리 가정, 우리 가족, 이는 바로 공동 운명체라는 화합심을 불러일으키는 말이다. 가정 안에서는 가족 간에 상호 대립을 의식하지도 않는다. 따라서 가정 안에서는 긴장이니 불안이니 하는 속박이 없으며, 경쟁·쟁탈·시비 같은 것도 있을 수 없다. 그저 평화롭게 자기를 내맡기고 털어놓을 수 있는 진정한 자유의 영역이라는 것, 이것이 가정생활의 특징이다. 바깥에서 좋지 않은 일이 연달아 생겨서 소위 스트레스를 주체할 수 없었다 하여도 가족 품으로 들어오기만 하면 눈처럼 사르르 녹을 수 있는 곳이 곧 가정이다.

사람은 본래부터 자기의 이익을 위해 남을 시기하고 남을 해치는 면이 없지 않다. 또한 사람들에게는 남을 속이고 남을 용서하지 못하는 각박한 삶의 어두운 면이 없지 않다. 이러한 인간 세상에서 가정은 오히려 모든 것이 용서되는 선량한 인간관계의 집단이다. 그러기에 맹자는 인간의 본성을 본래 선하다고 본 것이 아닐까?

이를 보면 인간은 자기를 희생하면서 남을 위하는 극단적인 동정과 때로는 자기만을 위하고 남을 헐뜯고 못 살게 구는 지나친 배타적인 두 면을 가지고 있는 것이다. 가정은 이 두 면이 갈라질 수 있는 분수령이기도 하다. 그러므로 옛 성현들은 무엇보다도 앞서 가정교육에 관심을 가졌던 것이다.

맹자는 사람의 본성이 착하다는 단서로서 '차마 남에게 잔인하게 하지 못하는 마음'을 들었다. 확실히 가정 속에서는 그러한 순수 동정심, 아니 그보다도 더 숭고한 자기 희생의 정신이 있다. 자식의 아픔을 보고 차라리 내가 아픈 게 낫지 불쌍해 못 견디겠다는 어머니의 심정, 동생을 위해 모든 것을 양보하고 동생의 괴로움을 보기보다는 자기가 그 괴로움을 대신 겪는 형의 우애, 남의 아픔을 자기 아픔보다 더 마음 아프게 여기는 마음이 가정 안에서는 예사로 있는 것이다. 또 이러한 '차마 남에게 잔인하게 하지 못하는 마음'은 마음 속에서 자연적으로 우러나오는 것이며, 그것은 또 어떤 혈연에만 국한되는 것이 아니라 널리 미루어 모든 사람에게 적용된다.(김충렬, 1994)

02 위기의 가정

사례 적반하장도 유분수!

2005년 12월 17일(토) 밤 11 : 36, KBS 2TV 〈부부 클리닉-사랑과 전쟁〉 제316화

KBS 2TV 〈부부 클리닉-사랑과 전쟁〉 제316화 「아내의 남자들」편에서 시청자들은 지난 16일 방송된 「아내의 남자들」편에 대해 "서로에게 더 큰 마음의 상처만 남는다. 조금이라도 빨리 정리하는 게 서로를 위해서도 좋다", "아내의 부도덕한 행동이 이해되지 않는다", "남편분의 마음은 이해할 수 있지만 사랑은 혼자 하는 게 아니다. 그렇게 아내를 용서하고 산다고 해도 행복한 가정을 이룰 수 없다"며 이혼을 찬성하는 의견이 주를 이루고 있다.

「아내의 남자들」편은 아내가 남편이 공부 때문에 외국에 나가 있는 사이

여러 남자와 바람을 피운다는 내용을 다뤘다. 아내의 바람끼가 이 정도일 줄 몰랐던 남편은 큰 충격을 받지만 아내를 사랑하는 나머지 용서해 준다며 다 정리하라고 요구한다. 그러나 아내는 남편의 말을 기다렸다는 듯 오히려 남편에게 이혼을 요구한다.

이에 시청자들은 남편을 동정하며 이혼을 요구하는 아내에 대해 "괘씸하다"면서도 차라리 이혼을 하는 것이 남편을 위하는 것이라며 이혼 찬성을 옹호하고 있는 입장이 우세를 보이고 있다.

(박미애 orialdo@newsen.co.kr)

토론해 봅시다.

1. 위의 경우가 특수한 예이긴 하지만 오늘날 우리의 부부관계 그리고 사회 성문화의 한 단면을 보여준다고 하겠다. 이 사례를 생각하면서 오늘날 청년들의 성문화, 성의식, 성행동 등에 관해 생각해 봅시다.

1) 부부의 이별(이혼)

㈎ 산업화의 영향

산업화와 도시화의 영향으로 인구이동이 용이하고 자유스러워지면서 친족 및 지역사회의 유대관계가 약화되었다. 따라서 부부관계도 친족이나 이웃 등에 의한 제약이 약화되고 개인의 자유선택이 강해졌다.

㈏ 결혼관의 변화

결혼은 근본적으로 “경제적인 후원과 자녀양육에 대한 책임의 실용적인 목적을 위한 사회적인 제도”였다. 그러나 오늘날 결혼은 그 사회적 의미보다는 개인적 의미가 강조되고 있다. 즉 가문을 영속시켜야 한다는 의무감보다는 개인의 만족과 행복감이 결혼생활을 유지하는 가장 큰 요인으로 간주되게 되었다. 따라서 가족부양이라는 결혼생활의 의무보다는 결혼을 통한 행복을 추구하는 권리가 더 크게 인식되게 되었다. 또한 애정적 유대에 근거한 결혼관이 점차 강조되면서 결혼에 대한 비현실적인 기대는 현실에서의 결혼생활이 만족스럽지 않을 때 부부관계를 유지하려는 의지나 의무를 약화시키게 되었다.

㈐ 이혼관의 변화

우리 사회는 전통적으로 일부종사해야 한다는 유교적 윤리관에 따라 남성이 비록 축첩하더라도 가정을 깨뜨리지는 말아야 한다는 생각이 지배적이었다. 이혼은 절대 금기시되었으며, 이혼 당사자들은 주변의 차가운 시선을 견디기 힘들었다. 이혼 당사자들은 남녀를 불문하고 사회활동에 상당한 제약이 있어왔다. 그러나 급격한 근대화·도시화 과정을 거치면서 서구화된 사회 분위기는 젊은 세대를 중심으로 결혼이나 이혼에 대한 사회적 통념에 변화를 가져왔다. 남녀평등 사상과 근대 교육을 받은 젊은 세대들은 절대적인 가족유지보다 자신의 행복한 삶을 찾으려고 한다. 즉 이혼을 비극의 시초라고 생각하던 부정적 시각에서 벗어나 새로운 인생을 출발할 수 있는 전환의 계기로 의미를 부여하여 이혼에 대한 가치관이 변하고 있다.

(라) 여성의 지위향상

여성의 교육수준과 사회적·경제적 지위가 향상되면서 여성이 자아의식에 눈을 뜨게 되어 근대적인 가치관을 갖게 됨으로써 남편에 대한 종속, 굴종에서 벗어나 대등한 인격적 주체로서의 지위를 요구하게 되었다. 그 결과 부부관계에서 불만이 심화될 경우 이혼을 생각하는 경향이 높아지고 있다.

(마) 여성의 경제적 자립

과거에는 경제적인 후환이 두려워 불행한 결혼생활도 흔히 지속되었다. 그러나 현대 사회에서는 여성 교육기회의 증가, 여성 노동력에 대한 사회적 수요 증가, 여성의 취업기회 증가로 경제적 독립이 가능하게 되어 결혼이 보다 선택적이 되었다.

(바) 사회적 장치의 약화

한국 보건사회 연구원의 전국적인 조사에 의하면 여성들이 "이혼할 수도 있다"라고 대답한 사람이 41.9%로 나타났다. 이런 태도를 보인 그 이면의 근본적인 원인을 추적해 보면 참으로 안타까운 일이다.

무엇보다 근본적인 요인은 오늘날 한국 여성들에게 가족에 대한 책임감이 너무도 약화되어 있고, 개인주의적인 경향이 너무나 농후하다는 것이다.

2) 이혼에 따른 문제점과 그 대책

㈎ 이혼에 따른 문제점

① 현실적인 문제

가정관리, 재정관리, 시간관리, 주택관리 및 유지 등의 경제적인 문제에 어려움을 경험한다. 또한 이혼 후 갑자기 바뀐 상황으로 인하여 극심한 분노, 정서불안증 등으로 인하여 신체적 질병이 따라온다. 특히 경제력이 없는 여성에게는 문제가 더욱 더 심각하다.

② 대인관계 및 사회적인 문제

이혼 자체에 대한 사회적 편견이 심하고 사회적 지위도가 낮아 더욱 폐쇄적인 경향이 있다. 또한 이혼에 대한 부정적인 고정관념 및 사회적 관계망의 축소문제가 따라 온다.

한 부부가 이혼했을 때 필연적으로 그들의 사회적 관계망에 이상이 생긴다. 부인과 시댁 친척과의 관계, 남편과 처가댁 친척과의 관계는 어색하면서 동시에 긴장상태가 된다. 친구들 중 몇몇은 어느 한 쪽을 선택하게 될 것이고, 그외의 친구들은 양쪽과의 관계를 끝낼 것이다. 이혼한 사람들은 6개월에서 12개월 사이에 사회적 변화를 새삼스럽게 느끼게 된다고 한다.

③ 신체적 · 정신적 건강상의 문제

이혼한 사람들의 절박한 상황을 잘 이해해 주지 못할 경우 심리적 외로움과 정신적 어려움은 더욱 심해진다. 아직까지 한국 사회에서는 남자보다 여자에 대한 인식이 편협하다. 이혼녀가 겪는 사회적 시선은 이혼남보다 더 고통스럽다고 하겠다. 따라서 이혼 후 자살, 우울증, 알코올 중독, 마약중독 등의 유혹에 빠지는 경우가 적지 않다. 이혼한 남녀의 조기 사망률이 자연사보다 훨씬 높다.

(나) 이혼에 대한 대책

① 이혼예방대책

이혼에 대한 태도가 개방적으로 변화해 가고 있으나 당사자나 자녀들에게는 인생의 가장 충격적인 사건이라 할 수 있다. 그러므로 우리에게는 성공적인 결혼생활의 지속이 매우 중요하다. 그 대책으로 몇 가지를 생각해 보기로 하자.

첫째, 결혼 전 가족과 가정생활에 대한 중요성을 충분히 인식할 수 있는 교육이 필요하다. 중, 고, 대학생, 남녀 구별 없이 가정과 학교, 사회에서 시행되어야 할 것이다.

둘째, 가족생활을 원만하게 유지하기 위한 가족생활 교육 프로그램, 가족상담, 부부상담, 치료 프로그램 등에도 적극적으로 참여하도록 유도해야 할 것이다.

② 이혼과정상의 대책

• 조정 및 중재

이혼을 결심한 부부라 할지라도 한번 더 신중을 기하도록 권고하며 가족 구성원을 위해 상호 협조적인 이혼협상이 이루어지도록 한다.

부부에게 위기가 발생되었을 때 제1단계 화해(conciliation), 제2단계 조정(mediation)은 이혼을 평화적으로 동의하도록 하며, 제3단계는 조정에 동의가 이루어지지 않을 때 조정관에게 조회하는 과정이다. 그러나 실제로 대부분의 부부가 파탄에 도달해서야 조정을 신청하기 때문에 조정이 원만하게 성립되지 않을 때가 많다. 제4단계는 이혼 동의 후 발생하는 문제를 다루는 과정이다.

• 재판에 의한 이혼

재판에서는 재산분할, 위자료, 자녀양육권 및 양육비 등을 다루며, 이혼 후 불리한 배우자를 위해 충분히 고려되어야 할 것이다. (고정자, 2001)

3) 부모와 자녀

부모와 자녀의 관계는 부부의 관계와는 다르다. 부모와 자녀의 관계는 부부의 인연보다 더 운명적이다. 부부의 관계는 어떤 형태로이든 상호 선택에 의해 맺어진다. 그러나 부모와 자녀의 관계는 상호 선택의 여지는 존재하지 않는다. 자녀는 부모의 유전자를 받고 태어난 생물학적 분신이다. 부부의 관계는 형편에 의해 이혼이라는 절차에 따라 인연을 끊을 수 있지만 부모와 자녀 관계의 인연은 어떤 방법으로도 끊을 수 없다. 그래서 그 관계를 천륜(天倫)이라고 했다.

자녀가 부모의 분신이라면 자녀의 뿌리는 부모이다. 같은 유전자를 나누어 가지고 있다는 의미에서 보면 부모와 자녀는 본래 다른 개체가 아니라 같은 생명체이다.

엄마 품속의 갓난 아기는 엄마와 자기가 동일체라는 것을 본능적으로 느낀다. 그러나 부모가 자녀를 자신의 분신으로 느끼는 자녀의 성장에 따라 그 강도는 점점 약해진다. 자녀의 성장에 따라 자녀도 마찬가지로 같은 부모에게 느끼는 동일체로서의 소속감은 줄어들 것이다.

일반 동물의 경우에도 어미아비는 갓난 새끼를 지성껏 보살피고 갓난 새끼들은 어미아비에게 기를 쓰고 매달린다. 그러나 새끼들이 어느 정도 성장하여 홀로 설 수 있게 되면 어미아비는 자신의 새끼들을 매정하게 물리친다. 새끼들 또한 체념하고 떨어져 나간다. 얼마 있지 않아 이들은 혈연관계조차 잊고 치열하게 먹고 먹히는 관계로까지 나아가게 되고, 대부분 근친상간도 서슴치 않아서 '짐승은 짐승'이라는 소리를 듣게 된다.

그러나 인간은 서로의 소속감이 줄어들어 분신으로 느끼는 본능적 직감이 약화된 뒤에도 동물과는 다르다. 항상 '지성적 반성'을 통하여 서로의 관계를 인식한다. 그리고 오래도록 서로를 아끼고 사랑한다. 이러한 현상이 인간을 인간답게 하는 것이며, 그 무엇보다 아름다운 일이라 하겠다.

4) 출산율 저하

사례 여덟째 아이 하나님 선물로 여겨요

저출산 경고등이 켜진 가운데 경기도 안양시 만안구 석수 3동 지완규(43 · 회사원) · 김경숙(34) 씨 부부가 여덟째 아이를 얻은 것이 화제다. 김씨는 3일 오전 만안구 안양 8동 샘 여성병원에서 체중 3.36㎏의 건강한 남자 아이를 출산했다. 1994년 5월 큰 딸 현숙(12 · 석수초교 6년)을 낳은 이후 여덟째. 김씨 부부는 현숙을 낳은 이듬해에는 둘째 딸 현주(11 · 석수초교 5년)를 출산했고, 이후 1~2년 터울로 재작년 8월 막내 현미(2 · 여)까지 낳아 이미 2남 5녀를 두고 있다.

김씨는 모두 아이들을 자연분만으로 같은 병원에서 낳은 것도 새로운 기록으로 꼽힌다. 김경숙 씨는 먹고 살기 바쁘다 보니 산후조리는 생각지도 못했단다. 김씨는 “아이 많은 것이 무슨 자랑인가요. 원래 3명만 낳아 잘 키우자고 남편과 약속했는데 …. 하나님이 주신 선물로 생각하고 열심히 키우기로 했습니다”며 미소를 지었다.

하지만 여덟째 아이를 얻은 김씨 부부는 아이 키울 것을 생각하면 걱정이 태산이다. 남편의 월급 130만~140만 원으로는 아이들을 돌봐주는 시어머니(72)를 포함해 모두 11명이 생활하기에 빠듯하기 때문이다. 우선 당장 일곱째 딸의 분유와 기저귀 등을 대기에도 버거운 실정이다.

김씨 부부는 원래 22평짜리 빌라를 갖고 있던, 어엿한 주택 소유자였지만 아이들을 키우느라 빚을 지게 됐고, 결국 작년에 집을 팔아 빚잔치를 한 뒤 남은 돈 1,000만 원으로 지하 셋방에서 10식구가 옹기종기 살아왔다.

김씨 부부는 “기쁘기도 하지만 다른 한편으로는 솔직히 어떻게 키워야 할지 걱정스럽다"며 "감기 안 걸리도록 건강하게, 가족이라는 정을 듬뿍 느낄 수 있도록 키우도록 노력하겠다"고 말했다.

샘 여성병원은 이 부부의 병원비를 받지 않기로 했다.

(수원 김병철 기자 kbchul@seoul.co.kr)

1960년대 1970년대 초반까지만 하더라도 위와 같은 사정은 우리나라에서 거의 보편적인 현상이었다. 그런데 어느덧 이것이 뉴스가 될 정도로 우리 사회는 변했다.

위 기사와 아래 내용을 비교검토하면서 인구문제(저출산 고령화)에 대해 생각해 보자.

인구문제는 노동·국방·교육·주택분야와 함께 우리의 모든 일상생활과 직결되어 있다. 그러나 현대에 이르러 가치관의 변화와 사회환경의 변화로 정상적인 가정을 이루고 있으면서도 아이를 낳지 않는 맞벌이 부부를 일컫는 딩크족(Dink : double income no kids)까지 등장하고 있다. 이로 인하여 세계 여러 나라가 저출산으로 인한 인구 고령화와 노동력의 감소, 사회복지 예산 지출증대 등 사회문제가 심각하게 대두되고 있다.

우리나라 경우에도 제2차 세계대전 이후 미국의 베이비붐 세대, 일본의 단카이(團塊 : 덩어리) 세대와 같이 6·25전쟁 이후의 베이비붐과 유교적 전통의 남아선호사상으로 1960년대에는 여성 1인 가임기간 중 갖게 되는 평균 출생아의 수가 6.0명이나 되었다. 그런데 1960년대 이후 30년 동안 정부차원의 강력하게 추진해 온 가족계획 정책으로 2005년에는 1.16의 합계 출산율을 기록함으로써 세계 최저 수준에 이르렀다. 우리나라도 본격적인 저출산 고령화 시대로 접어들었다.

2000년 통계청의 발표에 따르면 우리 사회 출산율 감소 추이가 지속적으로 진행될 경우 전체 인구는 감소하고 노인인구는 지속적으로 증가하는 반면, 생산가능 인구는 2016년 이후로는 지속적으로 감소할 것으로 내다보고 있다.

이것은 결혼과 출산, 육아 등에 대한 가치관의 변화 때문이라고 할 수 있다. 우리나라보다 20~30년 전에 저출산현상을 경험하고 있는 선진국들의 경우에도 사정은 마찬가지이다. 경제성장에 따른 개 개인의 경제적 자립으로 인해 결혼을 반드시 해야 한다는 의식이 약화되었다.

결혼이 대체로 만혼이다 보니 가임기간이 짧아지는 것도 출산율 저하의 중요 요인이라 하겠다.

그리고 여성의 활발한 사회진출로 인해 출산과 육아, 가사 등에 대한 부담을 기피하는 현상이 두드러졌다. 소득수준은 상승했지만 더불어 자녀의 양육과 교육비 부담 또한 만만치가 않다. 거기다가 열악한 보육시설이 한 몫을 더하고 있다. 그리고 자녀의 친가 외가 할머니와 할아버지도 육아도움을 기피하는 현상이 두드러지고 있다.

03 동거방식의 변형

다음 그림은 영국에서 동성결혼을 법으로 인정하는 '시민 동반자법'이 발표된 2005. 12. 21일 동성결혼식을 올린 영국의 전설적인 팝스타 엘튼 존(58)의 웨딩 드레스를 입은 모습이다.

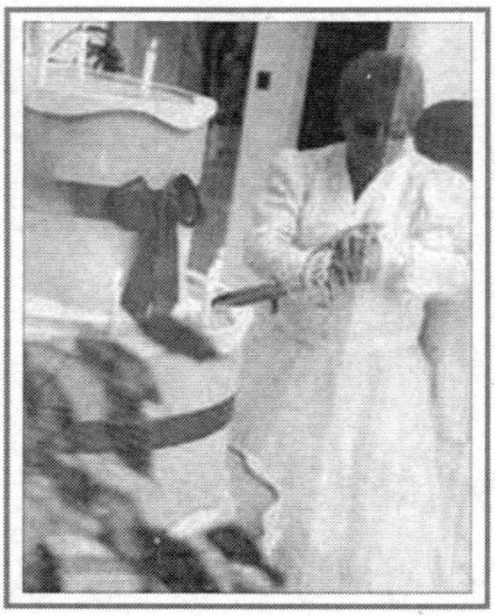

이 사진은 동성결혼을 법으로 인정하는 영국 '시민 동반자법'이 효력을 발휘하자마자 한 해외 블로거가 22일 상징적으로 게재하였다. 이날 엘튼 존은 캐나다 출신 영화감독 데이비드 퍼니시(43)와 동성결혼식을 올렸다.

1) 편부모 가족

사별, 별거, 미혼모 등의 이유로 한쪽 부모가 없거나 현실적으로 부모의 역할을 하지 못하는 경우 발생한다.

통계에 의하면 1941년에는 85%가 배우자의 사망 때문에 혼자가 되었다. 그러나 오늘날 전세계적으로 대부분 편부모 가족의 경험은 이혼의 결과에서 빚어진다. 이혼율의 증가, 재혼율의 감소로 편부모 가족이 현저하게 많아졌다.

2) 계부모 가족

계부모 가족이란 최소한 한쪽의 배우자가 과거에 결혼한 경험이 있고 거기서 한 명 이상의 자녀를 가진 가족을 말한다. 이러한 유형의 가족은 재구성 가족, 혼합가족, 재혼가족, 이중 핵가족 등으로 불리며, 이들을 통틀어서 계부모 가족이라고 지칭할 수 있다.

계부모 가족에 관련된 한 가지 중요한 논쟁점은 제도화의 문제이다. 계부모 가족의 경우 새로 생긴 자녀와 부모와의 관계 설정 등 많은 혼란을 겪는다. 그리고 계부모 스스로가 자신의 새 역할을 얼마나 잘 수행하고 있다고 느낄지도 항상 문제가 된다.

정상 가족에 비해 계부모 가족이 보다 많은 복합성과 문제를 가지고 있기는 하지만 긍정적인 측면도 없지는 않다. 대부분의 경우 재혼은 인생의 동반자적 감정이 재정립되어 초혼보다 더 강렬하다고 볼 수 있을 것이다.

3) 노인가족

노인가족은 노인 독신가구와 노인 부부가구가 있다. 노인가족의 급등현상과 대조하여 출산율 저하, 핵가족화, 취업부부의 증가 등으로 노인의 부양인력이 감소하는 실정이다. 또한 노인가족은 자녀와의 별거나 대화단절이 쉽게 나타날 수 있고, 이로 인해 노인들의 고독감, 소외감을 야기시키는 주요 요인이 될 수 있다.

노인부부 가족이라면 노인가족은 결혼 초와 같이 부부 만족도가 높아질 수도 있다.

4) 독신가족

요즘은 독신을 선호하는 경향이 증가하고 있다. 또 성에 대한 가치관의 변화와 함께 혼전 성관계가 보편화되고 성을 부담 없이 즐기는 경향이 만연되면서 독신가족이 더욱 늘어나고 있다.

독신자가 되는 것은 결혼을 거쳐 이혼 후 독신을 선택하는 경우와 처음부터 독신을 선택하는 경우가 있다.

5) 무자녀 가족

무자녀 가족은 다른 외적 요인이나 신체적 결함 때문이 아니라, 자발적으로 자녀를 갖지 않기로 결정하고 자녀 없이 부부 두 사람만으로 구성되는 경우를 말한다.

6) 동성애 가족

동거방식의 변형을 시작하면서 예거한 팝스타 '엘튼 존'의 면사포 입은 모습은 동성애 가족을 잘 보여주고 있다.

동성애 가족들의 가장 큰 문제는 자녀들을 어떻게 가질 것인가 하는 문제이다. 대체로 합의에 의해 입양하는 것으로 나타나고 있다. 특이하게도 동성애 부부들은 자녀들이 동성연애자이기를 거부한다.

7) 미혼모 가족

오늘날 주된 사회적 주요 문제 중의 하나가 10대들의 성의식과 성행동이다. 이미 이들은 성행위 자체에 대해 윤리·도덕적 문제의식을 전혀 가지고 있지 않다. 따라서 경제력이 전혀 없는 10대들의 임신출산 경우가 허다하다.

10대 미혼모들은 종종 부모와 협의하여 부모와 함께 아이를 양육하기도 하고, 때로는 사회 보육시설에 의해 아이를 양육하는 경우도 있다.(고정자, 2001)

토론해 봅시다.

1. 오늘날 가족을 구성함에 있어서 반드시 혈연이 중심이어야 한다고 생각하는가?
2. 부부에 의한 '가족과 가정'이 우주만물의 근원이라고 주장하기도 한다. 어떻게 받아들여야 할까?
3. 가족과 가정이라는 맥락에서 사람과 동물의 차이를 논의할 수 있을까?
4. 혼전순결은 반드시 지켜져야 하는가?
5. 동성애에 대한 각자의 생각을 정리하여 피력하고 토론해 보자.

2

연애와 섹스(SEX)

<그림 1> KISS

01 신세대는 연애관이 있는가?

신세대들은 연애를 어떻게 바라보고 있을까? 소위 신세대들에게 있어 고전적 연애관이라 하면 연애는 곧 결혼으로 이어지는 것으로 결혼이 전제된 만남을 연애라고 생각하고 있다. 그러나 요즘 신세대들에게 있어 연애는 오락의 한 부분이며 즐거운 삶, 즉 쾌락적 삶을 살아가는 하나의 방법인 것이다.

이러한 신세대들의 연애관을 반영하듯 요즈음 신세대들 사이에서 유행처럼 번지고 있는 말들이 있다. 그것이 바로 '데이트 메이트'(Date Mate)라는 것이다. 데이트 메이트라는 것은 연인도 아니고 그렇다고 친구도 아닌 단지 하루를 즐기기 위한 그런 계약된 관계라고나 할까?

'사랑도 비즈니스'라는 말은 이미 낡은 서랍장 속에 넣어둔 구시대의 유물인 것이다. 또한 '하룻밤의 풋사랑'이라고 하는 'One Night Stand' 역시 이젠 너무나도 식상한 단어임에 틀림없다. 신세대들에게 SEX는 사랑이 아니라 즐거움이고 쾌락일 뿐이며, 일상생활 중에 일어나는 하나의 오락일 뿐인 것이다.

이러한 문화형성의 가장 큰 지렛대 역할을 한 것이 바로 인터넷의 확산이다. 무슨 문제만 일어나면 인터넷이 잘못이라고 한다. 인터넷이 잘못된 것이 아니라 인터넷을 사용하는 우리들의 잘못된 문화형성이 문제일 것이다. 이유야 어찌되었든 신세대들의 무분별한 젊음의 발산은 더 이상 간과할 수 없는 부분임에는 틀림없을 것이다.

이제는 신세대들에게 성교육을 할 필요가 없을 정도로 성이나 섹스에 대해 너무나 잘 알고 있다. 이러한 정보들을 그들은 인터넷을 통하여 접하고 있으며, 성인 포르노 사이트에서 너무나도 손쉽게 접할 수 있는 것이 현실인 것이다. 그러나 잘 알고는 있지만 제대로는 알고 있지 못한 것 같다. 신세대들에게 있어 성교육이라 하면 마치 생물학적인 성교육을 말하는 것으로 인식하곤 한다. 그러므로 청소년들 역시도 이러한 생물학적인 성교육에는 더 이상 관심이 없다. 나아가 임신이나 낙태 그리고 혼전순결의 문제는 더 이상 신세대들에게 기삿거리도, 관심의 대상도 되지 못하는 실정이다. 인터넷을 통하여 포르노 문화에 접할 기회가 너무나도 많기 때문에 신세대들의 연애와 SEX에 대한 일탈은 기성세대들이 상상하는 수준을 넘고 있는 실정이다.

본장에서는 연애와 SEX에 대한 고찰을 통하여 신세대들의 연애관과 SEX에 대한 다양한 생각들을 정립하는 데 도움이 되었으면 한다. 나아가 신세대들의 연애관을 알아보고, 무엇이 신세대들의 연애관이며 어떻게 형성되는가를 살펴보고자 한다.

1) 데이트 메이트

먼저 데이트 메이트의 문제부터 논의해 보자. 아래의 기사는 "데이트 메이트, 새 만남의 형식인가 무책임한 일탈인가?"라는 주제로 게재된 기사이다. 데이트 메이트가 무엇이며 또 어떤 만남을 일컫는가에 대해 알아보자.

사례 헤럴드 생생뉴스 2005년 11월 19일자 김혜정의 연애특강

시대가 바뀜에 따라 만남의 형식도 변화한다. 인터넷의 일상화 같은 환경의 변화도 있고, 이성 간의 만남을 어려워하지 않는 인식의 변화도 있다. 그러나 역사의 모든 변화가 진보는 아닌 것처럼 만남 역시 진화하는 것만은 아닌 듯하다.

요즘 신세대는 애인 대신 '데이트 메이트'를 사귀는 게 유행이라고 한다. 룸메이트, 소울 메이트 같은 말에서 알 수 있듯이 메이트는 친구를 뜻한다. 여기에 이성과 연애를 뜻하는 '데이트'를 합성해 '데이트 메이트'라고 부르는 것이다.

함께 식사하고 영화 보고 산책도 하는 등 그들의 데이트 방식은 여느 연인과 다를 바 없다. 하지만 서로를 대하는 심리는 전통적인 연인 사이와는 사뭇 다르다고 한다. 현재 데이트 메이트와 사귀고 있는 K씨는 "서로 큰 기대가 없고 공을 들이지 않아요. 그래서 상처받지도 않죠. 원하기만 하면 쉽게 다른 사람을 만날 수 있다는 것도 데이트 메이트의 장점 중 하나예요"라고 말한다.

몇 가지 원칙을 정해두고 그것을 지키려고 노력하는 젊은이도 있다고 한다. 내용을 보면 사랑하지 말 것, 스킨십은 키스까지만 할 것, 감정이 식으면 깔끔하게 헤어질 것, 사생활에 간섭하지 않을 것 등이다. 과거에는 결혼할 사람과 연애할 사람을 구별하는 풍토가 있었다면, 요즘에는 연애할 사람과 데이트 메이트를 구별하는 현상까지 벌어지고 있는 것이다.

이런 현상에 대해 듀오의 홈페이지에서는 젊은이들을 중심으로 테마토론이 벌어지고 있다. 한편에서는 '서로 상처받지 않는 범위 내에서 이성과 만남을 즐기려는 현명한 데이트 형식'이라고 주장하는가 하면, 또 다른 한편에서는 '결국 순간의 쾌락만 좇는 무책임한 일탈에 지나지 않는다'고 일축한다.

양쪽 모두 일리 있는 주장이고 설득력 있는 걱정이다. 그러나 솔직한 심정을 이야기하자면 데이트 메이트를 즐기는 신세대에 대해 염려하는 마음이 생기는 것을 어찌할 수 없다. 물론 이런 나의 걱정도 그들에게는 구세대의 보수적인 생각이나 나이 든 사람의 노파심으로 받아들여질지도 모르겠다.

만남과 사랑에는 그것이 주는 내밀한 기쁨도 있지만, 반면에 그것을 유지하기 위해 져야 할 책임도 있고 지켜야 할 원칙도 있다. 그런데 그런 것은 외면하고 오직 가볍고 부담 없는 만남만 즐기려고 한다면 소년기의 유치한 만남에 머물 뿐 성숙한 만남을 가질 수 없을 것이다. 힘들더라도 자신에게 주어진 의무나 져야 할 책임, 지켜야 할 가치 등을 꿋꿋하게 견딜 수 있을 때 비로소 우리는 성인이 되는 것 아닐까.

책임지지 않고 즐길 수 있고 상처받지 않아도 된다는 논리가 데이트 메이트라는 신종 단어와 함께 신종 인간관계를 만들고 있다. 연애는 다른 환경에서 자란 두 인격체가 하나의 생활습관 속에서 서로를 이해해 가는 과정을 말함이다. 물론 그 연결고리는 바로 사랑하는 감정이다. 그런데 이러한 것들은 필요 없고 단지 즐겁기 위해 사람을, 그것도 이성과의 데이트를 즐긴다는 생각은 구세대들(?)에게 있어 좀처럼 받아들이기 힘든 것 같다. 아니 더 이상한 것은 스킨십은 KISS까지만이라니 ….

2) 신세대의 연애관

신세대의 연애관은 도대체 무엇인가? 과연 이러한 생각들의 근원은 무엇인가?

이러한 관계는 말이 안 되는 억지 논리라고 생각한다. 물론 남자가 생각하는 사랑과 여자가 생각하는 사랑에는 분명 차이가 있을 것이다. 그러나 그 핵심적인 논리는 동일하다고 생각한다. 스킨십은 사랑이 있을 때만이 가능하다는 것이다. 그러나 LOVE라는 단어는 제쳐두고라도 LIKE마저도 하지 않으면서 스킨십이 가능할까?

물론 생각의 차이와 상황의 구분에 따라 가능할 수도 있다. 그러나 이러한 행동의 핵심에는 단지 즐기기 위함이 존재하는 것이다. 즉 쾌락주의와도 밀접한 연관관계가 있을 것이다. 고통받기 싫어하고 상처받기 싫어하는 것은 인간이 가지는 기본적 욕망일 것이다. 그러나 어떤 누군가에게 사랑이라는 감정을 느껴 연애라는 것을 한다고 하면 그 상대방을 알아가고 이해해 가는 과정 속에 고통과 상처는 반드시 함께 해야 할 것임에는 부정할 수 없을 것이다. 그럼에도 불구하고 상처받기 싫고 구속받기 싫다는 논리로서 단지 쾌락만을 추구하고 즐겁기만 하는 관계를 인정해야 한다는 것은 너무나도 이기적 발상이며, 철저한 개인주의에 근거한 논리적 이유이며, 언어유희에 불과하다.

'책임지고 싶지는 않은데 즐기고는 싶다'는 논리는 책임질 만한 용기가 없다는 것이 아닐까?

물론 사랑을 하면서 꼭 그 행동에 책임을 질 수는 없을 것이다. '사랑'에서의 '책임'이라는 것은 그 사람의 인생을 책임진다는 것이 아니라, '나의 행동에 한 점 부끄러운 점이 없는가?' 아니면 '이 사람을 정말 진실되게 좋아하고 있는가?'의 문제가 최소한의 책임이라고 생각한다. 그러나 이러한 최소한의 양심과 책임마저도 회피한 채 단지 즐기고만 싶다는 논리로 이성을 대한다는 것은 너무나 어처구니가 없다.

신세대들은 생활 전반에 걸쳐 패스트푸드식 사고와 행동을 한다. 간단하고, 귀찮지 않고, 편하면 된다는 것이다. 그러나 다된 밥도 뜸을 들여야 맛이 나듯이 기다리는 여유도 필요하며, 느긋한 사고와 생활도 필요할 것이다. 뿐만 아니라 머리 속에 '나만'이 존재한다. 나만 괜찮으면 된다는 이기적 사고가 이러한 신종 문화를 만들고 있다. 그러나 세상은 더불어 사는 것이다. 남이 존재하지 않으면 나의 존재성은 그리 큰 의미를 주지 못한다. 남이 있기에 내가 있고 내가 있기에 남도 있는 것이고 세상도 아름다운 것이 아닌가? 남을 생각하는 배려의 마음에서 세상은 아름다워질 것이다. 나아가 사랑과 연애 그리고 SEX도 남과 하는 것이지 혼자 하는 것은 아닐 것이다.

나의 존재의 존엄함을 지키기에 반드시 남을 먼저 생각해야 한다. 이러한 것은 인간이 세상을 살아가기 위한 당위의 법칙인 것이다. 연애나 SEX는 남과 함께 살아가면서 일어나는 것이다. 물론 나의 행복이 가장 우선시되는 문제이겠지만 나의 행복이 중요하다면 남의 행복도 중요한 것이다.

데이트 메이트! 어쩌면 사랑을 하면서 아파하는 것보다 현명한 선택일지 모른다. 그러나 아파하는 것도 사랑의 한 부분이라면 우리는 사랑이라는 아름다운 가치를 선택하고 누리기 위해 작은 아픔은 감당해야 하지 않을까?

신세대의 연애관이 잘 되었다 잘못 되었다라는 것을 논하기 이전에 우리들은 남과 함께 살아가고 있다는 가치를 먼저 인식해야 할 것이다. 세상에 남이 존재하지 않는다면 나의 존재성은 그렇게 크지 않을 것이다. 나의 존재의 정당성은 남과 함께 살아가고 있기에 아름다운 것이 아닌가? 그렇다면 연애는 나 혼자 하는 것이 아니라 남과 함께 하는 것이며, 타인이 있을 때 연애를 할 수 있는 것이다. 따라서 신세대들은 남과 함께 살아가고 있다는 것을 잊지 말아야 할 것이다.

02 전통적인 연애를 연애라 할 수 있는가?

愛

<그림 上> 사랑(愛), <그림 下> 사랑(愛)

앞장에서 논의된 것이 신세대의 사랑법이라면 구세대의 사랑법은 무엇일까?

두보의 시를 통하여 구세대의 사랑법에 대해 알아보자. 안녹산의 난(亂)이 나자 두보(杜甫)는 가족을 피란시키고 장안에 남았다가 반군에 붙잡힌다. 그 시절 두보가 아내를 그리며 읊은 <월야(月夜)>

(달밤)라는 시다.

향긋한 밤안개에 그대 머리 젖고
맑은 달빛 아래 구슬 같은 팔이 차리니
언제나 사람 없는 휘장에 기대
두 얼굴 마주보며 눈물 마르려나

이 시에서는 살을 섞는 부부관계에 대한 갈망이 매우 육감적이면서도 아름답게 담겼다. 또한 한광구의 <강물이 되어>라는 시를 보면 부부관계에 대해 다음과 같이 표현하고 있다.

그대, 우리가 나란히 누워 잠자리에 들면
검푸른 강물이 이렇게 흘러드는 구려
젖어드는 강물에
설핏설핏 스치우는 당신을
꿈결인가 확인하려 손을 뻗으면 …
그대, 어느 새 이리 까칠해졌소
무엇을 새삼 말하려 하고
알 수 없는 말소리 아스라이 흐르고 …

부부 일심동체(一心同體)라는 말은 잠자리에서 가장 애틋하고 절절하다. 그러나 법과 현실에서 부부의 성(性)은 시(詩)처럼 아름답지만은 않다. 의무냐 선택이냐는 오랜 논란이 이어지고 있다. 1994년 캘리포니아에서 아내를 강간한 혐의로 기소된 가톨릭 신자가 성경 말씀에 따랐다며 무죄를 주장했다. "남편은 아내에게, 아내는 남편에게 의무를 다하라. 아내가 자기 몸을 주장하지 못하고 오직 그 남편이 하며 …”(고린도서). 증인으로 나선 신부(神父)가 반박했다. “남편은 예수가 교회를 사랑했듯 아내를 사랑하라”(에베소서). 이 남자는 1년형을 선고받았다. 서구 선진국도 1970년대까지는 부부 사이에 성적(性的) 자기 결정권을 인정하지 않았다. 혼인계약 조건에 ‘아내는 남편이 관계를 원할 때 언제든 응한다는 동의가 포함돼 있다’는 ‘Irrevocable and Implied Consent’(철회할 수 없는 암묵적 동의) 이론이다. 미국의 경우 이 논리는 1984년 법원이 별거 중인 아내를 폭력으로 범한 남편에게 유죄를 선고하면서 깨졌다. “부부는 동거하며 서로 부양하고 협조하여야 한다”(민법 826조 1항). 우리는 민법상 동거 의무에 ‘성생활을 함께 할 의무’가 포함된다는 해석이 유력했다. 대법원 판례도 부부 사이 강간을 인정하지 않았다. 그러나 여당이 부부 강간죄를 도입하는 가정폭력 특별법 개정안을 이달 안에 낸다고 한다. 야당도 찬성하고 있어서 도입 가능성이 높다. 도를 넘는 폭력과 강압은 막아야겠지만 전통적 가족정서와 어긋나는 구석도 없지 않다. 찬반을 떠나 가장 내밀한 침실까지 법의 도마에 오르는 현실에서 가정의 황폐화와 위기를 볼 수 있을 것이다.

사랑이라는 것이 무엇이며 결혼이라는 것은 어떤 것인가? 그 어떤 부부도 사랑하지 않기에 결혼하는, 단지 결혼이 목적이기에 결혼을 하는 부부는 없을 거라는 생각을 한다.

03 신세대는 섹스를 사랑이라 한다

1) 신세대와 섹스

신세대는 섹스를 사랑이라 하고 있다. 물론 섹스나 스킨십이라는 행위를 통하여 상대방을 더욱 사랑해 나갈 수 있을지는 모른다. 그러나 섹스는 사랑을 확인해 나가는 과정에 있는 사랑의 표현이지 사랑 그 자체는 아닐 것이다. 그러나 요즘 신세대는 섹스를 사랑과 동일한 가치로 평가하고 있으며, 나아가 섹스를 해야 연애를 한다고 생각하고 있다. 나아가 섹스를 통하여 그 상대방과의 관계를 설정하고 있다. 즉 섹스를 하지 않는 관계는 '친구'이고 섹스를 하는 관계는 '애인'인 것이다.

물론 행위는 정신을 수반한다. 즉 행위는 정신적 가치가 전제된 상황 속에서만 그 정당성을 인정받을 수 있다는 말이며, 이러한 정신과 행위가 적절히 조화될 때 그 사랑은 순수할 수 있을 것이고, 남들에게 당당한 사랑을 할 수 있을 것이다. 그러나 신세대의 사랑법은 정신을 수반하기 이전에 행위를 먼저 설정하고 있는 것은 아닌가 하는 의문을 가져본다. 물론 일부의 잘못된 행위나 쾌락의 추구가 신세대 전체를 비판받게 하는 요인으로 작용할 수 있을지도 모른다. 그러나 이러한 신세대의 사랑에 대한 가치관을 논의해 봄으로써 좀더 아름다운 사랑을 하는 데 도움이 되지 않을까 한다.

아래의 기사를 통하여 신세대들의 사랑법에 대해 알아보자.

사례 이코노믹리뷰 2005년 11월 04일 "섹스 없이도 연애만 잘해요"

◦ 20대 쿨 카사노바가 말하는 신세대 연애법

고등학교 영어교사 '유림'은 한 살 연상의 미술교생 '홍'에게 호시탐탐 수작을 건다. 너무도 당당하게 '연애'를 요구하는 유림은 일면 귀엽고, 일면 능청스럽고, 일면 약아빠졌다. 단둘이 갖게 된 술자리에서 유림은 기회를 틈타 솔직하게 고백한다. "같이 자고 싶어요!" 그런데 이 여자 홍도 만만치 않다. "나랑 자려면 50만 원 내요." 영화 〈연애의 목적〉에 나오는 한 장면이다. 이 영화를 본 기성세대 관객들은 진짜 요즘 애들(?)은 저렇게 연애하나 의문을 품기도 했을 듯.

스물여덟의 나이에 당당히 연애 전문 컨설턴트라 명함을 내민 쿨 카사노바 송창민과 함께 신세대들의 연애법에 대해 이야기를 나눴다.

◦ 요즘 신세대들의 연애관은 어떤가.

외모를 중시하고 물질 지향적이며 과정이 생략된 속전속결로 끝내려(?)는 경향이 다분합니다. 어떻게 하면 상대방의 마음을 빨리 꼬실 수 있을까가 그들의 연애관이며, 또한 연애를 잘 하는 것이란 관계를 오랫동안 유지하는가가 아닌 빨리 자신의 목적을 달성하느냐가 관건이죠. 남자들은 다분히 연애의 목적이 섹스일 경우가 많습니다.

물론 그 목적이 달성될 확률은 여자 쪽에서 제공되는 것인데 승률 또한 높습니다. 한 가지 집고 넘어갈 점은 신세대들의 연애의 목적이 성(性)에만 집착하는 게 아니라 마음이 통한 다음 섹스에 도달하는 시간이 빨라졌다는 사실입니다.

◦ 신세대들은 연애 · 사랑 · 섹스 이 세 가지에 대해 어떻게 생각하나.

예전에는 연애 → 사랑 → 섹스로 진행됐다면 요즘엔 세 가지가 섞여 있습니다. 섹스 후 사랑에 빠질 수 있고, 연애만 하다가 사랑 못하고 끝낼 수 있습니다. 또한 만남만 이어지다 정해진 것 없이 충동적으로 끝낼 수 있습니다.

급기야 귀찮고 간섭이 싫어서 섹스도 사랑도 없이 연애만 하다가 그만두는 경우도 있습니다. 일례로 '데이트 메이트'라는 것이 있습니다. 데이트 메이트란 서로 구속이나 간섭 없이 연인처럼 정기적으로 데이트하면서 외로움을 달래는 연인족입니다.

인터넷의 확산으로 인해 이기적인 신세대 사이에서 책임감을 회피하고 단순히 만남으로 인해 즐길 수 있는 쾌락을 좇아가고자 하는 대표적인 사례입니다. 사랑하기 때문에 챙겨주고 아껴주고 배려하는 것은 배제하면서 좀더 쉽고 편하고 자기 중심적인 사랑으로 변해가고 있다는 증거죠. 한 가지 흥미로운 점은 데이트 메이트의 첫 번째 계약조건에는 섹스가 빠져 있는 것입니다.

◦ 요즘 신세대들은 성에 대해 상당히 개방적인 것 같다.

원 나이트 스탠드의 행태에 대해 면밀히 조사해 본 결과 매스컴에서 보도된 것처럼 쉽게 이루어지지 않습니다. 물론 신세대들의 성적 개방도는 말 할 수 없이 오픈 되어 있으며 자유로워져 있지만, 실제 행위에 대한 부분으로 이어지는 경우는 오히려 여전히 보수적이라고도 할 수 있죠.

◦ 연애를 하기 위해, 소위 작업을 걸기 위해 클럽이나 나이트를 자주 찾는데 ….

클럽이나 나이트에 가는 남자들의 대부분은 엔조이 상대를 구하러 갑니다. 여전히 보수적인 남자들은 여자와 하룻밤을 위해 감언이설로 작업을 걸지만, 결국 그 이후에 연애로 이어지는 경우는 지극히 드뭅니다. 이런 행위에 넘어가 착각하는 여자들이 낭패를 보는 경우도 종종 있습니다.

◦ 외향적인 것을 중요시하는 신세대들의 미인 또는 미남의 기준은.

잘 생기고 못 생기고를 떠나 스타일을 중요하게 생각합니다. '얼굴 못 생긴 것은 용서해도 스타일이 꽝인 것은 용서하지 못한다'는 말이 있습니다.

◦ 얼마 전 TV에서 마광수 교수가 예쁜 여자들이 성격도 좋고 공부도 잘 한다는 발언을 했는데 ….

남자 입장에서 못 생긴 여자들에게는 관심이 없으니 공부 잘하는지 못하는지 알 수 없습니다.

◦ 『연애 교과서』란 책을 냈다. 연애의 기술이란 뭔가. 그 기술을 알면 연애에 성공하나.

그동안 얻은 수많은 상담내용과 제가 직접 연애를 하면서 체득한 결과를 모아 만든 연애 가이드북입니다. 좋아하는 사람이 생겼는데 어떻게 접근하고, 또 적절하게 자신의 맘을 표현해서 상대의 마음을 사로잡을 수 있는지에 대한 지침서입니다.

연애가 시작된 후 문제점을 사전에 예방하고 관계를 오랫동안 유지시키기 위한 방법이 담겨 있습니다. 성공확률은 제가 체득한 바이기 때문에 높다고 자부합니다. 한 가지 연애를 하게 된다고 해서 꼭 사랑에 빠질 것이라는 생각은 착각입니다. 연애는 사랑을 끄집어낼 수 있는 하나의 과정에 불과합니다.

2) 영화에 나타난 사랑

요즘 영화라는 것은 새로운 철학과 시대상을 반영하는 하나의 문화적 장르이다. 또한 학생들은 영화를 통해서 많은 생각들과 사상을 접할 수 있으며, 새로운 문화를 만들어내고 있다. 나아가 대학에서의 수업도 영화를 주제로 한 수업이 많이 이루어지고 있고, 학생들에게 많은 인기를 모으고 있다. 따라서 영화에 나타난 요즘 사랑법은 어떤 것이 있을까? <광식이 동생 광태>라는 영화에 나타난 사랑법에 대해 알아보자.

사례 세계일보 2005년 11월 17일 "변하지 않는 사랑의 방정식 광식이 동생 광태"

'데이트 메이트'(연애 파트너) '원 나이트 스탠드'(하룻밤 상대) 등 쉽고 간단한 인스턴트 사랑을 꿈꾸는 남자와 7년간 오직 한 사람만을 바라보는 지고지순한 사랑을 지키는 남자의 서로 다른 사랑 이야기를 그린 영화가 우리 곁을 찾는다. 시대가 변하고 세대가 달라져도 그 변하지 않는 연애방정식의 해법에 대해 이야기하는 영화, 〈광식이 동생 광태〉가 그 주인공이다.

좋아하는 여자에게 고백도 제대로 못하는 광식은 연애로 분란 한번 일으키지 않는다는 이유로 '연애계의 평화유지군'으로 불린다. 친구의 결혼식에서 대학시절 짝사랑 윤경을 다시 만나지만 사랑 표현도 제대로 하지 못한 채 동생의 친구에게 빼앗기게 생겼다. 반면 동생 광태는 '풍류'를 즐기는 잠실본동 삼인방의 대표답게 365일 작업에만 열을 올린다. 어느 날 마라톤 경기에서 만난 경재의 몸매에 반한 광태는 '쿨하게' 그녀에게 대시해 결국 그녀를 침대로 끌어내는

데 성공한다.

영화는 두 형제의 전혀 다른 사랑을 음악과 함께 선사한다. 실연을 당한 '평화유지군' 광식이 윤경에게 받은 '피스'(Peace)라는 제조사의 스탬플러 심을 빼고 있는 장면에서 '포 더 피스'(For the Peace)라는 구절이 반복적으로 나온다. 코미디 영화답게 일부러 슬픈 설정을 하는 위험 대신 어리숙한 광식의 모습에 우스꽝스러운 상황을 연출해 순진남의 모습을 극대화했다. 광태의 마라톤 장면에서는 '광식이 동생 광태'라는 음악이 나와 발랄한 느낌을 줘 '작업남'을 귀엽게 변신시킨다. 억지 설정이나 슬랩스틱 코미디로 관객에게 웃음을 강요하기보다는 음악과 조화된 유쾌한 연애담을 보여준다.

드라마 〈프라하의 연인〉에서 터프한 남자로 각광받는 김주혁이 자다가 벌떡 일어나 "40만 원 내놔"라고 말하는 소심남을, 불량한 역할로 약방의 감초 역할을 해왔던 봉태규가 귀여운 작업남을 맡아 각자의 매력을 발산한다.

◦ 〈광식이 동생 광태〉 어록

광식 : 여자들이 하는 '고맙다'는 이도 저도 아닌 감정의 상태를 에둘러서 하는 표현이다. 비슷한 말로는 '오빤 좋은 사람이에요'가 있겠다.

광태 : 여자가 몰라서 그러는 거 아니다. 다 알면서도 속아주는 게 여자야 ….

의동 : 결혼하면 매일 아침 눈 떠보면 네 옆에 그 여자가 자고 있는 거야. 진짜 무섭지?

윤경 : 여자는 짐작만 갖고 움직이지 않아요.

필자가 강의 중에 사랑이 무엇인가를 학생들에게 질문한 적이 있었다. 그러자 한 학생이 당당하게 말하는 것이었다. 사랑은 '스킨십'이라고 ….

이 학생의 말에 학생들은 너무나 도발적이라는 반응을 보였다. 과연 그런가? 우리들이 흔히 사랑이 무엇인가에 대한 질문의 대답으로 하는 말들은 정해져 있는 것 같다. 사랑하는 것을 어떻게 아느냐고 물어보면 천편일률적으로 '보고 싶다' 또는 '그 사람이 그립다', '항상 그 사람이 머리 속에서 떠나지 않는다'라는 말을 늘어놓으며, 그래서 사랑한다고 한다.

필자는 사랑에 대하여 두 가지만 말하고 싶다.

그 처음은 생떽쥐베리는 자신의 저작인 <어린 왕자>에서 사랑을 이렇게 표현하고 있다. '사랑은 두 사람이 마주보는 것이 아니라 동일한 눈높이로 같은 사물을 쳐다보는 것'이라고 …. 흔히 우리들은 사랑이라 하면 두 사람이 언제나 마주봐야 된다고 생각한다. 마치 그 사람이 달아날까봐. 언제나 마주보고 있어야 그 사랑이 변하지 않는다고 생각한다.

그러나 사랑은 불완전한 존재인 내가 어떠한 사람을 만나 완전한 한 인간으로 새롭게 태어나는 것이다. 그래서 동양철학에서도 양과 음의 조화로 사랑과 결혼을 말하는 것이다. 사랑한다는 것은 서로가 서로를 위해주고 아끼는 수준의 것이 아니라, 사랑하기에 서로의 부족한 점을 채워주고 도와주는 그런 것이리라. 지팡이와 같은 ….

이런 것이 사랑임에도 불구하고 우리들은 사랑을 너무나 관념적으로 바라본다. 시각으로 들어오는 그 사람의 어떠한 조건에 의한 것을 사랑으로 판단한다. 마치 능력이 부족하거나 남들보다 모자라면 명함도 못 내미는 이러한 현실이 안타까울 따름이다. 인간은 부족하기에 사랑을 하는 것이다. 인간이 신(神)만큼 완벽한 존재자라면 이성 간의 뜨거운 사랑을 할 수 있을까? 인간은 무엇인가에 부족하기에 누군가를 그리워하는 것이다. 그 그리움의 대상이 이성(異性)이기에 우리는 그 이성 간의 사랑을 아름답게 보는 것이다.

다음으로 스킨십을 말하고 싶다. 사랑은 관념이다. 사랑은 눈에 보이지 않는다. 사랑은 손에 잡히지 않는다. 그러하기에 우리는 사랑을 표현하는 수단으로 스킨십을 하는 것이 아닌가? 섹스를 말함에 있어 섹스는 동물적 본능에 의한 행위가 아니라 순수한 사랑의 표현인 것이다. 그러나 이러한 점을 우리들을 너무나도 잘 알고 있음에도 불구하고 섹스를 위한 사랑을 한다. 마치 섹스를 해야 사랑하는 것처럼 … 섹스만이 사랑의 절대적 표현인 것처럼 ….

무분별한 본능적 욕구충족은 인간의 정신을 황폐화시킨다. 그러나 이러한 점을 알면서 이 시대 우리들은 어떻게 하고 있는가? 사랑이 목적이 아니라 섹스를 목적으로 하고 있다. '원조교제'라는 신조어가 생기는 것뿐만 아니라, 결혼을 하고도 애인이 없으면 '장애 6급'이라는 말들이 통속적으로 나돌고 있다.

사랑은 신성한 것이다. 그리고 그 사랑의 결과는 아름다운 것이다. 신이 인간을 창조했다는 논리를 정면으로 반박할 수 있는 것이 여성의 출산이 아닌가?

이 아름다운 행위를 인간의 무분별한 욕구로 왜곡하지 말았으면 한다. 사랑을 누가 아름답지 않다고 하겠는가? 사랑이 아름답다고 하는 이유는 그 사랑의 행위가 행복의 출발점이기 때문일 것이다. 그러나 그 출발점을 우리는 목적으로 사용하고 있다. 사랑이 관념적이기에 그 사랑을 표현하는 절대적 수단, 즉 스킨십이나 섹스는 당연히 필요할 것이다. 그러나 이러한 행위는 그 책임(임신이나 출산)을 아름답게 감당할 수 있을 때 행동으로 옮기는 것이라 생각한다. 섹스는 목적이 아니라 수단이다.

필자는 사랑하기에 섹스를 하는, 나아가 사랑의 표현방법으로 섹스를 해야 한다고 말하고 싶다.

마지막으로 소개할 것은 일부일처제에 대한 기사이다. 여기에 게재된 내용에 의하면 35년 내에 사라질 가치들 중에 일부일처제가 들어 있다는 충격적인 기사를 소개하고자 한다. 혹자들은 쾌재(?)를 부르겠지만 전통윤리를 공부한 필자로서는 너무나도 충격을 주는 기사이기에 소개하고자 한다.

사례 조선일보, 전병근 기자의 블러그

35년 내 일부일처제 없어진다
미 포린 폴리시지 '사라질 사상 · 가치' 소개
영 왕실 · 중 공산당 · 의사진료실 등 16개 들어

미국의 국제문제 전문지 포린 폴리시 최신호는 창간 35주년을 맞아 앞으로 35년 이내에 사라질 것으로 보이는 사상 · 가치 · 제도를 열거했다. 프랑스의 미래학자 자크 아탈리와 리처드 하스 미외교협회장, 신학자 하비 콕스 등 각계 사상가 16명이 하나씩 꼽은 '멸종위기의 16가지'는 윤리 · 종교에서 지정학 · 기술에 이르기까지 다양하다.

◦ 일부일처제

오늘날 일부일처제의 실용적인 이유는 재산의 대물림이나 여성의 보호에 있다. 하지만 사회적 투명성이 높아지면서 여러 명의 연인(multiple partners)을 갖고 있는 실상이 폭로되고 있다. 자유의 신장, 수명 연장과 함께 한 사람과의 연애에 만족하지 않을 것이다. 기술 발달로 인해 성 · 사랑 · 출산 간의 연계고

리도 더욱 느슨해진다. 남녀는 각각 동시에 여러 명의 연인을 갖는 형태로 옮겨갈 것이다.

◦ 영국 왕실

과거 왕실은 모범이자 이상이었지만 지금은 시트콤의 가족처럼 돼버렸다. 품격과 위엄보다 세속과 배신·부정으로 얼룩졌다. 왕실 사람들 눈에도 더 이상 영국은 왕실이 대변하는 전통·가치에 동조하지 않는다. 왕실 스스로 그 책무에서 벗어나려 할 것이다.

◦ 생명의 신성함

착상에서 죽음에 이르기까지 인간의 생명은 신성불가침이란 생각은 무너질 것이다. 황우석 박사의 연구로 일반 세포의 핵을 이용한 복제가 가능해지면서 인간 배아에 대한 존엄성 개념도 흔들렸다. 미국의 식물인간 테리 시아보의 경우에서 봤듯이 사람들은 이들의 생명 연장에도 더 이상 동정적이지 않다.

◦ 중국 공산당

일당독재는 경제성장의 희생물이 될 것이다. 중국처럼 거대한 사회가 근대화된 후에도 권위주의 정부가 모든 결정권을 행사하기는 어렵다. 이미 당 기율이 무너졌고 매관매직(賣官賣職)이 확산되고 있다.

◦ 일본의 수동성

60년 전 미군정이 강요한 헌법 하에서 사는 데 곤란을 겪고 있다. 평화헌법은 미국의 지위가 불분명해지는 상황에서 불안요인이다. 사무라이 정신으로 돌아갈 것인가는 동아시아의 상황전개에 달렸다. 지역 헤게모니를 꿈꾸는 중국, 핵무장을 위협하는 북한이 주 변수다.

◦ 종교적 위계질서

종교도 뷔페식으로 고르는 소비자 시대를 맞아 교계 위계질서는 급격히 무너지고 있다. 종교 지도자들은 이제 설득하고 서로 경쟁해야 할 처지. 오늘날 메가 처치(초대형교회)의 성공은 시장수요에 따른 결과다.

◦ 출산조절 방임

저개발국들은 인구폭발로, 선진국들은 저출산과 고령화로 미래가 불투명하다. 이민정책은 정체성의 교란, 인종 · 민족갈등을 낳고 있다. 출산장려나 세제혜택 같은 소극적 정책보다 더욱 적극적으로 나서게 될 것이다.

◦ 의사 진료실

환자들은 전화나 인터넷 등 온라인으로 맞춤식 건강계획을 서비스 받게 된다. 기계에 피 한 방울을 떨어뜨리면 컴퓨터가 무엇을 해야 할지 알려준다. 의사들은 개인을 겨냥한 맞춤식 처방에 몰두할 것이다.

◦ 기타

정당, 소아마비, 자동차 매연, 공적 영역, 유로화, 주권, 익명성, 약물단속 등이 사라지거나 존폐의 기로에 설 것이다.

토론해 봅시다.

1. 사랑이라는 감정과 연애의 관계는 무엇인가?
2. 연애와 섹스의 관계는 무엇인가?
3. 섹스를 연애라 할 수 있는가?

3

결혼과 사랑

<사진 1> 결혼식-신랑과 신부

01 태양의 사랑과 결혼

1) 역사적 사실로 본 결혼

결혼의 적령기는 '몇 살부터 몇 살까지'라고 단정할 수 있는 성질의 것이 아니다. 정신적·육체적 성숙도나 교육기간, 또는 경제적 사정 등 개인의 차이가 심하기 때문이다. 다만, 결혼의 적령기를 결정하는 데는 여성의 경우 임신과 출산의 시기가 고려되어야 할 것이며, 남성의 경우 가족 부양능력이 참작되어야 할 것이다.

오늘날 행해지는 현대식 결혼식은 본래 우리의 결혼문화가 아니라 서구에서 들어온 결혼문화이다. 어떻게 해서 우리는 우리의 전통문화를 멀리 하고 현대식 결혼을 하게 되었을까?

우선 결혼문화에 관한 역사적인 배경을 잠깐 고찰해 보기로 한다.

상고 시대의 원시 혼속에 대해서는 알려진 바 없다. 그러나 잡혼(雜婚)이나 군혼(群婚)이 있었으리라 추측되며, 고조선 시대 때의 부여에서는 가계(家系)를 중요시하여 형이 죽으면 형수를 아내로 맞이하고, 동옥저에서는 민며느리의 관습이 있었다. 삼국 시대에 들어오면, 고구려 시대에는 모계 중심 사회의 풍습으로 서옥의 혼속이 있었고, 신라 시대에는 왕족의 순수성을 유지하기 위하여 왕족 간의 혈족 혼인이 있었다. 이러한 신라 시대의 결혼풍습은 많은 역사적 결과물을 낳게 되는데, 신라 초기 골품제에 따라 성골들만이 왕위를 세습하였고, 이러한 왕위세습의 안정성과 정통성을 위하여 성골들 사이의 족내혼이 이루어졌다. 이러한 성골들의 족내혼은 결국 가계(家系) 내에 왕자가 탄생하지 않게 되자 공주들로 하여 왕위를 잇게 하였고, 이러한 이유로 인해 한국 역사에서 여왕이 존재하게 되는 이유로 작용하게 되었다. 따라서 한국 역사상 유일하게 여왕이 존재하는 국가가 바로 신라인 것이다. 또한 백제에서는 부녀의 정조가 절대로 요구되는 일부일처제의 혼속이 정립된 것으로 보아 신라나 고구려에서보다 일찍 혼속이 정립된 듯하다.

삼국통일 이후 고려 초기에서도 계급적 내혼제가 그대로 답습되고 근친혼이 성행하였다고 전해진다. 그래서 원나라의 세조(世祖)가 왕가의 동성혼(同姓婚)은 성지에 위배되므로 앞으로 위반하면 논죄하겠다고 경고함에 따라 충선왕(1310년)이 우리나라 역사상 처음으로 종친과 양반의 동성 금혼(同姓禁婚)을 국법으로 공포하기에 이르렀다. 또 고려 시대에는 어린 남자를 신부 집에서 양육하여 장성하면 혼인시키는 예서혼의 풍습이 있었고, 원나라의 공녀책(貢女策)으로 처녀의 숫자를 줄이기 위하여 일부다처(一夫多妻) 제도도 있었다. 그러다가 주자(朱子)의 『문공가례』가 들어오면서 비로소 잡다한 혼속이 일원화되기에 이르러 육례에 의해 혼례식이 거행되었으나, 지나치게 번잡하다 하여 고려 말부터는 『사례편람』에 의한 사례로 혼례식을 거행하기에 이르렀다.

그러나 사회의 급격한 변화와 함께 물밀듯이 쏟아져 들어온 서구문명에 밀려 딸을 낳으면 벽오동을 심어 그것으로 딸이 시집갈 때 장롱을 만들어 주었다던 부모의 정성과 사랑에서 나온 아름다운 옛 풍습은 사라져 버리고, 다만 번잡하고 의미 없는 혼례형식만 남기에 이르렀다. 그리하여 시대의 변천에 발을 맞추어 전통 혼례뿐만 아니라 제례 · 상례 등의 의식도 간소화 · 현대화하자는 뜻에서 1973년에 대통령령으로서 가정의례준칙이 발표되었다.

그러나 그동안 가정의례준칙은 그 목적과 의의를 다하지 못했다. 일부 특권계급의 호사스러운 결혼식은 아예 가정의례준칙을 무시하는 듯했으며, 금지조항이었던 청첩장 등 인쇄물에 의한 하객 초청은 여전히 행해졌다.

그래서 1988년 7월 23일, 보사부(현재 보건복지부)는 '가정의례에 관한 법률'을 전면 개정하거나 또는 폐지하고, 이 법에 규정된 처벌조항을 삭제하는 대신 강제성 없는 가정의례준칙을 만들어 국민들에게 권장키로 했다.

전통 혼례식을 하든 현대식 혼례식을 하든 혼례식은 일생의 뜻깊고 중요한 행사인 만큼 형식에 치우치기보다는 혼례의 의미를 깊이 새겨야 할 것이다.

2) 조강지처 불하당 빈천지교 불가망

다음으로 소개할 일화를 통하여 '조강지처 불하당 빈천지교 불가망(糟糠之妻 不下堂 貧賤之交 不可忘)'이란 말의 출처를 확인하고 그 내용을 살펴보기로 하자. 또한 결혼을 하여 서로 간에 지켜야 할 예의와 규범적인 내용은 무엇인가에 대하여 살펴보기로 하자.

사례 후한서(後漢書)

조강지처 불하당 빈천지교 불가망(糟糠之妻 不下堂 貧賤之交 不可忘)

술지게미나 쌀겨와 같은 험한 음식을 함께 먹은 아내, 즉 가난할 때부터 함께 고생해 온 아내를 내칠 수 없고, 가난과 고난을 함께 했던 친구를 버릴 수 없다는 것이다.

후한(後漢)의 광무제(光武帝)에게는 누이이며 미망인(未亡人)인 호양공주(湖陽公主)가 있었는데, 그녀는 대사공(大司公)인 송홍(宋弘)을 마음에 두고 좋아하고 있었다. 광무제는 이것을 눈치 채고 어느 날 송홍을 불러 마음을 떠보았다.

홍에게 일러 이렇게 말했다. "속언에 귀해지면 친구를 바꾸고 부유해지면 아내를 바꾼다고 하였는데 이것이 인정인가?" 송홍이 대답하여 말하기를 "가난하고 미천할 때의 사귐은 잊을 수 없고, 술지게미와 쌀겨를 함께 먹던 아내는 집에서 내보낼 수 없는 것입니다"라고 하였던 것에서 유래된 말이다.

이러한 내용이 곧 사랑이라고 생각하기에는 분명 무리가 따를 것이다. 그러나 '사랑'을 말하기 이전에 사랑의 모습이 무엇인가를 생각해 본다면 분명 이러한 말들을 떠올릴 수 있을 것이다. 또한 이러한 결혼의 문제는 조선 시대 때는 칠거지악(七去之惡)이라 하여 아내를 버릴 수 있는 이유가 되는 일곱 가지 경우를 말한 것으로 결혼과 가정의 문제에 있어 유교적 예법을 통하여 정한 것이다. 그러나 이 칠거지악의 문제가 현대 사회에 와서 유교적 규범원리가 여성의 인권을 침해했다는 비판도 일고 있다. 그러나 이러한 비판은 유교적 규범을 잘못 이해한 무지의 소치일 것이다. 조선의 규범에는 칠거지악도 있었지만 삼불거(三不去)도 분명히 존재했음을 볼 수 있다. 나아가 칠거지악이 여성에 대한 인권침해를 했다는 주장은 삼불거를 고찰하지 않았기 때문일 것이다. 실록을 보더라도 칠거지악 때문에 여성이 내쳐진 경우는 거의 볼 수 없다. 나아가 조선사회에서 이혼이 가능했을까? 이에 대한 답은 '가능했다'이다. 그러나 조선사회에서 수령은 사법과 행정의 모든 권한을 가지고 있었지만 이혼의 문제에 있어서는 예외였다. 이혼의 결정은 왕명에 의해서만 가능했다. 실록에 의하면 왕명에 의하여 이혼을 허락한 경우는 약 20여 회 보인다. 그러나 이러한 이혼의 사유에는 주로 여성의 음란한 행동에 의하거나 아니면 여성이 시부모를 살해한 경우에 국한되어 있음을 볼 수 있는데, 최초의 이혼사례는 우리가 흔히 야사라고 알고 있는 '어우동'이다. 이 여성은 '어을우동'이라고도 불렸는데, 이 사람의 음란한 행동은 한양의 고관대작들과 약 20여 회 성관계를 가진 것으로 그 당시 사회에 큰 충격을 주었고, 이러한 이유로 인하여 율령으로 양반들에게 첩을 두는 것을 금지하는 범령이 만들어지기도 하였다.

3) 칠거지악과 삼불거

조선사회가 여성을 억압했던 흔적이라고 할 수 있는 칠거지악(七去之惡)을 살펴보고, 이러한 억압에서 여성을 보호해 주었던 삼불거(三不去)에 대하여 살펴보자.

먼저 칠거지악이라 함은 다음 일곱 가지를 말한다.

① **불순구고**(不順舅姑) : 시부모에게 순종하지 아니한 경우
② **무자**(無子) : 아들을 낳지 못한 경우
③ **음행**(淫行) : 음란한 행동을 한 경우
④ **투기**(妬忌) : 여자가 질투를 한 경우
⑤ **악질**(惡疾) : 큰 병에 걸렸을 경우
⑥ **구설**(口舌) : 말을 많이 할 경우

⑦ **절도(竊盜)** : 도둑질한 경우

또한 삼불거(三不去)는 여성을 내쫓지 못하는 경우를 말하는 것으로 다음 세 가지를 들 수 있다.

① **유소취무소귀불거**(有所取無所歸不去) : 보내도 돌아가 의지할 곳이 없을 경우
② **여공경삼년상불거**(與共更三年喪不去) : 함께 부모의 3년 상(喪)을 치렀을 경우
③ **전빈천후부귀불거**(前貧賤後富貴不去) : 가난하였다가 뒤에 부자가 되었을 경우

이러한 삼불거(三不去)는 칠거삼불출(七去三不出)이라고도 한다. 이것은 동양의 율령법(律令法)에서 남편의 일방적 의사표시로서 아내와 이혼하는 일을 기처(棄妻)라 하고, 기처의 이유가 되는 7가지 사항을 칠출 또는 칠거(七去)라 하였다. 그리고 그와 같은 원인이 있어도 이혼할 수 없는 3가지 경우를 삼불거 또는 삼불출(三不出)이라 하였다. 이 전통을 이어받아 당률(唐律)이 법제화하여 호혼율(戶婚律)에서, 모든 아내에 칠출 및 의절(義絶)할 죄상이 없는데도 이를 내쫓는 자는 1년 6월의 도형(徒刑)에 처하고, 비록 칠출을 범하였더라도 삼불거가 있는데도 이를 내쫓는 자는 곤장 100대를 때린 뒤 다시 함께 살게 한다. 만약 나쁜 병이 있거나 간통한 자에게는 이 율을 적용하지 아니한다고 하였다. 명률(明律)도 이 당률을 이어받았는데, 이것은 모두 아내를 보호하기 위하여 규정한 것이었다. 그러므로 이러한 당의 율법과 명의 율법을 이어받아 독자적인 율법을 만든 조선

의 『경국대전』에도 이러한 내용이 들어 있었다. 그러므로 우리 사회의 전통적인 결혼에 대한 율법은 칠거지악과 삼불거를 통하여 가족관계와 결혼생활을 원만히 하려한 흔적을 볼 수 있을 것이다.

02 달의 사랑과 결혼

1) 사랑과 결혼

요즘 결혼관이나 이혼율을 보면 정말 경악을 금할 수가 없다. 이혼의 문제는 제쳐두고라도 결혼의 문제만을 먼저 말하고자 한다.

현대인들의 결혼관에 있어 가장 특이한 점은 바로 '조건'이다. 여기서 말하는 조건이라 함은 흔히 말하는 잘생긴 외모, 좋은 직장, 경제적 안정, 학벌 등등을 들 수 있을 것이다. 이러한 조건의 중요성의 인식 때문에 '결혼 따로 연애 따로'라는 신종어가 생겼고, 나아가 요즘 젊은이들 사이에는 이것은 구식이라 하여 '데이트 메이트'라는 것이 생겨나고 있다. '데이트 메이트'의 연애문제를 다룰 때 다시 언급하기로 하자.

'조건'을 따지는 문제는 어제 오늘의 일은 분명히 아닐 것이다. 그러나 현대에 와서 이러한 문제가 점점 심각하게 벌어지고 있다. 그 단적인 예로 농촌총각들의 미혼율 문제를 들 수 있을 것이다. 언젠가부터 3D업종이라 하여 힘들고 고된 일을 기피하는 현상이 벌어졌다. 못 먹고 못 살 때는 일을 할 수만 있어도 행복하다 생각했던 때가 있었다. 그러나 요즘 신세대들은 힘들 일은 좀처럼 하지 않으려고 한다. 이러한 문제는 직업을 선택하는 문제에 국한된 것이 아니라 인생의 새로운 출발인 결혼에 있어 직접적인 문제를 만들고 있다. 조건이 결혼에 가장 중요한 요인으로 등장하게 된 것은 그리 오래된 일은 분명 아니다. 그러나 요즘 결혼을 떠나 연애만 하더라도 조건의 문제는 대상을 선택함에 있어 결정적 요인으로 작용한다는 것은 주지의 사실이다. 그렇다면 신세대들이 원하는 조건은 무엇인가? 필자가 생각하기에 그것은 바로 눈에 보이는 현상적 모습일 것이다. 이러한 문화는 인터넷의 발달과 매스미디어의 발달로 인하여 더욱 빠르게 확산되고 있음을 볼 수 있다.

언제가 학생들로부터 '성공이 무엇이냐'는 질문을 받은 적이 있다. 과연 성공이란 무엇일까? 혹자들이 말하는 성공에는 돈과 명예 그리고 권력 등등이 우선시됨을 부정할 수 없다. 그렇다면 이러한 성공의 모습을 통하여 과연 이들이 얻고 싶어하는 것은 무엇일까? 필자가 생각하기에 이러한 모습의 추구에 있어 궁극적으로 원하는 것은 사랑보다는 일신(一身)의 편안함이나 안락함, 그리고 여유로움일 것이다. 물론 필자 역시 안락함이나 편안함 그리고 여유로움을 추구한다는 사실에 대해서는 부정하지 않는다. 그러나 선(先)과 후(後)는 있어야 한다.

인생에 있어 무엇인 먼저일까? 결혼에 있어 무엇이 먼저일까? 인생에 있어 행복이 우선인 만큼 결혼에 있어서는 사랑이 우선이어야 한다. 물론 이러한 고답적 말들이 너무나 구식이고 관념적인 말들임에는 부정할 수 없다. 그러나 심각한 수준의 이혼율을 감안하고 결혼한 사람들의 일탈을 생각한다면 결혼에 있어 가장 중요한 것이 '사랑'임에는 부정할 수 없을 것이다.

옛말에 '조강지처 불하당 빈천지교 불가망(糟糠之妻 不下堂 貧賤之交 不可忘)'이라 했다. 이러한 것들은 이미 아주 오래된 낡은 관념일 뿐이라고 요즘 사람들은 생각한다. 그러나 과연 그럴까?

필자는 이러한 사랑의 관념이 삶의 근본적인 기초가 된다고 생각한다. 나를 진정으로 아껴주고 사랑해 주는 사람을 배신하고 사회에 나가서 성공할 수 있을 것이라는 착각은 금물이다. 나를 사랑해 주는 사람의 마음을 이해하지 못하고 감동시키지 못하는 사람이 과연 사회에서 무슨 큰일을 해낼 수 있을까?

앞에서도 언급하였지만 눈에 보이는 조건은 조건일 뿐이다. 그 사람의 본연은 아닐 것이다. 눈에 보이는 모습을 좇아 그 사랑을 택하다 보면 반드시 그 사랑이 잘못되었음을 스스로 판단할 수 있을 것이다. 물론 사랑만이 행복의 열쇠는 아니다. 그러나 행복이라는 열쇠를 가질 수 있는 자격은 바로 '사랑'일 것이다.

농촌총각의 미혼문제나 이혼율은 현상일 것이다. 그러나 이러한 현상을 통하여 드러나는 문제는 결혼에 있어 중요한 요인이 사랑이 아니라 조건이라는 것이다. 물론 이혼의 문제가 조건에 의해 발생하는 문제만은 아닐 것이다. 그러나 진정 눈에 보이는 조건에 앞서 사랑이란 마음으로 그 이성(異性)과 사랑을 나누고 결혼 한다면 조금이나마 이러한 통계를 줄일 수 있지 않을까 하는 생각이 든다.

2) 결혼의 의미-반지

우리들은 흔히 결혼이나 약혼을 할 때 반지를 증표로 주고 받는다. 이러한 반지의 역사는 얼마나 되었으며 그 의미는 무엇이었을까?

약혼할 때 반지를 보내는 풍습은 로마 시대에 시작되었다고 하나, 일설에 의하면 <구약성서>에 물건을 살 약속을 하거나 권리를 양도할 때, 장갑이나 신발을 넘겨주는 풍습이 적혀 있는 것으로 보아(룻기 제4장) 그 관습과 관계가 있다고 한다. 로마 사람인 플리니우스의 <박물지> '1세기'를 보면, 그 무렵에는 아무런 장식이 없는 철제 반지를 사용하였는데, 2세기 무렵에는 황금제 반지를 사용하였다. 반지를 받은 여성은 남성에게 카메오라고 하여 조개껍데기나 마노로 자신의 초상을 새긴 반지를 만들어 보냈다고 한다. 그리스도교에서는 이 풍습을 이교적이라 하여 달가워하지 않았으나 9~10세기경부터 교회가 이것을 인정하게 되었다. 그러나 그리스도교에서는 교회에서 치르는 결혼을 중시하였으므로 새로이 결혼반지라는 풍습이 생겨나게 되었다.

영국에서는 엘리자베스 1세 시대(16세기)의 기록에 의하면, 약혼반지를 받은 여성은 그것을 오른손 손가락에 끼고 있다가 결혼식 당일에 그것을 뽑아 왼손 손가락에 끼면 결혼반지가 되었다고 한 것으로 보아 약혼과 결혼의 반지가 같은 것이었던 시대가 있었음을 알 수 있다. 왼손 무명지에 끼는 습관은 고대 그리스인의 신앙에서 왼손 무명지가 심장(마음)에 직결되어 있다고 믿는 데서 시작되었다고 본다. 이후에 이러한 반지는 보석반지를 결혼이나 약혼할 때 증표로 주지 시작하였다. 주로 현대에는 다이아몬드가 박혀 있는 반지를 주는 것을 많이 볼 수 있는데, 이것은 보석의 아름다움이나 희소성 그리고 보석이 주는 다양한 의미에서 그 이유를 찾을 수 있을 것이다. 보석이라는 것은 매우 신비한 힘을 지닌 것 같다. 우선 그것이 지닌 신비로운 빛깔도 그렇거니와 또한 그 희소성으로 인해 여러 사람들을 설레게 만든다. 보석에는 어떤 인공적인 물감으로도 물들일 수 없는 하늘이 부여한 색깔이 담겨져 있기 때문일 것이다.

이렇게 아름다운 보석이 반지를 장식하고 있다면 어떨까? 아마 그로 인해 보석은 더욱 빛날 것이다. 왜냐하면 반지란 단순한 보석이 달린 고리를 뛰어넘는 인생의 깊이를 생각하게 하는 의미가 담겨질 수 있는 물건이기 때문이다.

우선 반지의 모양을 살펴보면 환 모양의 둥근 모습에서 어떤 특별한 의미가 있는 것이 아닐까? 돌고 돌아도 제자리에 오는, 그러나 다시 정지하지 말고 자꾸 앞으로 나아가야만 하는 우리네 삶을 닮아 있는 것 같기도 하다. 그러나 반지가 지닌 더 큰 매력은 그 의미가 아닐까 생각한다. 반지는 사회적으로도 많은 의미를 갖는다. 아이들이 태어나서 백일이 되고 첫돌이 되어 처음으로 장식하는 것도 반지일 것이고, 결혼예물의 중심이 되는 것도 반지이며, 또한 오랫동안 인생을 함께 살아온 노부부들이 금혼식 때 나누는 것도 반지일 것이다. 교회 안에서도 반지는 혼인성사의 신비를 표현하기도 하고, 또 수도자들의 그리스도와의 결합을 상징하기도 하며, 주교님들의 교회와의 관계를 상징하기도 한다.

반지에는 어떤 의미가 있기에 이렇게 중요한 상징을 가지는 것일까?

오늘날 결혼식에 예물로서 반지를 교환하는 것은 보편적인 행위이다. 신자이건 비신자이건 예물로 반지를 교환한다. 한국의 장신구 역사에 대한 연구를 해보지 않아서 단언할 수는 없겠지만, 이러한 관습은 서양에서 건너온 것으로 보인다. 우리나라에도 가락지라는 반지가 존재했으나 어머니가 딸이나 며느리에게 전해주는 것이 보편적이지 않았나 생각되며, 결혼식 때 신랑이 신부에게 주는 것으로 정착된 것은 서양문화의 유입에 의한 것이라 생각된다.

서양에서의 결혼과 관련지어 반지가 사용된 것은 문헌으로 알려진 바로는 고대 로마 시대까지 거슬러 올라간다. 물론 로마문화가 그리스의 헬레니즘에 의해 강력한 영향을 받아 형성된 문화이므로 헬레니즘의 풍습이 로마에 전해졌는지도 모른다. 로마 시대에 반지는 약혼식에서 처음 사용되었음을 알 수 있다. 이때 신랑이 신부에게 반지를 선물했는데, 반지는 약혼의 정표로서 철로 만들어진 것이며, 약혼 후에 신부는 이를 왼손에 착용하는 것이 통례였다고 한다. 루치우스 안네우스 세네카(BC.90~AD.65년)나 플리니우스 체칠리우스 2세(AD.27~29년)의 기록에 의하면, 약혼한 신부는 어떤 장식을 위해서가 아니라 신랑에 대한 신뢰의 증표로서 반지를 끼었다고 한다.

히브리와 이집트 등의 셈족 문화권에서 반지는 부와 권위의 상징이었고, 특히 왕들에게는 인장의 의미를 지니고 있었다. 로마에서도 물론 반지는 장식물로 사용되었지만 경우에 따라서 자신의 신분을 결정하는 표지이기도 하였다. 예를 들어서 노예들도 자신의 주인이 누구라는 고리를 차고 있기도 하였다. 따라서 이때 신랑이 일방적으로 신부에게 약혼의 의미로 반지를 선물하는 것은 어떤 예물의 의미보다는 약혼식을 통해서 신부가 신랑에게 귀속되었다는 의미가 더 강했던 것으로 추정된다. 아무튼 이러한 로마의 관습은 그대로 교회에 이어지게 되며, 2세기 말의 교부(敎父) 떼르뚤리아노(Tertullianus)의 증언에 의하면 그 당시 교회 혼인에 반지가 사용되었음을 확인할 수 있다. 이러한 관습이 교회 안에서 고착되었고 후에 반지를 축복하는 예절이 중세기에 스페인과 갈리아(오늘의 프랑스) 지방에서 시작되어 오늘에 이르는 것이다. 이미 떼르뚤리아노(Tertullianus)가 이야기했지만 교회에서의 반지는 참으로 두 사람이 교환하는 인격, 다시 말해서 사랑과 신의의 표지가 되는 것이다.

반지는 인류가 청동기 문화를 구가할 때부터 지금까지 계속 함께 해온 오랜 장신구이며, 다른 모든 것들이 수없이 그 모양을 바꿔왔음에도 그 형태가 오늘까지 거의 변형 없이 전해 내려온 장신구이기도 하다. 그러면 많은 다른 장신구들 중에서 왜 로마에서는 결혼식에 반지를 사용하였을까? 우리가 이 대답을 찾아낸다면 교회에서 어떤 생각에서 이 반지를 받아들였는지를 더 잘 알 수 있게 될지도 모른다. 로마문화는 헬레니즘 문화를 그 토대로 삼는다. 로마와 헬레니즘 모두가 반지를 혼인의 표징으로 사용했다면 우리는 그 근거를 헬레니즘 안에서 찾을 수 있을 것이다. 바빌론과 이집트의 전승에서 반지는 매우 중요한 상징으로 드러난다. 하나는 태양신의 상징이며 또 하나는 왕권의 보증(인장반지)이기도 하였다. 혼인에 관한 세미나를 위한 작업을 하다가 나는 헬레니즘의 신화에서 반지와 관련된 아주 재미있고 중요한 사실을 발견하였다.

폴리크라테스는 왕이었다. 그는 자신이 왕으로 살아야 하는 운명을 거부하기로 결정하였고, 커다란 에메랄드가 박힌 왕의 반지를 높은 탑 위에서 바다로 던져버렸다. 그리고 자신의 운명으로부터 탈출을 시도했다. 그러나 그가 던진 반지는 물고기가 삼켰고, 한 어부는 그 물고기를 잡아 반지를 찾아내고 그 왕의 반지를 다시 폴리크라테스에게 가져다 준다. 인간은 헬레니즘의 신들이 정한 운명을 바꿀 수 없는 것이며, 여기서 그 반지는 돌이킬 수 없는 운명의 징표가 되는 것이다. 만약 혼인이 이와 같이 사랑과 신의로 매듭지어진 돌이킬 수 없는 운명의 끈이라면 혼인에서의 반지는 그와 같은 사랑의 끈을 상징하는 것이라 하겠다. 이 얼마나 아름다운 것인가? 반지는 바로 혼인에서 사랑과 신의로 맺어진, 인간의 힘으로는 이제 더 이상 손 쓸 수 없는 결합의 상징인 것이다.

혼인은 천지창조 때부터 하느님께서 사람을 남자와 여자로 지으신 것(창세1, 27)에 의해 이미 확정지어진 운명이며, 따라서 한 남자와 한 여자의 혼인이란 하느님의 창조의 연속선 위에 있는 것이다. 예수님께서 이를 다시 확인하시며 혼인을 통해서 두 인격체가 하나가 됨을 선포하신다(마태 19, 3 이하). 더 나아가서 사도 바오로는 혼인은 그리스도께서 교회를 사랑하시어 하나가 되는 것을 상징하는 것이라고(에페 5, 25) 가르친다. 그리고 이와 같은 운명적인 일치의 상징으로 저 결혼반지는 찬란히 빛을 발하고 있는 것이다. 교회에서 이와 같은 의미에서 이교문화였던 반지교환을 받아들였고, 그것을 더욱 상징화시켰다. 오늘날 사제는 혼례식에서 반지를 축복하며 말하기를 반지는 부부가 나눌 사랑과 신의의 표지라고 선포한다. 또한 신랑신부는 반지를 교환할 때 자신이 마음대로 주는 것이 아니라 "성부와 성자와 성령의 이름으로" 반지를 주노라고 온 하객(회중) 앞에서 선포한다. 이 얼마나 아름다운 교환인가?

그러나 참으로 아름답기 위해서는 하느님과 함께 하는 다시는 돌이킬 수 없는 운명의 끈이라는 것을 명심하며 나누는 반지여야 할 것이다. 이와 같은 교회의 혼인풍습과 반지 사용은 후 동정녀들의 표징이 되어 그리스도와의 일치를 상징하는 서원 반지로 발전하였다. 그래서 수녀님들은 그리스도와의 정주의 상징으로 반지를 끼는 것이며, 하느님과 함께 하는 돌이킬 수 없는 운명의 끈으로 자신들의 삶을 기쁘게 하느님과 묶는 것이다. 또한 중세 시대에 이르러 제후들의 관습에 영향을 받은 바도 있었지만 어쨌거나 주교님들도 자신들이 관장할 교구의 목자로서 양떼들과의 운명의 끈으로 자신을 묶기 위하여 목자의 반지를 끼고 사목에 임하시는 것이다.

03 사랑과 결혼의 이중성

시몬느 드 보부아르의 소설 <계약결혼>을 통하여 사랑과 결혼의 이중성에 대하여 살펴보자.

남녀가 만나 서로에게 호감을 갖게 되고, 그러다가 사랑을 하게 되고, 마지막에는 결혼을 해서 아들 딸 낳고 행복하게 사는 것. 흔히들 생각하는 사랑의 단계이며, 결혼은 사랑의 완성을 의미한다. 여기서 한 가지 질문을 던지고 싶다. 과연 결혼을 진정한 의미의 사랑의 완성이라고 할 수 있을까. 여기에는 여러 가지 대답이 있을 수 있다. 사랑의 완성이라는 말 자체가 상당히 모호하고 추상적인 개념을 가지고 있기 때문이다.

결혼이라는 것이 흔히들 떠올리는 보편적인 형태의 모습이라면 결혼은 사랑의 완성이 될 수 없다고 본다. 오히려 어떤 면에서는 사랑을 해치는 것이라고도 볼 수 있다. 결혼이라는 사회적 제도에 묶이게 되면 순수한 사랑 그 자체 외에 사회에서 요구되는 책임과 역할이 부여된다. 이들을 사랑의 이름으로 덮어버리기에는 그 비중이 매우 커서 쉽지 않다. 물론 숭고한 사랑의 힘으로 이러한 현실의 무게를 이겨나가는 바람직한 모습들도 존재하지만, 아쉽게도 주변에서 흔히 볼 수 있는 모습들은 버거운 현실의 무게에 어느 새 구석으로 숨어버린 사랑이다.

“2년간의 계약을 맺자” 하고 사르트르가 말했다. 그것은 “우리는 결코 완전한 남이 되는 일은 없을 것이다. 둘 중에 어느 쪽인가 상대를 찾을 때는 반드시 응할 것, 그리고 우리 두 사람의 결합 이상

가는 것은 아무 것도 없을 것이다. 그러나 그것이 속박과 습관에 빠지지 않도록 온 힘을 다하여 그런 부패에서 우리를 지키지 않으면 안 된다"는 취지였다.

소설 <계약결혼>에서 사르트르와 '나'가 보여주는 사랑의 형태는 과히 신선하다. 물론 그들이 보여주고 있는 사랑의 모습이 모두 바람직한 것이라고는 말할 수 없다. 특히 올가의 등장으로 생성된 삼각구도는 쉽게 납득이 되지 않는다. 그러나 서로 독립된 개체로서의 생활과 자유를 인정하는 모습은 바람직하다. 이들이 추구한 것은 이성관계에 있어서의 방탕한 삶이 아니라 그들이 보장받아야 할 독립된 삶이다. 이들의 관계는 두터운 사랑과 신뢰를 바탕으로 유지될 수 있다. 이들은 서로의 발전된 미래를 향한 발걸음에 어떠한 제약도 하지 않는다. 가령 사르트르는 독일에서 교사를 하고 '나'는 프랑스 내에서 교사를 하거나, 혹은 둘 다 프랑스에 있지만 서로 다른 지방에서 근무를 한다거나 하는 형태로 각자의 독립된 생활을 구축한다. 그러나 휴가를 이용해 같이 여행을 가고 '나'가 병을 앓고 있는 동안에 사르트르가 보살핌을 해주는 등 상대가 필요한 순간에는 옆을 지켜주는 배려를 보여준다. 이들의 모습을 보면 '따로 또 같이'라는 말이 떠오른다. 이들의 관계는 부부라고 하기에도 연인이라 하기에도 모호하다. 그러나 상식의 틀을 벗어난 듯한 이들의 관계는 나름대로 꽤 합리적이다.

사랑을 하게 되면 서로 다른 두 사람이 만나 본래의 자기를 잃어버리고 서로에게 동화되고 흡수되어 또 다른 하나가 될 수 있다. 그러나 이러한 관계는 열정적이고 헌신적일 수는 있으되 안정적일 수는 없다. 반면에 사랑을 하게 되었을 때 서로 다른 두 사람이 만나 공유할 수 있는 부분은 공유하되 자신이 가지고 있던 원래의 모습을 잃어버리지 않고 지켜나갈 수도 있다. 이러한 관계는 나와 상대방과 주변을 돌아볼 수 있는 여유를 갖게 한다. 그렇기 때문에 상대방에게 더 큰 배려를 할 수도 있다. 내가 원하는 사랑이란 그런 것이다. 나를 사랑하고 상대방도 사랑하는 사랑. 나의 연인, 배우자로서가 아니라 그 자체의 사람으로 인정해 주는 관계야말로 가장 이상적이라고 본다. 사랑은 상대방에 대한 소유와 구속이 아니기 때문이다. 공교롭게도 연애를 하는 시절에는 후자의 입장을 취하려고 노력을 하다가도 결혼이라는 제도에 갇히게 되면 필요 이상의 제약이 생긴다. 우리 사회가 그리고 현실이 제시하는 틀에 맞추기 위해서일지도 모른다.

나는 <계약결혼>에서 사르트르와 '나'의 사랑방식에 대하여 많은 부분에 동의한다. 또한 그들의 사랑방식이 내가 생각해 오던 사랑의 방식이기도 하다. 그러나 그들의 사랑을 행하기 위해 선택한 '계약결혼'이라는 형식에 대해서는 조금 머뭇거려진다. 가능하다면 그들의 사랑방식을 결혼이라는 제도 안으로 끌어들이고 싶다. 그러나 그것을 제도 안으로 끌어들이는 순간 퇴색해 버리고 말 것이다. 제도 속에서의 자유란 한계가 있는 법이기 때문이다. 위의 사랑방식을 실현시키는 형식으로 어떤 것을 택할지 지금 바로 대답을 구하기란 어려운 것 같다. 내가 꿈꾸는 사랑과 자유, 그리고 어릴 적부터 주입되어 온 보수적 관념들이 내 머리 속에서 대립되고 있기 때문이다. 무엇이 옳은 것인가는 좀더 시간이 지나야 알 수 있을 듯하다.

이러한 <계약결혼>의 내용과는 반대로 성공을 하였지만 내가 미천할 때 사랑한 여인을 버려서는 안 된다고 했던 강수의 일화를 통해서 진정한 사랑과 결혼의 의미를 찾아보자. 이 내용은 『삼국사기』에 나와 있는 것으로, 오늘날 풋사랑을 즐기려는 젊은이들의 사랑관과 결혼관에 또 다른 의미를 전해줄 것이다.

사례 삼국사기(三國史記) 열전(列傳) 6

강수는 늘 金谷의 대장간 집 딸과 야합하여 정이 두터웠다. 나이 20세가 되니 그 부모는 읍내의 여자가 용모가 아름답고 품행이 단정하니 그녀를 아내로 맞이하라고 하였다. 강수는 이를 거절하며 아내를 두 번 얻지 않겠다고 하였다. 그 부친은 노하여 말하기를 "너는 지금 이름을 떨쳐 이 나라에서 알지 못하는 사람이 없는데 그런 보잘것 없는 사람으로서 짝을 맺음은 또한 수치스럽지 않겠느냐?"고 일렀다. 강수는 두 번 절하며 말하기를 "가난하고 천한 것은 수치스런 것이 아니옵고 도리를 배우고서 행하지 않는 것이 진정 부끄러운 것입니다. 일찍이 옛 사람의 말을 듣건대 가난할 때 만난 아내는 버리지 아니하며, 빈천했을 때의 사귐도 가히 잊지 않는다 하였습니다. 그러므로 천한 저의 여자를 차마 버리지 못하겠나이다"라고 하였다. 그후 부친은 다시 이를 말하지 않았다.

본장에서는 사랑과 결혼에 대하여 알아보았다. 과연 우리들이 사랑이라고 말하는 것의 진정한 의미는 무엇이고 그리고 결혼은 무엇인가?

사랑과 결혼은 우리가 삶을 살아가면서 우리들의 행복을 극대화시키기 위하여 행하는 우리들의 일련의 행동 그리고 감정상태라고 정의할 수 있을 것이다. 사랑과 결혼이 우리들의 행복을 추구하기 위하여 하는 것이라면 어떻게 하면 좀더 많은 행복을 얻을 수 있을까에 대하여 관심을 가져야 할 것으로 보인다. 물론 '어떻게 하면'의 기준에서 본다면 여러 가지 기준이 만들어질 것이다. 사랑보다 조건이 우선시된다든지 아니면 조건보다는 사랑이 우선시되어야 된다든지 말이다. 그러나 흔히 우리들이 말하는 조건이라는 것이 무엇인가? 그것은 바로 나의 눈에 비치는 상대방의 특정한 모습일 것이다. 그러나 눈에 비치는 모습은 두 가지로 나타나는데, 그것은 외형상의 특정한 조건과 내면의 성품일 것이다. 이것을 일러 인격이라고 한다. 그러나 많은 사람들이 내면의 인품보다는 외면의 특정한 조건을 먼저 그 사람을 판단하는 근거로 사용한다. 이러한 판단들을 앞에서 말했던 조건에 의한 판단이라는 것이다. 물론 그 사람의 내면을 판단하기에는 너무나도 많은 시간과 노력이 따를 것이다. 그러나 외형의 가치는 시간이 지나면서 서서히 변화되고 퇴색되어 가도 내면의 가치는 아주 오랫동안 다른 사람의 가슴에 남을 수 있을 것이다. 누군가가 이렇게 말을 했다. “사랑은 만들어져 있는 것을 가지는 것이 아니라 서로 행복이라는 것을 찾아가면서 사랑을 만들어 가는 것이다”라고 ….

사랑과 결혼을 어떤 단어를 사용하여 정의하기에는 너무나 많은 무리가 따른다. 또한 개인의 견해 차이에 따라 너무나 다르게 나타난다. 그러나 우리들은 다 같이 동의하는 것이 있을 것이다. ‘행복’이라는 것!

우리들은 행복을 찾기 위해 사랑과 결혼을 생각한다. 그렇다면 행복을 찾고자 한다면 우리들이 사랑과 결혼에 대한 자신만의 정의를 확고히 가지고 있어야 하며, 나아가 자신이 원하는 행복을 찾기 위해 노력해야 할 것이다. 이러한 과정 중에 기억해야 할 것은 행복은 수치나 지위의 높고 낮음이 아니라 서로 얼마나 사랑하고 있고 서로가 얼마나 배려하고 있는가 하는 것이다.

토론해 봅시다.

1. 사랑한다면 결혼을 해야 하는가?
2. 사랑 없이도 결혼할 수 있는가?
3. 사랑한다는 것은 이성인가 감성인가?

4

삶과 죽음

<사진 1> 삶과 죽음

"季路問事鬼神." 子曰, "未能事人, 焉能事鬼?" 曰, "敢問死." 曰, "未知生, 焉知死?"(『論語』「先進」 11-12)

계로가 귀신 섬기는 것에 대하여 여쭈어 보자 선생님(공자)께서는 "아직 능히 사람을 섬기지도 못하는데 어떻게 능히 귀신을 섬길 수 있겠는가"라고 하셨다. (계로가 다시) "감히 죽음에 대하여 여쭈어 보겠습니다"라고 하자 선생님께서는 "아직 삶도 알지 못하는데 어떻게 죽음을 알겠느냐"라고 하셨다.

01 삶과 나

프랑스의 계몽주의 사상가 볼테르(Voltaire, 1694~1778)는 『철학사전』에서 다음과 같이 말한다.

"인간은 자기가 죽는다는 것을 알고 있는 유일한 존재이다. 그리고 인간은 그 사실을 경험을 통하여 안다."

볼테르의 이 말은 쉽게 이해되지 않는다. 죽음은 살아가는 중에 경험하는 여러 가지 경험들 중의 하나가 아니라 모든 경험을 마감하는 사건으로서, 죽음의 사건은 초경험의 사건이다. 인간은 자신의 죽음을 결코 경험할 수 없다. 그렇다면 위의 말은 무엇을 의미하는가. 그가 말하고자 한 것은 인간은 다른 생명체나 타인의 죽음을 경험함으로써 자신도 언젠가는 죽게 된다는 사실을 안다는 것이리라.

독일의 실존주의 철학자 야스퍼스 또한 『철학적 사고의 소학교』에서 아래와 같이 말했다.

"모든 생물은 탄생과 죽음 사이에 갇혀 있다. 그러나 인간만이 그것을 알고 있다."

사람은 자아를 의식하기 때문에 자신의 삶을 문제삼는다. 사람은 누구나 항상 앞날을 생각하며 지금보다는 조금이라도 나은 삶을 위해 노력하고 있다.

사람은 누구나 어떤 삶이 행복한지, 어떻게 사는 것이 좋은 삶인지 저 나름대로의 판단기준을 가지고 있다. 그런데 대부분의 경우 그러한 판단기준(인생관)은 스스로 고민이나 판단에 의해 확립된 것이 아니라 일반적 사회적 통념을 그냥 받아들인 것에 불과하다.

현대 사회에서의 통념에 따르면 남에게 자기를 과시하면서 쾌락을 최대한 누리면서 사는 것이 가장 행복하고 좋은 잘 사는 삶이라고 여겨진다. 과연 이러한 삶의 기준이 진정한 행복한 삶을 말하는 것일까?

타의에 의해 억지로 이끌려온 것처럼, 마치 채찍 맞은 말처럼 치달아서 돈과 지위를 얻는다고 해서 삶의 보람을 느낄 수 있을까? 과연 행복한 삶이라 할 수 있을까?

행복한 삶이 진정으로 무엇인지 따져보기 위해서는 현재의 한 순간이 아니라 삶의 전체를 조망해 보아야 한다. 그러기 위해서는 삶의 한계를 생각하지 않을 수 없고, 삶의 한계는 죽음과 맞닿아 있다. 나도 결국에는 죽고야 만다는 사실을 뼈저리게 인식한 뒤라야 삶이 전체적으로 부각되고, 나에게 주어진 이 삶을 어떻게 살 것인지 심각하게 고민하게 될 것이다. 죽음을 수용한 사람은 단순히 재미있고 편안한 삶이 아니라 의미 있고 보람찬 삶을 추구하게 될 것이다.

인간이 미래의 죽음을 생각하지 않는다면 인간 현존재의 의미를 규명하기는 어려울 것이다. 인간은 생존을 위해서 노력할 뿐만 아니라, 생존(삶)의 끝으로서 죽음을 피할 수 없다는 사실을 인식하고 있는 유일한 존재이다.

그러므로 인간은 동물처럼 주어진 현실만을 살지 않고 미래라는 가능성과 과거의 부담을 동시에 지고 살아가고 있다. 각자 살아야 할 자신만의 삶을 지니고 있다는 사실은 죽음에서 명백해진다. 왜냐하면 각자 홀로 죽음을 맞이해야 하기 때문이다. 사람은 연령에 무관하게 질병, 사고 등 여러 형태로 죽음을 맞이하게 된다.

02 죽음이란 무엇인가?

이런 질문은 철학적으로 타당하지 않은 것처럼 보인다. 왜냐하면 죽음은 본질적으로 어떤 경우에도 인간의 경험 안에서 그 자체로 체험되지 않는 경험 밖의 영역에 속하기 때문이다. 그래서 사람들은 예로부터 죽음을 잠, 여행 등의 은유적 방법으로 말해 왔다. 인간은 죽음의 본질에 대해서는 영원히 알지 못한 채 살아가고 있을 것이다.

그렇다면 죽음이란 무엇일까? '죽는다는 것'은 육신과 영혼이 분리되는 과정이며, 그리하여 이러한 과정의 결과가 죽음이며 육신으로부터 영혼이 떠나는 것을 의미하는 것일까? 그 어떤 이유에서든 육신으로부터 영혼이 먼저 떠나기 때문에 죽음이 도래하는 것일까? 아니면 육신에 극심한 결함이 있어 그곳에 더 이상 거처할 수 없기 때문에 영혼은 육신을 떠나는 것일까? 혹은 피치 못할 생물학적인 생명의 필연적 종말이라 간주해야 할 것인가? 그런 경우 자연적 노쇠사와 사고나 질병으로 인한 요절을 구별해야 하는가? 혹은 인간의 자기 동일성의 종말이 죽음을 뜻하는 것일까? 단지 비존재 속으로 분해되는 것이나 혹은 단지 이곳에 그리고 지금 있음이 끝나는 것, 즉 공간과 시간 속에서 개별적인 일정한 존재로 현존함이 끝나고 죽음으로 인해 새로운 존재형태에로 옮겨가는 것일까?

인간에게는 죽음을 극복할 수 있는 희망이 있는가? 이 물음은 죽음이란 무엇인가라는 물음과 떼어놓을 수 없이 연관된다. 죽음이 무엇인가 묻는 사람은 죽어감의 과정뿐만 아니라 죽어가는 가운데 인간은 어떻게 될 것인지, 그가 죽은 후 어디에 있는지 혹은 영원히 없어지는 것인지에 대해 묻는다.

의학적인 사망의 경우는 호흡, 심장, 뇌의 반응이 중지된 상태에서 인공호흡과 심장마사지를 통해 소생이 가능했던 경우이다. 이러한 응급조치는 뇌가 산소결핍으로 치유불가능하게 손상되기 이전인 보통 5~8분 이내에, 동사의 경우 30분 이내에 이루어져야 한다. 그러한 사람은 생물학적으로 사망한 것이 아니라 의학적으로 사망했던 것이다. 생물학적인 사망의 경우는 뇌가 회생불가능하게 완전히 기능을 멈춘 상태로 소생이 불가능하다. 생물학적인 사망은 기관의 죽음 혹은 부분적 죽음일 뿐만 아니라 뇌사이기도 하다. 그리고 그에 이어서 발생되는 모든 기관의 죽음을 뜻하기도 한다. 의학적으로 뿐만 아니라 생물학적으로도 사망한 사람은 모든 시관과 세포의 죽음과 함께 회생불능한 생명기능의 손실인 최종적·일반적 죽음을 맞이하게 된다.

죽음을 체험했다고 보고할 수 있는 사람들은 죽음의 단계를 체험한 것이 아니라 일정한 삶의 단계를 체험한 것이다. 아마도 의학적 사망과 생물학적 사망 사이에 놓인 마지막 몇 분 혹은 몇 초를 체험한 것이다. 그들은 죽음의 문턱 앞에 서봤지만 그 문턱을 넘어섰던 것은 아니다. 죽은 자는 그 누구도 저승이 어떠했는지, 죽음이 우리를 실제로 어디로 이끄는 것인지를 얘기할 수 없다. 그렇기 때문에 유사죽음의 체험은 있을지 모르는 사후의 삶에 대해 증명하지 못한다.

죽음과 함께 모든 것은 끝나는 것일까? 칸트에게 있어서 사후에 생이 있다는 것은 맹목적인 믿음이 아니라 순수한 믿음이다. 다시 말해 이성적인 믿음이며, 합리적으로 증명될 수 없지만 충분히 근거를 갖는다.

종교는 인간으로 하여금 죽음을 맞을 준비를 하도록 만든다. 석기 시대의 무덤과 고대 이집트와 중국의 거대한 무덤들은 사후에도 지속되는 생애 대한 믿음을 보여준다. 대부분의 영향력 있는 종교는 인간이 일상적이며 거짓과 부자유 속에서 원래의 자신과 일치하지 못하는 삶을 살기 때문에 인간의 현상태는 불만스럽고 고통스럽고 불행하다고 주장한다.

기독교, 유대교, 이슬람교의 가르침에 의하면 인간은 죽음과 더불어 무의 세계로 들어가는 것이 아니다. 존재의 의미는 존재의 종말에 가서야 완성된다. 죽음은 끝이 아니라 완성인 것이다.

그러면 우리는 어떤 태도로 죽음에 임해야 하는가? 인간은 자신의 사멸성을 알고 있다. 죽음이 인간 삶의 한가운데 소인을 찍은 것이다. 우리는 언젠가 죽어야만 한다는 사실을 바탕으로 삶을 설계해야 하며, 죽음에 대한 인식의 영향을 받지 않고는 살 수 없다. 우리는 항상 우리가 의미를 두는 것과 체험하는 모든 행복을 덧없음으로 의식하고 있어야 하는가? 우리가 죽음을 어떻게 생각하는가에 따라 근본적으로 우리의 삶은 규정된다. 그런데 인간은 도대체 죽음을 이해할 수 있는가? 무엇으로부터 그리고 어떻게 우리는 죽음에 대해 아는가?

회의론자들은 "아무 것도 머무는 것이 없고, 아무 것도 항구하지 않으며, 모든 것이 결국 몰락한다"고 본다. 그들은 인간이 흔히 일상생활에서 하듯이 죽음 앞에 눈 감아버리는 것을 거부한다. 그는 매 순간을 죽음에로 가는 길에 발을 내딛음으로 이해한다. 모든 현재의 것이 그에게는 가치 없는 것으로 보인다. 인간은 삶 속에서 이미 죽음을 배우고 죽음과 하나가 되는 커다란 과제 앞에 서 있음을 의식하고 있다.

그리하여 필연적으로 우리 자신으로부터 결별하게 되며, 이렇게 세계로부터 떠남은 회의론자에게 내면적인 자유를 준다. 이러한 맥락에서 자유는 세계에도 자기 자신에게도 집착하지 않고 독립적임을 의미한다.

"모든 인간은 죽을 운명이다"라는 말을 우리는 모두 사실이라고 생각한다. 이 문장은 모두가 죽었고, 모두가 죽게 될 것이며, 우리 자신도 그럴 것이라는 의미이다. 죽음은 분명하다. 불분명한 것은 죽음이 도래하는 시점일 뿐이다. 죽음에 대한 우리의 지식은 일련의 죽음의 경우들을 관찰한 것에 근거하며, 우리에게 귀납적으로 논증된 경험적 지식으로 나타난다.

나의 죽음의 확실성은 외부로부터 논증되었지만, 삶의 한가운데서 이미 죽음에 대한 두려움으로 인해 서 있을 때 의지를 잃고 뿌리가 뽑힐 수 있다. 나 자신의 죽음은 나에게 결코 경험의 대상이 될 수 없다. 그러면 살아 있는 사람은 어떻게 죽음에 접근할 수 있는 것일까?(구인회, 2002)

03 인간답게 죽을 권리 : 안락사 문제

육신의 존엄성과 자기 동일성은 인간의 삶을 이끄는 중요한 두 개념이다. 인간은 육신과 정신을 가진 존재이며, 육신은 나와 세계를 이어준다. 육신으로서의 나는 객관적인 세계에 관심을 보이며 세계 속에서 일한다. 육신은 자아의식과 자기 가치에 대한 인식의 근원이 된다. 이것이 현재 나의 상황이며, 인식은 곧 적응하려는 움직임인 것이다.

인간은 자신의 삶뿐만 아니라 인간다운 죽음에 대해서도 스스로 책임지고 선택 결정할 수 있어야 한다. 인간다운 삶이 있는 인간다운 죽음이란 불가능하다. 죽음이란 죽음의 마지막 문턱에 서서야 마지못해 죽음과 직면하여 생각해 보아야 하는 생의 종말이라기보다는 모든 생의 국면과 결정에 동참하는 생의 차원으로 다루어져야 할 문제이다. 그리고 사람은 죽음을 맞이하는 데 있어 따로 특별한 연령의 제한이 있는 것이 아니라, 태어나는 순간부터 언제든 죽을 만큼 충분한 연령에 도달해 있는 것이다.

우리는 죽음을 피할 수 없는 것으로 받아들인다.

유교에서는 삶과 죽음, 그리고 안락사에 대해 어떠한 입장인지를 검토해 보자. 유교에서는 우리의 삶을 기가 유행하는 한 과정으로 본다. 죽음도 삶과 마찬가지이다. 인간의 생명은 기(氣)가 인간의 몸 속에 모일 때 존재하게 된다. 죽음은 기가 흩어졌을 때 찾아오는 것이다. 인간의 몸은 끊임없이 변화하는 기의 한 양태이다. 그리고 인간의 생명은 전우주적 몸의 진화적 질서에 맡길 수밖에 없다.

그러한 진화론적 질서는 하늘(天)에 의해 모든 사람에게 부여되었고, 이것은 인(仁)이라는 도덕적 덕에 의해 총체적으로 설명된다. 따라서 도덕적인 사람은 기의 법칙을 따르고 인의의 덕을 함양하는 사람이다. 이것이 공자가 "인자는 죽음을 두려워하지 않는다"고 말한 이유이다. 인한 사람은 죽음을 두려워하지 않을 뿐만 아니라, 도덕적으로 필요할 때 그는 적극적으로 죽음을 선택한다.

자살에 대한 유교의 관점과 안락사에 대한 그들의 견해도 우리는 이런 맥락에서 이해하고 논의해 볼 수 있을 것이다.

우리가 필요하다면 능동적이든 수동적이든 인(仁)과 의(義)의 가치를 실현하기 위해서 우리의 생명을 포기할 수도 있다는 것이 유교의 입장이다.

우리가 생명을 보존하는 것은 선(善)이다. 그러나 그것이 최고의 선은 아니다. 우리가 죽음을 초래하는 것은 악이다. 그러나 그것이 최고의 악은 아니다. 최고의 선은 도덕성과 정의감(仁義)에 따라 살아가는 생명이다. 반면에 최고의 악은 도덕성과 정의감(仁義)을 어기면서 살아 있는 생명이다. 그러므로 도덕성과 정의감을 희생시키면서 자신의 생명을 보존하는 것은 나쁘다. 우리는 오히려 도덕성과 정의감을 고양시키기 위해 자신의 생명을 희생해야 한다.

따라서 유교는 모든 자살행위에 반대하지는 않는다. 어떤 상황에서는 자신의 생명을 끝내는 것이 인의(仁義)의 요구를 따르는 유일한 방법이라고 판명될 수도 있다. 예를 들어 굴욕을 피하기 위한 자살 혹은 자신의 품위를 지키기 위한 자살이 그런 경우라 할 수 있다.

유교는 자살행위가 도덕적으로 허용될 수 있다고 주장한다. 때로는 심지어 도덕적으로 찬양될 수도 있다. 자살에 대한 이러한 유교적 인식은 서양의 자연법적 전통과는 상반된다. 서양 전통에서는 도덕적으로 자신의 생명을 스스로 포기하는 것이 결코 허용될 수 없다. 왜냐하면 자신의 생명도 자신에게 소속된 것이 아니기 때문이다. 존 로크가 주장했던 것처럼 사람은 신의 재산이다. 인간은 신의 작품이다. 그러므로 자신이 죽고 싶다고 자신의 생명을 마음대로 할 수는 없는 것이다.

반면에 유교는 인간을 인의(仁義)의 주요한 도덕적 가치 구현체로 보고 있으며, 기의 원리에 의하여 기세계의 변화로 형성된 생생한 기 에너지의 한 양태라고 이해한다. 변화과정에 있는 인간의 생물학적 생명이나 죽음은 그 자체로 선이나 악은 아니다. 그것은 인의를 향한 내적이고 도덕적인 함양을 통해서 선이나 악이 된다. 그러므로 자신의 생명을 끊는 것이 모든 상황에서 절대적으로 나쁜 것은 아니다.

자살행위도 도덕적으로 인의의 원리에 따라 행해질 때 의미 있는 것이다. 유교가 인간 생명의 가치를 높이 평가하지 않아서 자살을 용인하는 것은 아니다. 유교는 항상 하늘 아래 존재하는 만물 중 인간이 최고의 가치를 지니고 있으며, 인간이 가장 숭고한 존재임을 강조한다. 그것은 오직 인간만이 가장 빼어난 기를 부여받은 존재라고 생각하기 때문이다.

다만 다소 한정된 이유를 위해 죽는 대신 더 높은 목적을 위해 살고 죽어야 한다는 것이 유교의 견해이다. 의로운 죽음은 슬픔만이 아닐 수 있다는 것이다.

이러한 생각은 안락사에 대한 우리의 생명윤리학적 담론에 중요한 의미를 갖는다.

유학자는 안락사를 적극적으로 반대하지는 않는다. 자신의 생명을 즉각 끊는 것이 자신의 고통을 구제하는 유일한 길일 때, 그런 상황에서 안락사가 정말 인의(仁義)에 반하는 것인지를 분별하는 것은 쉽지 않다. 그러나 유교에서 자살을 '훌륭한 죽음'이라고 인정했을 경우에도 안락사에 대해서는 선뜻 지지를 표명하기가 어렵다.

더구나 가족과 사회는 다른 사람에게 정서적 · 재정적 짐을 덜어주기 위해 안락사를 요구하는 사람들에게 지지를 보낼 수도 있다. 이것은 고대 중국에서도 이타적 자살이 보통 다른 사람들에게 긍정적인 이익이 될 수 있다고 한 데 근거하고 있다.

유학자들은 인간의 신체를 기적(氣的) 관점에서 보기 때문에 그들은 사람의 몸을 매우 중시한다. 기적 몸을 중시하는 이러한 입장에서는 유학자들도 안락사 허용에 대해 갈등을 겪게 한다. 말기 환자들이나 '식물상태'에 있는 환자들에게 치료무용의 결정을 내린다는 것은 유학자들에게 또 다른 고통이다.

한편, 그들이 신체를 훼손하여 팔다리를 자르고 혹은 다른 불구의 형태로 만드는 폭넓은 외과적 처치에 직면했을 때, 이와 같은 적극적 치료는 동의하지 않을 수도 있다. 유학자들이 내리는 치료무용에 대한 유교적 결정은 사회적 관점에서 이해되어야 한다.

유교는 개인을 사회적 존재이며 관계 속의 개체로 인식한다. 유교전통은 결코 개인을 절대적 주권을 가진 고립된 존재로 보지 않는다. 인간은 개인적으로 가족과 사회 공동체의 일원이며, 사회적으로는 국가와 같은 조직 속의 존재인 것이다.

유교적 인간은 관계의 중심에 위치하고 있으며, 사회적 조직 속에서 다른 사람들과 조화로운 협동을 이루고 있다. 이 협동과정은 인의를 통한 자기 수양의 과정이다.

치료무용과 관련된 임상진료에서 유교는 환자, 가족, 그리고 의사 등의 상호 협의결정을 강조한다. 그 누구도 환자에 대한 치료무

용을 결정할 절대적 권한을 가지고 있지는 않다는 것이 유교의 입장이다.(김수청, 2004)

04 죽음의 체험이란 가능한 것일까?

스스로 죽음(죽음에 가까운 세계, 유사죽음)을 체험하고 다시 살아 돌아온 사람들의 체험이란 어떤 것일까? 퀴블러-로스의 저서 『죽음과 죽어감에 대해서(*On Death and Dying*)』와 무디의 저서 『삶 이후의 삶(*Life after Life*)』에서 의학적 사망자(medically dead)들의 죽음의 체험담이 수록되어 있는데, 그 체험들은 모두 여러 면에서 공통점이 있다. 죽음으로 진단내려졌던 그 사람들(암환자, 사고자, 익사자, 동사자, 추락한 사람 등)의 진술에 의하면, 길고 어두운 터널을 통해 가는 자신을 의식했고, 자신이 육체를 떠나는 것을 체험했으며, 이미 죽은 친척들과 친구들을 상봉하였고, 사랑과 따스함을 전해주는 빛의 존재를 보았는데, 이러한 빛의 존재는 그들로 하여금 삶 전체를 돌이켜 보고 평가하도록 만들었다. 파노라마처럼 생에서 중요했던 순간들이 눈 깜짝할 사이에 재현 회상되어 지나갔다. 죽은 자는 일종의 경계선, 이승과 저승의 분리선에 다가갔다. … 그리고 굉장한 희열과 사랑과 평화의 느낌으로 다시금 지상으로 귀환했다. …

이러한 현상들은 확실했다고 한다. 그런데 이러한 현상들로부터 어떠한 귀결점을 찾을 수 있을까? 이러한 체험들은 인간의 것이며, 부정하거나 경시해서는 안 될 인간의 죽음의 예후이다. 이러한 체험을 통해 많은 사람들이 지나친 죽음에 대한 두려움을 떨쳐버렸다. 그들은 죽음이란 보통 그러하듯 두려움과 공포로 기다리며 마지막 순간에 공포 속에서 강제로 끌려들어 가는 것이 아니라는 희망을 갖게 되었다.

퀴블러-로스가 사경을 헤매는 환자 2천여 명을 대상으로 하여 관찰한 바에 의하면, 죽음을 준비하고 맞이할 시간적 여유가 주어진 경우 순서는 다소간 상이할 수도 있지만 다음과 같이 죽음의 단계를 나누어 볼 수 있다.

종교의 유무와 무관하게 환자는 맨 처음 충격과 의심의 단계에 이른다. 그 다음 단계는 대부분 간호자와 가족 친지에게로 향한 격노와 분통, 불만과 시기심이다. 세 번째 단계는 생명연장에 대한 협상이다. 4단계에서는 죽음을 피할 길이 없다는 데 대한 우울증이며, 그 다음 마지막 단계에 가서야 타인의 도움이나 혹은 스스로의 힘으로 죽는다는 사실을 최종적으로 받아들이며, 동의하고 순응한다.

다시 말해 모든 인연의 속박으로부터 자신을 해방시키는 능력이 생긴다. 이러한 단계에 도달함은 죽음이 임박했음을 암시해 주는 것이다. 환자는 미지의 정신-육체적 징조로 인해 죽음이 임박한 것을 스스로 느낀다. 이때 주위 사람들이 환자가 죽어야 한다는 사실을 받아들이지 않는다면 마지막 작별만 어렵게 만들 뿐이다. 친지들이 죽음을 거부하거나 슬퍼 한탄하는 경우, 죽음에 임하는 사람은 홀로 조용히 죽기를 원하거나 심지어 친지가 잠깐 자리를 뜬 사이에 임종하는 이유가 바로 여기에 있다.

사후에 지속되는 삶에 관해서는 그러나 이러한 유사죽음의 체험이 어떠한 해답을 마련하지는 못한다. 비슷한 현상이 꿈, 정신분열, 환각 도취, 최면상태 등 저승과 관계없는 다른 특수한 정신상태에서도 나타나는 것으로 확인된다. 독극물 중독의 경우에서와 같이 대체로 고통스럽고 두려운 형태의 죽음을 체험하는 경우도 있다. 그리고 꿈속에서도 자신을 관찰할 수 있지 않은가. 고열의 경우와 같이 격렬하고 극심한 신체적 부담 하에서도 역시 중앙신경조직은 우리로 하여금 행복한 느낌, 특수한 광선자극, 환상을 갖게 하지 않는가. 그럼에도 불구하고 이러한 의혹만으로 유사죽음의 체험이 저승과 무관하다는 근거를 제시할 수 있는 것은 아니다. 반론의 여지는 단지 이러한 체험자가 실제로 죽은 것이 아니라는 점에 있다.

다시 요약하면 저 세상의 체험, 즉 유사죽음의 세계를 체험한 이들은 흔히 육신과 분리된 외부의 시각으로 자신을 관찰하였던 사실을 얘기한다. 즉 다음과 같은 전형적인 체험들이 알려져 있다.

1) 평화와 평정이 지배하는 선명한 느낌
2) 외부의 높은 곳에서 자신의 모습을 스스로 보는 것
3) 터널의 체험, 즉 어둡고 좁은 공간을 뚫고 빛을 향해 가려고 애쓰는 느낌을 갖는다.
4) 빛, 성자, 천사, 타계한 친지와의 만남
5) 천국의 경치를 파노라마식으로 봄
6) 슬로우 모션(저속도 촬영)으로 생의 회고, 지나간 삶 전체가 거의 동시에 관찰가능한 것으로 보인다.
7) 비상한 감각적 인식, 색깔, 형태, 소리의 체험
8) 시간인식의 변화, 시간이 매우 천천히 진행하는 것 같다.

어떤 사람은 자신이 죽음의 심연으로 통하는 아주 좁고 캄캄한 길목에서 허우적거리고 있는데, 어린 딸이 자신을 향해 손짓하는 것

을 보고 다시 삶의 세계로 되돌아 왔다고 한다. 그러한 죽음의 고비를 체험한 사람은 현재 자신의 삶에 대해 남다른 의미를 가질 것이고, 따라서 진지한 자세로 삶을 새롭게 살아가게 될 것이다. 그 누구도 그런 체험을 단순한 환상에 불과하다고 그들을 설득하지 못한다. 한 걸음 더 나아가 죽음이란 우리의 직접경험의 영역이 아니다. (구인회, 2002)

토론해 봅시다.

1. 이승과 저승을 어떻게 생각합니까?
2. 영과 혼, 혼과 백을 분리해서 생각할 수 있을까요?
3. 내세는 존재한다고 생각합니까?
4. 원귀(寃鬼), 원혼(冤魂)에 대해서는 어떻게 생각합니까?
5. 안락사(의사조력사, 치료무용)에 대해서는 어떻게 생각합니까?

PART Ⅱ

공생활과 예절

Public Life & Manners

1

성공과 출세

01 낙관주의와 비관주의

낙관주의란 사물을 낙관적으로 보거나 생활을 낙관적으로 즐기는 태도나 경향을 말하는 것으로 낙천주의(樂天主義)라고도 하며, 염세주의의 반대가 되는 용어이다. 세계와 인생에서 여러 가지 모순과 악덕의 존재를 인정하면서도 될 수 있으면 밝은 측면을 보고자 노력하며 모든 것을 긍정적으로 생각하는 사상이다. 참된 낙관주의는 현실의 암초에 직면하여 절망하지 않고 부단한 실천적 의지를 통해 극복함으로써 보다 나은 미래를 개척코자 하는 강인한 정신을 말한다. 하지만 통속적인 낙천주의는 현상을 비판 없이 긍정하면서 묵종하고 수용하는 경향을 가리킨다. 이에 반해서 비관주의(悲觀主義)는 인생이나 사물을 비관적으로 생각하거나 대하는 주의나 태도 및 경향을 말한다. 세상살이나 인생의 여정에서 많은 실패와 낙망을 거듭함으로써 삶 자체에 대하여 가지게 된 부정적인 시각이나 관점을 말하는 것으로 염세주의(厭世主義)라고도 한다. 낙관주의와 비관주의의 차이점은 아래의 예시 1에서 잘 알 수 있다.

예시 1.

대머리인 비관주의자와 낙관주의자가 화장실에서 얼굴을 씻고 있었습니다. 낙관주의자가 먼저 말했습니다.

"역시 대머리는 좋아요. 우리는 힘들여서 머리를 빗질할 필요가 없지 않아요?"

그러자 비관주의자가 말했습니다.

"아, 하지만 우리는 씻어야 할 얼굴이 너무 넓지 않소?"

비관주의자와 낙관주의자의 차이는 이렇듯 크게 벌어져 있습니다.

- 비관주의자는 비가 오면 땅이 질척거릴 것이라고 말하고,
  낙관주의자는 먼지가 가라앉을 것이라고 말한다.
- 낙관주의자는 오늘이 더 낫다고 하고,
  비관주의자는 어제가 더 나았다고 말한다.
- 낙관주의자는 벌을 보고 꿀을 만드는 곤충이라고 하고,
  비관주의자는 사람을 쏘는 곤충이라고 말한다.
- 낙관주의자는 살아 있는 것이 기쁘다고 하고,
  비관주의자는 죽어야 하는 게 슬프다고 말한다.
- 낙관주의자는 지금보다 더 나쁘지 않아서 기쁘다고 하고,
  비관주의자는 지금보다 더 좋지 않으니 속상하다고 말한다.
- 낙관주의자는 악 속에서 선을 찾고,

비관주의자는 선 속에서 악을 찾는다.

그런데 사람이 인생을 살아가면서 낙관적 인생관의 소유자가 될 것이냐 아니면 비관적 인생관의 소유자가 될 것이냐 하는 것은 자신의 의지대로 되는 것은 아니다. 비근한 예로서 한날 같은 시각에 태어난 쌍둥이도 완전히 상반되는 인생관을 가질 수 있다.

예시 2.

한 아이는 언제나 희망으로 가득한 낙관론자였다. 그 아이는 말하곤 했다. "모든 일이 잘 되어 가고 있어!" 다른 아이는 항상 슬프고 절망적인 비관론자였다. 그 아이에 비하면 머피의 법칙에 나오는 머피는 오히려 낙관론자였다. 걱정이 된 부모는 아이들을 데리고 정신과 의사를 찾아갔다. 의사는 부모에게 아이들의 성격에 균형을 가져다 주기 위해 한 가지 제안을 내놓았다. "다음 번 아이들의 생일날 아이들을 각자 다른 방에 넣고 선물을 열어보게 하십시오. 비관적인 아이에겐 당신들이 사줄 수 있는 최고의 선물을 주고, 낙관론자인 아이의 선물상자에는 거름을 넣어주십시오." 의사의 제안대로 두 아이에게 선물을 준 다음 부모는 비관론자인 아이의 방을 몰래 들여다 보았다. 그러자 아이가 큰 소리로 불평을 해대고 있었다. "이 컴퓨터는 색깔이 맘에 안 들어. 이 계산기는 틀림없이 금방 고장이 날 거야. 이 게임은 정말 싫어. 내가 아는 다른 아이는 이것보다 훨씬 큰 자동차를 갖고 있단 말이야." 부모는 몰래 복도를 지나 낙관론자인 아이의 방으로 다가가 안을 들여다 보았다. 그 아이는 신이 나서 거름을 공중에 내던지며 이렇게 킥킥대고 있었다. "날 놀리지 말아요! 이렇게 많은 거름이 있다면 틀림없이 당나귀를 한 마리 사오신 거죠."

그런데 우리가 삶을 행복하고 풍요롭게 하는 데 있어 보다 절대적인 것은 비관주의보다는 역시 낙관주의이다. 이러한 낙관주의적 인생관과 가치관의 형성은 저절로 얻어지는 게 아니라, 자신에 대한 지속적인 셀프 리더십 사고 훈련을 통해서만 가능하다. 현대 사회에서 개인은 참 무력하고 불안하며 고독한 존재이다. 개인의 영혼은 복잡하고 기능적인 현대 사회의 거대한 메커니즘의 희생양이 되고 있다. 이런 상황에서 개인은 정신적으로 늘 고독한가 하면, 한편으로는 욕망의 노예가 되어 서로 끝없는 경쟁을 벌이고 있다. 다행히 운이 있거나 유능한 사람들은 성공을 거두어 영광과 혜택을 누리지만, 그렇지 못한 대다수의 개인들은 이루지 못한 일에 대한 아쉬움과 불만, 또는 그로 인한 자책감과 우울증으로 고민하고 있다. 이렇게 이루어지지 않은 일에 대한 아쉬움과 불만이 각자의 마음 속에 제대로 소화되고 평온하게 이해되어야 한다. 그렇지 못하면 일상생활은 정신적인 고통과 스트레스에 싸일 것이다.

이와 같은 개인의 정신적·심리적 문제를 해소하는 데 낙관성 훈련이 크게 기여할 수 있다. 왜냐하면, 다 같은 불만사항이 있어도 낙관적인 사람은 거기에서 오는 스트레스와 충격을 최소한만 받아들이고, 또 그렇기 때문에 쉽게 회복한다. 이에 비해 비관적인 사람은 그것을 보다 심각하고 고통스럽게 받아들이며 그 충격으로부터 쉽게 벗어나지 못하고 장기간 방황한다. 안락하고 행복한 삶은 인생의 목표에서 중요한 몫을 차지하고 있다. 그러나 살아가면서 기분 나쁜 일, 충격적인 일, 불의의 사고 등은 생기기 마련이고, 그때 지나친 스트레스나 절망감에 시달리지 않기 위해서는 낙관성의 지혜를 배워두는 것이 반드시 필요하다.

펜실베니아 대학의 마틴 셀리그만(Martin Seligman) 교수는 20년 동안 35만 명 이상의 사람들과의 인터뷰를 통해 대부분의 시간 동안 그들이 어떤 생각을 하고 있는지를 알아내고자 했다. 그는 베스트셀러인 『낙관적인 사람이 인생에서 성공하는 이유(*Learned Optimism*)』에서 결과를 정리하고 있다. 셀리그만이 발견한 것은 성공한 사람들의 두드러진 특징이 낙관주의라는 것이었다. 성공한 사람들은 대부분의 시간을 보통 사람보다 훨씬 더 낙관적으로 보낸다는 것이다. 자신이 얼마나 낙관적인가는 얼마나 행복하고 건강하며 부유하고 오래 살 것인지를 알려주는 최고의 척도이다. 낙관적이고 긍정적일수록 더 많은 에너지와 열정을 얻게 되며, 면역체계는 더 강해져 질병과 전염병에 대한 저항력 역시 커지게 된다. 그래서 좀처럼 병에 걸리지 않게 되는 것이다. 수면 시간을 더 줄여도 거뜬하며, 하루 종일 더 많은 정신적이고 육체적인 에너지를 가지고 생활할 수 있게 된다. 또 낙관적일수록 더 창조적인 사람이 된다. 끊임없이 훌륭한 아이디어를 생각해내게 되며, 자신의 목표에 훨씬 더 빨리 다가갈 수 있게 도와줄 새로운 가능성을 알게 된다.

생활의 모든 부분에서 낙관적인 사람이 되겠다고 결심하는 것은 어떤 다른 특성보다도 자신의 성공과 행복을 이끌어내는 데 더 큰 기여를 하게 된다. 정신적 건강과 육체적 건강은 어떤 점에서는 비슷하다. 육체적으로 건강해지고 싶다면 육체적으로 트레이닝을 해야 한다. 머리부터 발끝까지 최대한의 건강을 얻고 싶다면 신체의 여러 부분을 훈련시키는 것이 필요하다. 낙관주의의 수준은 정신적 건강의 수준과 같은 것이라고 생각할 수 있다. 이런 형태의 정신적인 건강은 모든 일을 긍정적으로 생각하는 정신운동을 되풀이해서 반복하면 얻을 수 있다. 그러면 자신에게 일어나는 어떤 일이라도 자동적으로 긍정적이고 건설적으로 대응하게 된다. 이러한 낙관주의가 되기 위한 연습을 통해 당신은 당신의 생각과 감정을 효과적으로 조절하여 보다 건강하고 윤택한 생활을 할 수 있게 된다는 것이다. 그래서 그는 "낙관주의자가 되기 위한 연습은 바로 지금, 이 순간부터 가능합니다. 당신은 지금 어떤 상황에 처해 있습니까? 그리고 그 상황에 대해서 어떻게 생각하십니까? 오늘부터 조금씩 연습해 봄에 따라 당신은 점차로 낙관주의자로서 자신의 감정을 컨트롤할 수 있게 될 것이며, 당신의 삶은 스트레스 없이 점점 더 풍요롭고 성취 지향적으로 변해가게 될 것입니다"라고 주장한다.(http://www.hunet.co.kr)

우리는 오프라 윈프리의 삶에서 낙관주의적 셀프 리더십 훈련이 한 인간의 운명을 어떻게 바꿔놓을 수 있는지 생생하게 읽어낼 수 있다. 요즘 오프라 윈프리(45)를 모르는 사람은 없을 것이다. 그녀는 미국을 움직이는 또 하나의 힘이자 막강한 브랜드로 자리잡고 있다. 비록 미국을 가리켜 기회의 나라, 평등의 나라라고 말하지만 유색인종에 대한 편견이 존재하는 미국 사회에서 흑인인 그녀는 자기를 둘러싼 모든 악조건을 극복하고 당당하게 성공했다. 오프라 윈프리의 과거는 참담하고 암울했다. 검은 피부의 흑인, 100kg이 넘는 뚱뚱한 몸매, 지독히 가난한 어린 시절, 결혼하지 않은 부모 사이에서의 출생, 9살 되던 때의 사촌오빠에 의한 강간, 14살 때까지의 지속적인 친척들의 학대, 14살의 출산과 더불어 붙은 미혼모라는 명칭, 2주 후 아기의 죽음 등 이루 말할 수 없는 불행했던 사건들이 과거의 삶을 점철하였다.

예시 3.

◦ 오프라 윈프리의 현재

토크쇼의 여왕, 보그지 패션모델, 영화배우(아카데미 여우조연상 후보), 자산 6억 달러(한화 8,775억)의 갑부, 영화와 TV프로 제작, 출판, 인터넷 사업을 총망라한 '하포 엔터테인먼트 그룹'의 대표. 시사주간 타임은 윈프리를 '20세기의 인물' 중 하나로 선정하기도 했으며, 1998년 포춘지 선정 미국 최고 비즈니스 우먼 2위였을 뿐만 아니라, 인콰이어러지 선정 '세계 10대 여성'의 선두에 선정. 1997년 월스트리트저널 조사로는 미국인이 존경하는 인물 3위에 뽑히기도 했다. 그녀는 (인기－명예－돈) 모두를 얻었다. 그녀의 대단한 성공의 비결은 뭘까? 오프라 윈프리는 흑인에다 뚱뚱했고, 가난하고 불행했던 어린 시절을 지나왔지만 오늘날 세계에서 성공한 여성 중 하나로 손꼽힌다. 어려운 환경에도 불구하고 그녀가 성공할 수 있었던 비결은 뭘까? 그것은 그녀의 낙관적인 인생관에서 비롯하였다. 오프라 윈프리의 삶을 오늘날 성공으로 이끈 것은 물론 오프라 윈프리 쇼이다. 수많은 토크쇼 중에서 윈프리 쇼는 따뜻해서 돋보인다는 평가다. 성폭행, 이혼, 아동문제 등 누구나 공감할 수 있는 주제와 시사문제를 섞어가면서 호스트와 시청자가 함께 울고 웃는다. 윈프리는 또한 자신의 프로그램에 유명인사와 스타는 사양한다. 스포트라이트를 평범한 시청자들에게 비추는 것이다. 세계적으로 인기가 있는 오프라 쇼의 인기비결은 한 마디로 그녀의 아픈 과거와 이에 대한 그녀의 진솔한 고백이다. "흑인이었다. 사생아였다. 가난했다. 뚱뚱했다. 미혼모였다. 그래서? 그게 뭐 어쨌다고?" 한 여인이 어렸을 적부터 되뇌었을 이 말은 이제 그녀를 아끼는 전세계 1,400만 시청자들이 그녀의 과거에 대해 말이 나올 때 읊조리는 말이다.

◦ 오프라 윈프리의 십계명

1. 남들의 호감을 얻으려 애쓰지 말라. 2. 앞으로 나아가기 위해 외적인 것에 의존하지 말라. 3. 일과 삶이 최대한 조화를 이루도록 노력하라. 4. 주변에 험담하는 사람들을 멀리하라. 5. 다른 사람들에게 친절하라. 6. 중독된 것들을 끊어라. 7. 당신에 버금가는 혹은 당신보다 나은 사람들로 주위를 채워라. 8. 돈 때문에 하는 일이 아니라면 돈 생각은 아예 잊어라. 9. 당신의 권한을 다른 사람에게 넘겨주지 말라. 10. 포기하지 말라.

두려움을 가지고 있지 않은 사람은 없습니다. 하지만 진짜 두려움은 우리가 그 두려움에 너무 큰 비중을 두었을 때 생겨납니다. 분명한 것은 두려움이 우리의 삶을 지배하도록 해서는 안 된다는 것입니다. 그리고 두려움을 치료해 줄 수 있는 유일한 것이 있다면 그것은 자신에 대한 신뢰와 용기입니다! "나는 계속 달려갈 것입니다." 끝이 어떠할지 볼 것입니다.

토론해 봅시다.

1. 낙관주의와 비관주의가 자신 인생의 성공과 실패에 어떤 영향을 미치는지 서로의 의견을 개진해 봅시다.

02 글로벌 리더십(Global Leadership)

'리더십(Leadership)'이라는 용어는 사람마다 사용하는 의미에서 상당한 차이가 있다. 리더십에 대한 정의는 그동안 많은 연구가 진행되었음에도 불구하고 아직 합의된 정의가 이루어지지 않고 있다. 일반적으로 리더십은 한 개인이 다른 구성원에게 이미 설정된 목표를 향해 정진하도록 영향력을 행사하는 과정으로 정의하고 있으나, 이러한 활동과 관련된 적극적인 강화(positive reinforcement), 목표설정(goal setting), 집단화 관계관리(managing inter group relation) 등에 관한 실제적이고 효과적인 리더십의 활동을 연구하고 이해하기란 너무나 광범위한 연구분야라 할 수 있을 것이다. 어떤 용어를 과학분야의 한 현상을 기술하는 공통어휘로 사용하고자 할 때에 흔히 그러하듯이, 이 용어도 온전히 정의(defined)되어 있지 않아 여러 가지 의미의 모호성을 야기시키는 문제점들을 내포하고 있다. 더욱이 같은 현상을 기술하는 데도 권력, 권한, 관리, 경영, 통제, 감독과 같은 여러 가지 부정확한 용어들을 분별 없이 사용함으로써 혼동이 가중되어 왔다.

현재까지 여러 연구에서 내려진 리더십에 대한 정의들을 종합해 보면 연구자의 이론적 관점에 따라 리더십의 정의가 달라졌음을 발견하게 된다. 리더와 구성원 간의 교류과정에 초점을 둔 정의가 있는가 하면 조직원들의 변화에 초점을 둔 경우도 있다. 요컨대, 이론가들이 내세우는 이론의 핵심이 무엇인가에 따라서 리더십을 보는 관점이 차이가 나는 경우가 많다. 지금까지 많이 거론되고 있는 리더십의 정의들을 살펴보면 몇 가지 공통된 사항들을 발견하게 된다. 즉, 영향력 행사과정, 집단이나 조직목표(성과)의 달성, 구성원의 행동, 자발적 몰입, 변화와 혁신의 추구, 이슈의 창안 등이 그들이다.

리더십을 한 마디로 정의한다면 자발적인 추종을 이끌어내는 영향력 행사과정이라고 말할 수 있고, 리더십의 효과는 리더가 행하는 영향력을 추종자들이 인정하고 받아들이는 정도에 달려 있다. 따라서 추종자들의 인정을 받지 못하는 리더, 추종자들의 자발적인 협조를 이끌어내지 못하는 리더는 효과적인 리더가 되기 어렵다. 한 집단의 리더가 그 집단 구성원들의 추종을 이끌어내기 위해서 쓸 수 있는 수단들이 몇 가지 있다. 예컨대, 리더는 자신에게 주어진 합법적인 권한을 이용하거나 보상을 제공하는 대가로 구성원들에게서 원하는 행위를 끄집어낼 수 있다. 그러나 보상이나 합법적인 권한 같은 것은 구성원들의 열정이나 자발성까지 끌어낼 수 없음을 관계 연구들이 밝혀내고 있다. 오히려 종종 과다 보상이 구성원들의 일에 대한 열정을 올리기보다는 떨어뜨리기도 하는 것으로 알려져 있다.

리더가 추종자들의 열정과 마음을 사기 위해서는 리더가 추종자들의 존경을 받을 때에야 가능하다. 그리고 그 존경을 얻을 수 있는 길의 하나가 리더가 지니고 있는 전문성이다. 집단 구성원들이 리더의 전문성을 인정하고 그 전문성에 신뢰를 느낄 때 리더는 추종자들의 존경심을 얻을 수 있고, 그 존경심이 추종자들의 자발성을 이끌어낼 수 있다. 리더가 가지고 있는 인간적인 매력도 효과적인 리더십의 수단이 될 수 있다. 리더에게 인간적으로 매력을 느끼고 궁극적으로 그 사람과 닮고 싶다고 하는 애정이 추종자들의 자발성과 열정을 끌어낼 수 있다. 리더가 전문성에다가 인간적인 매력까지 더하여 가지고 있다면 리더에 대한 추종자들의 존경심은 더 높아질 것이고, 그만큼 리더가 가리키는 방향에 추종자들이 자발적인 노력이 모아질 것이다.

오늘날 세계화 물결의 도래는 리더십의 기능과 역할을 더욱 강하게 요구하고 있으며, 그 대표적인 것이 최고 경영자의 영역이다. 오늘날 최고 경영자(CEO)에게 리더십은 경영의 근간이다. 그 옛날 모피를 거래하던 시절부터 오늘날 창조혁명의 시대에 이르기까지 다양한 환경, 다양한 리더십이 있어 왔다. 토머스 잡슨의 "직원이 명성을 결정한다"는 명제에서부터 샘 월턴의 "꿈을 심어줘라", 마이클 델의 "고객이 왕이다", 잭 웰치의 "학습만이 살 길이다", 앤디 글로브의 "변화에 유연하게 대처하라", 그리고 빌 게이츠의 "기술의 표준을 장악하라"에 이르기까지 ….

하지만 오늘날 리더가 직면하는 두 가지 측면은 비즈니스가 여러 나라와 국경을 가로지르며 일어나는 글로벌 경영무대라는 점과 기업경영이 과학기술, 법, 정치, 사회문화 등의 다양한 요소와 복잡다단하게 얽히면서 종합적으로 움직인다는 점이다. 따라서 다양한 비즈니스 시스템과 이질적인 문화를 하나로 종합해서 상황을 꿰뚫어 보는 글로벌 리더십이 경영의 성패를 좌우하는 핵심이다. 리더십의 고전이라고 할 수 있는 막스 베버는 리더십을 열정, 책임감, 통찰력의 3가지로 제시했다. 피터 드러커는 위기시의 리더십과 위기시에 조직 구성원의 사기를 결집할 수 있는 리더십을 강조했다. 『리더십 IQ』를 쓴 머피는 리더를 선별하는 능력, 연결하는 능력, 문제해결 능력, 평가하는 능력, 협상하는 능력, 치유하는 능력, 보호하는 능력, 시너지를 만들 줄 아는 능력으로 나열했다.

글로벌 맥락에서 경영 리더가 가져야 할 덕목으로 다음과 같은 네 가지를 들 수 있을 것이다. 첫째, 윤리를 강조한다. 철저한 윤리의식과 사회적 책임을 가진 기업가가 글로벌 리더다. 오늘날 아무리 돈을 많이 벌고 글로벌 시장을 차지한 회사라도 이 부분에서 뜻밖의 사고를 당하여 기업 이미지에 심각한 손상을 주는 것은 물론이고, 수십 년 동안 쌓아온 기업의 생존을 위협하는 경우가 종종 있다. 그래서 글로벌 기업 중에서 존슨 & 존슨은 오래 전부터 소비자에 대한 의무, 종업원에 대한 의무, 사회와 공동체에 대한 책임, 주주에 대한 책임을 명시한 기업 신조를 갖추고 세부 지침으로 세밀한 윤리경영 매뉴얼을 실천하고 있다. 제너럴일렉트릭(GE)은 항시 투명회계와 보고를 명시한 사베인스-옥슬리법을 준수하도록 CEO가 수시로 직접 독려할 뿐만 아니라, 기업활동에 윤리경영이 정착되도록 시스템과 문화를 적극 전파하고 있다. 나아가 글로벌 경영 리더는 단순히 미시적인 윤리의식의 실천에 머물지 않고 적극적으로 사회적 책임분담을 하여 전세계 소비자와 국민의 신뢰를 심는다. 바디샵은 소비재(화장품) 회사이면서도 순수 자연주의, 동물실험 반대, 인권 존중, 제3세계와 지구보존 공동협력 등의 사회적 가치를 내걸고 실천하며 바디샵의 물건을 사는 것 자체가 공공이익을 실천하는 것과 같다는 사회 공익기업으로 확고한 이미지를 심어주는 데 성공하였다. 국내에서는 유한킴벌리 역시 윤리경영과 사회책임 기업의 좋은 본보기가 되고 있다.

둘째, 팀워크를 중시한다. 팀워크는 평상시에는 아이디어와 창조를 만드는 문화이지만 위기시에는 위기의 폭풍을 헤쳐나갈 수 있는 에너지가 된다. 어느 기업이나 조직에서든 위기는 언젠가는 반드시 오게 되어 있다. 복잡하게 얽혀서 돌아가는 글로벌 무대에는 위기의 요소가 훨씬 커졌다. 한 조직의 리더로서 해야 할 가장 중요한 과제로 조직의 높은 사기와 에너지를 고양시켜 언제나 위기에 대응할 수 있도록 만들 수 있는 감성을 격려하는 리더십이 절실한 시대다. 얼마 전까지만 해도 미국에서 기업인이라면 동정심이나 관용, 이상주의 등 '가슴'은 던져버리고 효과, 실적, 목표지상주의, 혁신 등 '머리'만 갖추고 매진하는 것이 정설이었다. 물론 이것은 지금도 중요하다. 하지만 하이테크 못지않게 사람을 강조하고 하이터치를 소중히 여기며 구성원에게 기회를 주는 리더(facilitator), 필요한 힘을 불어넣어 주는 리더(empoweror)의 역할이 강조되고 있다. 기업조직이 긍정적으로 생각할 수 있도록 분위기를 조성하고 행복한 직장 분위기를 조성하기 위해 CEO는 "두 개의 귀, 한 개의 입"을 가져야 한다고 강조한다.

셋째, 기술 선도력이다. 오늘날 기술 선도력(Tech-nology Pioneer)은 글로벌 경영 리더십의 핵심 영역 중 하나이다. 얼마 전 삼성전자의 황창규 사장은 조그만 메모리 칩 하나로 신문 200년치 분량을 담을 수 있는 16기가 낸드 플래시 개발을 발표했다. 애플이 '아이팟 나노'에 삼성의 낸드 플래시를 장착했듯이 "세계적 정보기술(IT) 업체들이 이제 플래시 메모리를 얻기 위해 삼성전자로 몰려들 것"이라는 전망이다. 휴대전화, 디지털 카메라, MP3에서 노트북까지 모든 전자 기기의 저장장치가 플래시 메모리로 대체되는 새로운 시대로의 진입을 선도한 삼성전자는 차세대 모바일 디지털 시장을 주도해 인텔을 누르고 세계 최고의 반도체 업체로 글로벌 리더가 되는 것이다. 하지만 기술에서 글로벌 리더가 되는 것은 단순히 기술혁신과 선도에만 있는 것이 아니다. 마이크로소프트가 글로벌 리더가 된 데에는 세계적 표준화를 통하여 세계적 가치를 얻었기 때문이다. 즉 기술 자체가 아니라 글로벌 경영 리더십이다.

넷째, 찾아오는 기회를 놓치지 않는 눈과 능력, 그리고 숨은 인재를 찾아내는 노력이다. 우리는 이를 창조적 사고를 만드는 스토리텔링(story-telling) 방법을 통하여 이루어낼 수 있을 것이다. 고대 로마신화에 나오는 행운의 여신 포르투나(Fortuna)는 머리카락이 앞에만 있고 뒷머리가 없는 대머리이다. 이는 행운의 여신이 다가오는 즉시 기회를 놓치지 말고 앞머리를 붙잡아야지 뒤늦게 잡으려 하면

잡을 수가 없다는 것을 뜻한다. 근대 과학의 아버지 마키아벨리는 지도자에게 이런 행운은 덕(德) 혹은 실력을 뜻하는 비르투(virtu)라고 불렀고, 비르투를 쌓아야 포르투나가 보인다고 말했다. 즉 "행운은 능력에 부응한다"는 것이다. 찾아오는 기회를 놓치지 않는 능력을 가져야 한다는 것이다. 또한 마키아벨리는 지도자가 되기 위해서는 위의 두 가지 요소 외에 네체시타(necessita · 시대정신)를 읽고 거기에 부합하라고 충고하고 있다. 오늘날 글로벌 리더가 처한 상황은 단순히 한 국가 안에서만 이루어지는 경영이 아니다. 여러 나라에서 동시에 동일한 상품을 판매하여야 하므로 조직이 처한 국제적 환경, 그 나라의 법과 관습, 소비자의 기호, 현지화 및 적합한 인력발굴과 인재양성 등 여러 가지 요소가 매우 복합적으로 얽혀 있다. 그러므로 이를 기민하게 이해하고 대처하는 능력(리더십)을 가져야 한다. 그런 점에서 글로벌 리더에게는 4T, 즉 윤리경영(Ethics), 기술선도(Technology), 구성원의 에너지를 극대화하여 창조를 낳고 위기에 대처하는 문화를 만드는 리더십(Teamwork, Storytelling)이 절실하다.(동아일보, 2005. 10. 20.)

03 인(仁)의 리더십

그동안 리더십을 논하는 자리에서 유교의 리더십은 아시아적 가치, 유교자본주의, 포스모더니즘 등의 시각에서 논의되어 왔다. 이러한 이론들은 유교의 리더십을 한결같이 공동체주의의 견지에서 해석하면서 동아시아의 경제적 발전을 공동체 중심적인 가치 리더십에서 찾고 있다. 말하자면 서양의 개인주의적 리더십의 한계를 극복하고 공동체주의적 리더십에 기반을 둔 동아시아적 기업문화를 확립하는 데 있어 유교의 공동체주의의 리더십이 커다란 역할을 하였으며, 바로 이로부터 동아시아의 경제적 발전과 번영을 위한 힘이 나왔다고 진단하는 것이다. 하지만 얼마 가지 않아 일본의 장기불황, 동아시아 나라들의 국가부도(태국 · 한국 · 말레시아 · 인도네시아 등등) 사태는 유교적 리더십에 대한 긍정적 평가를 돌변하게 만들었다. 유교에 내재된 공동체 중심의 리더십은 오히려 온정적 정실주의와 사회적 부패의 온상이 됨으로써 국가부도라는 총체적 난국을 유발했다는 비판을 쏟아내고 있다.

그런데 여기서 우리가 주목해야 할 것은 긍정적 평가와 부정적 비난의 양 극단을 오가는 유교 리더십에 대한 평가가 함의하는 바가 무엇이냐 하는 점이다. 그것은 자명하다. 유교 리더십에 대한 이러한 상반된 평가가 상황변수에 따라서 앞으로도 지속적으로 계속될 것이라는 사실이다. 따라서 유교의 리더십을 해석하는 데 있어 이러한 상반된 해석을 불식시키고 타당한 평가를 내리는 일이 시급히 요구된다고 할 수 있다. 위와 같은 상반된 평가는 어떻게 보면 유교의 리더십을 공동체주의적 일변도로 해석한 나머지 개인주의적 측면을 간과한 데에서 비롯됐다고 할 수 있을 것이다. 유교의 공동체주의적 리더십이 한국 경제발전의 원동력이 되었다는 식의 해석은 리더십의 자율적 의지 측면이 무시된 채 중앙집권적 경제개발이 무자비하게 추진되었던 1970, 1980년대 시기에서는 타당하였다고 볼 수 있을 것이다. 그러나 1990년대 이후의 노사문화, 노동운동의 강경 일변도적 경향은 리더십의 공동체 중심적 접근으로는 해석하기 어려운 부분들이 많다. 오히려 신자유주의적 기업 경영체제 영향으로 인해 노동자들은 자신들의 권익과 이익을 방어하기 위해 개인 중심적 리더십으로 경도되는 경향을 보여왔다.

그러나 요즘 노사문화와 기업문화, 그리고 소비자 · 생산자 문화에서 읽어낼 수 있는 리더십의 양태는 그 전과는 다른 가늠하기 어려운 복잡한 측면을 드러내고 있다. 한국의 경영자 단체, 노동단체, 소비자 단체, 그리고 기업군에서 나타나는 리더십의 변화가 이러한 점을 잘 보여준다. 예를 들면 최근 대표적 노동조합인 민주노총 지도부의 강경 일변도적 리더십에 대한 산하 노조원들의 비판적 리더십의 개진이나, 소비자의 취향 및 요구를 최우선 요소로 보는 생산자 혹은 판매자의 경향은 급속하게 변화하는 사회적 리더십의 편린을 상징적으로 나타내고 있다고 볼 수 있을 것이다. 이러한 징후들을 내밀히 들여다 보면 노사문화의 형성, 노사관계의 정립, 생산자와 소비자의 관계 정립 등에 있어서 아마도 전과는 상당히 다른 리더십이 필요함을 보여주는 것이다. 서양 기업문화와 소비자 문화의 개인 중심적 리더십도 동양적 기업문화와 소비자 문화의 공동체 중심적 리더십도 아닌 개인의 자율성과 공동체의 공동선을 조화롭게 접목시킬 수 있는 상생적(相生的) 리더십을 요청하고 있을지도 모른다.

이러한 변화의 징후에 비추어 볼 때 피터 더러커의 인(仁)의 리더십은 기업과 노동자, 생산자와 소비자 등 모든 사회적 관계를 반영하는 리더십의 설정에서 있어 상생의 길을 모색하는 데 있어 부여하는 상징적 메시지가 강하다고 할 수 있을 것이다. 경제학자이며 역사가인 하일브로너는 역사상의 몇몇 위대한 경제학자들을 가리켜 세속의 철학자(Worldly Philosophers)라고 지칭했다. 반면 드러커는 세속의 현인이라 부를 수 있을 것 같다. 과거의 현인은 영혼과 도덕의 지혜를 알려주었지만, 이 새로운 현인은 매니지먼트(management)의 지혜를 설교했기 때문이다. 현대인들은 매니지먼트라는 새로운 도덕과 종교를 떠나서는 단 하루도 살 수 없다. 이에 맞춰 20세기는 새로운 구루(guru · 사도) 드러커를 맞이했고, 그는 오랜 포교의 여정을 11월 11일 마감했다.

드러커의 평생 화두는 '조직'이었다. 그는 조직이 조직다울 수 있는 길, 즉 경영의 인(仁)을 추구했다. 공자의 인(仁)이 사람의 것이었다면 드러커의 인은 그 사람들이 모인 실체, 즉 조직의 것이었다.

첫째, 그는 이질적 지식 융합과 소통을 제시하였다. 드러커 이전에 조직을 보는 관점은 생산, 판매, 회계, 기술, 관리 등 각각의 기능별로 조각조각 갈라져 있었다. 경영자 역시 이를 하나로 묶는 시야가 부족했다. 지금은 너무 상식적인 드러커의 목표관리(Management By Objectives)의 개념이 바로 여기에서 출발한다. 목표관리란 조직을 구성하는 이질적인 지식의 융합과 소통을 촉진하는 행위다. 지금은 이런 사고가 쉽게 받아들여지고 있지만, 드러커가 처음 그 개념을 제시했을 때만 해도 매우 혁신적인 것이었다. 이것이 바로 그의 초기 주저인 『경영의 실제』(1954)에서 제기된 사상이다. 진정한 의미의 목표관리제가 경영자에게 요구하는 것은 기업에 어떤 유일한 목표가 존재한다는 환상을 버려야 한다는 것, 그리고 다양한 핵심 기능별로 그 최소한의 성과가 지니는 중요성을 인식해야 한다는 것이다. 불행하게도 과거의 경제학자들이 단순히 분석의 단순화를 위해 설정한 명제, 즉 기업의 목표가 이윤 극대화에 있다는 그릇된 신화는 예나 지금이나 횡행하고 있다.

이윤은 조직의 다양한 목표들을 추구한 결과일 뿐 그것 자체가 목표가 아니다. 드러커의 사상에 따르면, 고액의 스톡옵션을 받은 경영자들이 들으면 펄쩍 뛸 일이지만 주가 관리에 최우선의 가치를 부여하는 경영자들이야말로 경영의 본말이 전도된 사람들이다. 드러커를 이해하지 못하는 사람들은 기업 현실을 모르는 도덕 선생님 같은 말씀이냐고 비아냥댈지 모른다. 그러나 단기적 공시 실적에 목매는 기업들이 얼마나 장기적인 성장기반을 스스로 갉아먹고 있는지를 지켜봐 온 사람들은 진심으로 공감할 것이다. 드러커가 최초로 강조했던 이해관계자들(stakeholders)의 의미를 제대로 이해하는 사람이라면 이윤이라는 가치가 얼마나 지엽 단말에 불과한지를 알 것이다.

이 지점에서 드러커의 조직관은 이제 조직의 내부를 벗어나 외부, 즉 더욱 넓은 범위의 이해관계자들과 소통하기 시작한다. 그의 변화경영과 미래경영이 등장하는 지점이 바로 이곳이다. 그에 따르면 조직의 생존 근거는 조직의 내부가 아니라 외부에 있다. 내부에는 오직 비용만이 존재할 뿐이다. 무능한 경영자는 내부만을 본다. 유능한 경영자는 외부를 본다. 더욱이 미래의 외부를 본다. 여기에서 외부란 바로 고객이다. 그러나 고객을 제대로 볼 줄 아는 경영자는 드물다. 마케팅 개념이 바로 여기에서 등장한다. 마케팅을 제대로 할 줄 알면 성공의 절반은 거저 따고 들어간 것이다. 수많은 기업들이 마케팅에 내로라하는 노력을 기울이지만 대부분 실패로 돌아가는 이유는 사실상 외부를 진정으로 이해하지 못했기 때문이다. 마케팅은 그만큼 어려운 것이다.

드러커가 강조했던 변화경영의 원천은 사실상 조직 내부가 아니라 외부에 있다. 외부, 즉 고객에 대한 올바른 인식에 초점을 두지 않고 내부에만 초점을 둔 변화경영은 십중팔구 실패한다. 성공하는 기업은 성공에 도취하는 그 순간 자기도 모르게 외부를 멀리하고 내부로 눈을 돌리게 되는데, 그때가 진정한 위기다. 대부분의 경영자들이 추진하는 개혁은 마치 습관처럼 시선이 내부에만 고정된다. 전가의 보도처럼 구사하는 맹목적인 비용절감과 다운사이징(소형화 · 감량화)은 가장 흔한 범실들이다.

둘째, 경영의 핵심은 사람이라고 보았다. 우리는 그의 사상에서 인간의 냄새를 맡을 수 있다. 경영을 오직 돈 버는 기술로만 이해하고 인간이 거기 있음을 망각한 경영술사의 냉혹성은 그와 거리가 멀다. 그는 경영의 인(仁), 즉 씨앗은 사람에 있음을 잊지 않았다. 그런 의미에서 드러커가 지식사회와 지식노동자의 중요성을 강조한 것도 어찌 보면 자연스러운 일이다. 그는 과거 산업사회의 기계를 중심으로 하는 조직의 명령통제형 구조와 지식을 기본으로 하는 후기자본주의의 새로운 패러다임 간에 본질적인 차이가 있음을 발견했다. 지식노동자는 이제 더 이상 상사의 감독대상이 아니다. 오직 성과만이 평가의 대상이 된다. 수평적 조직과 권한 위임이 그 자연스러운 귀결로 등장한다. 이 과정에서 지식은 새로운 형태의 권력이 된다. 이런 사회에서 지식노동자는 불가피하게 평생학습을 수행해야 한다. 이렇듯 지식노동자가 확산되는 것 이외에도 소유주의가 보편화되면서 이제 전통적인 의미의 상사와 부하의 관계는 말할 것도 없고 자본가와 노동자, 주주와 경영자의 구분 역시 점점 퇴색하고 있다. 특히 최고 경영자 역시 한 사람의 직원에 불과한 존재가 되었다. 이런 상황에서 과거의 전제주의적 통치윤리는 더 이상 통용되지 않는다. 그럼에도 최고 경영자라는 자리를 일종의 권력으로 착각하고 직원을 교육하고 개조하려 드는 식의 심리적 전제주의를 자행하는 인사들은 아직도 많이 있다.

이제 지식사회에서 요구되는 리더십은 더 이상 카리스마형 리더십 또는 명령통제형 리더십이 아니라 팀제형 리더십 또는 관계형 리더십이다. 미션과 비전, 의사소통, 경영진 팀의 유대관계, 동기부여 등을 강조하는 최근의 주류 리더십 이론은 바로 드러커의 지식사회 이론에서 본원적으로 파생돼 나온 것들이다. 그의 이런 학제적·종합적·휴머니즘적인 사고를 낳게 한 그의 성장 및 교육배경을 살펴보자. 오스트리아 출신인 그는 자신의 집에 드나드는 비엔나의 지식인들과 10대 시절에 이미 자유로운 만남과 토론의 기회를 통해 다양한 분야의 지식을 접촉할 수 있었다. 이렇듯 영민한 드러커였지만, 우리나라로 치면 고등학교에 해당하는 김나지움 졸업 후에 굳이 대학 진학의 필요성을 느끼지 않고 17세에 곧바로 함부르크의 한 상점에 견습사원으로 취직을 했다. 더욱 놀라운 것은 누대의 명문가인 드러커 집안에서 그의 이런 취업결정을 크게 문제삼지 않았다는 사실이다. 여하튼 그는 어린 나이의 직업활동을 통해 현장의 실무 경험을 쌓을 수 있었고, 은행과 신문사 등에서 다양한 경험을 쌓으면서 세상을 보는 시야를 더욱 넓힐 수 있었다.

셋째, 그는 기업의 사회적 책임과 역할을 강조했다. 그가 대학 문턱을 처음 밟은 것은 신문사 근무 경험이 어느 정도 쌓인 뒤였으며, 박사학위도 정치사상에 관한 것이어서 그의 학문적 출발이 경영학은 아니었다. 그의 휴머니즘적인 사상은 그가 20세기 초반에 목격한 유럽식 전체주의의 참상에서 얻은 교훈에서도 크게 기인한다. 그의 초기 주저인 『경제인의 종말』(1939)이나 『산업인의 미래』(1942)가 바로 이러한 절대개념이나 전체주의적 사고에 대한 거부의식이 반영된 것들이다. 그러다 그가 조직, 더 넓게는 경영학에 직접적으로 관심을 갖게 된 계기는 수년간 GM의 내부 컨설팅을 수행하면서 그 결과로 『기업의 개념』(1946)을 출판하게 되면서부터다. 이후 『경영의 실제』(1954)에서 그의 경영사상이 최초로 종합적으로 정리되고, 이를 바탕으로 그의 대부분의 후기 경영사상들이 쏟아져 나오게 된다. 드러커의 시야를 엿볼 수 있는 중요한 한 실마리는 그가 동양의 고미술, 특히 일본 미술에 관심이 많았다는 사실이다. 그는 젊은 시절 우연히 비를 피하기 위해 들렀던 런던의 한 박물관에서 동양의 미술품을 접하고 이후 지속적인 관심과 연구를 기울이게 된다. 실제로 동양미술 관련 평론도 다수 발표한 그는 이미 그 방면에서도 좋은 글을 많이 남겼다. 드러커의 문장에서 엿볼 수 있는 예사롭지 않은 시적 감각, 회화적인 어휘의 배치, 그리고 전체를 조망하는 여유도 결코 우연이 아닌 듯싶다.

이제 한국 사회에도 CEO형 리더십이 필요하다는 목소리가 이따금 들린다. 그러나 정작 CEO를 훈련시킬 수 있는 곳은 현장 외에는 없다. 그러나 현장에서만 형성된 능력으로는 뭔가 부족하다. 다른 차원의 통찰과 그 어떤 당위적인 이상을 지향하는 훈련이 절실하다. 잭 웰치와 빌 게이츠는 평생 경영을 직접 해본 일이 없는 서생(書生) 드러커를 스승으로 삼아왔고, 또 그만큼 어마어마한 성과를 일궈냈다. 학자는 많지만 스승이 드문 현실에서 드러커는 경영과 리더십의 스승이 되기에 부족함이 없다.

드러커가 수십 년 전부터 기업의 권력적 정당성과 사회적 책임, 그리고 산업사회의 새로운 조직형태로서 비영리단체의 가능성과 소임을 강조했다는 데서 우리는 미래학자로서의 그의 통찰력을 실감할 수 있다. 한국 사회에서 이들 문제의 중요성이 본격적으로 대두된 것은 최근의 일이다. 특히 한국은 물론이고 미국에서도 최근에 발생했던 회계부정 사태는 기업 이해관계자의 일각에 불과한 최고경영자의 주식시장 집착증과 권력 남용, 그리고 기업의 사회적 책임

문제를 다시 돌아보게 하는 계기가 되고 있다. 결국 조직이 조직다워져야만 한다는 경영의 근본으로 돌아가지 않으면 병든 기업사회로 갈 수밖에 없다는 것이 드러커 사상의 정수라고 할 수 있다.(주간동아, 2005. 11. 29. 512호)

사례 4.

◦ 일본식 대 미국식 기업경영의 공존－종신고용＋성과주의＝실력 종신주의

종신고용 · 연공서열은 일본식, 성과주의는 미국식이라고 생각한다면 당신은 여전히 20세기에 있는 것이다. 성공가도를 질주하는 세계 일류기업엔 일본식이니 미국식이니 하는 원산지 증명이 필요없다. 일본식 경영의 상징으로 불리는 캐논이 미국식 실력주의로 재무장하는가 하면, 미국식 경영의 본산지 실리콘밸리에선 최첨단 반도체 회사가 일본식 고용안정을 융합한다. GM 본사는 몰락해도 캘리포니아의 GM 공장은 일본 도요타와 동거(同居)하며 승승장구한다. 생존의 더듬이가 발달된 기업들은 경쟁력 강화를 위해 극단적일 정도의 이종(異種)교배를 마다하지 않으며 창조적 공존의 생존술을 발휘하고 있다.

◦ 종신서열＋성과주의＝실력 종신주의

종신고용과 연공서열은 일본식 경영모델의 두 기둥. 가장 일본적인 기업이라던 캐논은 여기에다 미국식 실력(성과)주의를 융합해 '실력 종신주의'라는 하이브리드(혼성) 모델을 창안해냈다. 2000년 4월, 미타라이 후지오(御洗手富士夫) 캐논 사장은 야마자키 인사부장을 불러 인사제도 개혁을 지시했다. 당시 일본이 자랑하던 종신고용 · 서열주의의 미덕은 '악(惡)평등주의'의 부작용을 일으키고 있었고, 캐논의 성장은 정체에 빠져 있었다. 검토 끝에 직무급제를 도입, 차

등을 두고 열심히 하려는 의욕을 자극하는 방법밖에 없다는 결론이 났다. 입사 연도가 같으면 똑같은 월급을 받고 똑같이 승진하는 식의 연공서열을 없애고 하는 일에 따라 보상해 주자는 것이었다. 그렇다고 일본식 강점을 버릴 수는 없었다. 캐논 경영진은 종신고용을 잘 활용하면 사원의 충성심을 극대화하고 장기적인 재능을 발휘케 할 수 있다는 판단을 했다. 이렇게 해서 캐논의 '실력 종신주의'가 탄생했다. 일본식과 미국식의 장점이 절묘하게 공존하는 모델이다. 60세 정년까지의 종신고용은 100% 보장한다. 하지만 연공서열은 없애 철저하게 실력(성과)에 따라 승진과 보상(급여)을 한다. 과장을 하다가도 실적이 나쁘면 계장으로 내려가고 후배 계장이 과장이 돼 선배를 지휘할 수도 있다. 연봉도 철저히 하는 일과 성과에 따라 차등화했다.

캐논의 인사팀은 새 인사모델을 갖고 노조를 수없이 찾아 설득했고, 노조 집행부도 결국 동의했다. 유이치 기쿠치(菊池雄一 · 34) 노조 사무국장은 "이대로 가면 5년, 10년은 버티지만 20년 후엔 회사가 망할 수 있다는 데 합의했다"고 말했다. 이번엔 노조 간부진이 앞장섰다. 강성 조합원을 설득했다. 캐논 노 · 사는 급격한 변화 대신 3~4년간의 유예기간을 두는 점진적 방법을 채택했다. 2001년부터 관리직(과장급 이상)이 먼저 직무급을 도입했고, 작년부터 전직원들에게 전면 실시했다. 또 기본급 대신 보너스 부문부터 차등을 뒀다. 후지이 인사부장은 "인사 혁신에 앞서 적자사업 정리 등을 통해 종업원들에게 변화가 모두에게 이롭다는 점을 보여준 게 주효했다"고 말했다. 50대 과장이 즐비하던 캐논에선 지난해 30대 부장이 등장했다. 작년 말 경제주간지 다이아몬드의 조사에서 캐논은 일본에서 도요타자동차에 이어 '존경받는 기업' 2위에 올랐다.

◦ 실리콘밸리에서 번성하는 일본식

"우리는 사람을 자르지 않습니다."(타마라 스노든 자일링스 홍보부장) 이번엔 미국 기업 얘기다. 미국 캘리포니아 주 새너제이에 있는 자일링스는 요즘 잘 나가는 맞춤형 반도체 칩 메이커. 전형적인 실리콘밸리형(型) 기업이지만 해고 통지하면 그 자리에서 짐 싼다는 실리콘밸리 문화와 달리, 고용안정이라는 이단의 DNA로 고속성장을 이어가고 있다. 4년 전 닷컴 붕괴 당시 실리콘밸리에는 해고의 바람이 거세게 불었다. 자일링스의 기업 매출도 반토막으로 떨어졌지만 단 한 명의 해고도 없었다. 대신 임금삭감을 택했다. 로랜츠 사장은 자기 봉급을 50% 삭감했다. 부사장들은 45%, 임원진은 33%, 그 다음은 22%, 16%씩이었다. 계약직 직원은 임금삭감을 하지 않았다. 해고 대신 임금삭감을 선택한 이유에 대해 크리스 챌램 부사장은 이렇게 설명한다. "해고는 일시적인 비용절감은 가능하지만 장기적인 경쟁력도 높인다고 장담할 수 없다." 고용보장이라는 '비(非)실리콘밸리 해법'을 선택했던 자일링스는 2001년 당시 주력 제품의 시장 점유율이 34%였지만 지금은 54%로 확 늘었다. 직원들 근속기간도 7년이 넘는다. 경쟁사들은 3년이다. 종업원들이 원칙을 지켜준 경영진에게 '당신이 옳았다'는 걸 증명해 준 셈이다.

◦ GM은 망해도 잡종은 융성한다

미국 캘리포니아 프리몬트시. 이곳에 있는 GM의 자동차 공장 누미(NUMMI)는 위기에 빠진 GM 본사와 반대로 쾌조의 흑자 행진을 이어가고 있다. GM과 라이벌 일본 도요타가 50%씩 출자해 만든 합작회사. 이곳의 생존비결 역시 잡종교배(미국식+일본식)의 창조적 공존이었다. 누미의 노조는 미국 내 최강성 노조단체인 UAW(전미자동차노조) 소속. 하지만 창사 이래 21년간 단 한 명도 해고가 없었고, 생산은 도요타 방식(TPS)을 따르고 있다. 미국 제조업의 상징인 GM의 뼈대에다 일본 최강기업 도요타의 피를 섞은 것이다. GM의 누미 공장은 원래 1962년 GM이 설립했다가 20년 만에 폐쇄했던 곳이다. 낮은 생산성과 강성 노조 때문에 공장을 지탱할 수 없었다. 폐쇄 당시 무려 4,000여 명을 해고했다. 그 2년 뒤 도요타와 GM이 합작으로 다시 공장을 세우면서

'창조적 공존'의 성공사례를 만들어냈다. 누미의 홍보담당 론다 리겐하겐은 "미국과 일본. 여기에 인근 실리콘밸리의 문화까지 접목되면서 시너지를 발휘하고 있다"고 말했다.

(조선일보, 2006. 01. 04)

토론해 봅시다.

1. 세계화 물결의 도래와 더불어 생산자와 소비자, 기업주와 노동자의 관계는 급격하게 변화하고 있으며, 그에 따라 리더십의 형태도 대폭 바뀌고 있다. 이러한 리더십 형태의 변화에 대처하는 데 있어 리더십에 관한 피터 드러커의 견해가 보여주는 함의는 무엇일까?
2. 제2차 세계대전 이후 미국의 기업 경영방식과 일본의 기업 경영방식은 서양과 동양의 각기 다른 리더십의 전형적 형태를 보여주었다. 하지만 위의 사례에서 보았던 것처럼 양 문화권의 기업 경영방식은 극단적일 정도의 이종(異種)교배를 마다하지 않으면서 창조적 공존의 생존술을 발휘하고 있다. 이러한 현상이 우리의 경영주와 노동자, 생산자와 소비자의 관계 설정을 위한 바람직한 리더십 정립에 시사하는 바가 무엇인지 토의해 보자.

04 독성(獨性) 리더십

이승만은 죽을 때까지 종신 대통령을 하려다 4·19혁명으로 쫓겨났다. 박정희는 측근의 손에 피살되어서야 18년 독재의 손을 놓았다. 이들은 죽어서도 숭배자를 거느리고 있다. 또 재벌 기업인은 적은 지분으로 기업군을 좌우하는 것도 이상한데 회삿돈으로 비자금을 만들어 챙기거나 정치권과 유착관계를 만들어 권좌에 머문다.

도대체 이런 해괴한 일이 왜 일어나는 걸까. 이를 막을 수는 없을까. 진 프리먼 블루먼은 『부도덕한 카리스마의 매혹』에서 그 답을 제시하고자 한다. 사람들이 독성 리더에 중독되는 이유는 무엇일까? 독성 리더들이 제시하는 비전은 거창하고 환상적이다. 이들은 부모의 존재를 대신하여 안전과 확실성을 보장하고, 선택되었거나 특별하다는 느낌을 주며, 공동체의 일원임을 주지시켜 사회적 죽음에 대한 두려움을 없애주고, 그에게 도전할 수 없다는 두려움을 준다. 독성은 마약과 같아서 한번 취하면 자유를 헌납하게 되고, 그것에서 헤어나기 무척 힘들다. 독성 리더의 환상을 벗기면 추악하기 이를 데 없다. 이들은 지지자의 인권을 존중하지 않는다. 비판을 억누르고 무조건 리더를 따르라고 가르친다. 시스템의 절차를 뒤엎고 범죄적인 행위를 자행한다. 자기 외에 리더를 기르지 않는다. 네편-내편을 갈라 미워하거나 파괴하도록 설득한다. 때론 희생양을 만들기도 한다. 무능하고 오만하며, 아집이 강하고, 부패를 무시하거나 조장한다. 독성 리더는 또 개인의 약점을 쥐고 흔든다. 악명높은 미연방수사국(FBI) 후버 국장이 죽자 뒤가 구렸던 닉슨은 "제기랄, 그 늙은 개 같은 놈"이라고 중얼거렸으면서도 국장(國葬)을 지시했다. 사람들은 독성 리더를 잘 모른다. 또 알아도 회피하거나 방관함으로써 이들의 수명을 늘린다. 아스펜연구소가 미 MBA(경영학 석사) 학생을 조사한 결과(2001~2002) "자신이 중요하게 여기는 가치가 회사의 가치와 상충할 때 다른 회사를 찾겠는가"라는 설문에 '상당히 높을 것 같다'는 겨우 34%에 불과하였다. 또 1964년 스물여덟 살 피해자가 거듭 칼에 찔리는데 현장에서 38명은 방관자로 지켜보기만 한 사건도 있었다.

역경이나 위기도 독성 리더의 온상이다. 학생을 대상으로 한 실험이 이를 웅변한다. A군 학생에게는 사전에 자신의 죽음을, B군 학생에게는 곧 닥쳐올 시험을 생각하라는 요구를 한 다음 카리스마, 과업지향, 상호 관계 중시를 공약으로 내건 세 후보의 가상 선거 연설문을 읽혔다. 후보를 선택하게 한 결과 B군에서는 과업지향, 상호 관계 중시 후보가, A군에서는 카리스마 후보 선호도가 높았다. 9·11 동시테러 뒤 74%가 "테러로부터 나라를 지키기 위해 개인 자유를 어느 정도 포기해야 한다"고 대답하여 그 이전과 큰 격차를 보였다. 자기 합리화와 변명이 없을 수 없다. "생활비를 벌게 해주잖아", "맞서면 나만 손해", "모두 힘들어 … 나도 참아야 해", "더 나쁜 사람이 될 수도 있어", "다른 사람들은 위대하다고 하는데", "나 혼자서는 못해", "통제불능 상황 … 그가 필요해" 등등. 문제는 이런 합리화와 변명이 내면화되어 독성 리더를 전복시키려는 시도조차 못하게 만든다는 것. △우리가 열등하고 안전하다고 느끼게 만들고, △반격의 두려움을 불어넣으며, △가만히 있으면 주어질 혜택이 줄어들까 걱정하게 만들고, △현상유지를 당연시하며, △리더로서의 책임을 회피하게 만든다. 심지어 △리더의 고귀함과 불멸을 믿게 만든다.

그러면 이를 막을 수 있는 대책은 무엇일까? 그것은 임기제한과 내부고발자 보호제도의 시행을 통해 방지할 수 있다. 본디 독성 리더가 있겠는가. 때로는 유순한 지지자, 리더의 측근, 악의에 찬 지지자가 무독성 리더를 독성 리더로 만든다. "돈을 내도 모자랄 판인데 돈까지 주다니 … 나는 역사의 주역이 되고 있어요." 이라크전에 참전한 한 미군병사가 아버지에게 건 전화다. 영광스런 비전에 목마른 자는 갈증을 준다는 리더가 나타나면 언제든지 지지할 채비가 되어 있다. 조급증은 급조비전을 부추기고, 이는 실패로 연결되기

십상이다. 그럼으로써 무독성 리더가 독성 리더가 되고 지지자들은 예스맨으로 전락한다. 급기야 꿈이 악몽으로 변하기 시작해도 공개적 비판을 꺼리게 만든다.

이러한 '유순한 지지자'와 달리 '악의의 지지자'들은 자신의 지위를 안전하게 하기 위해 고의로 리더의 기반을 약화시키려고 하고, 새 리더가 들어오면 자신의 영역이 침범당할 것을 걱정한다. 일이 잘못 돌아갈 때는 "명령에 따랐을 뿐이다", "그것은 리더의 결정이었다"며 책임을 회피한다. '리더의 측근'들은 지도자와의 관계에서 자신의 지위와 존재 이유를 끌어내기 마련. 이들은 지도자의 측면을 지키는 본연의 임무를 잊고 권력을 손에 쥐고 그것을 유지하는 일에 초점을 맞추기 일쑤다. 그러면 판단력이 흐려져 지도자의 동의를 얻지 않고 더러운 속임수를 쓰기도 한다. 언론도 더러운 일에 한몫을 한다. 한쪽은 아첨기사를 원하고 다른 쪽은 특종을 원한다. 그 결과 호혜적인 관계가 이뤄지면 언론은 객관성을 잃고 신봉자로 전락한다. 또 장삿속 언론은 표지기사로 재계 거물을 자주 내세운다. 그러나 그것도 떠오르는 별일 때와 추락하는 천사일 때에 한한다. 후광이 사라지면 언제냐 싶게 돌아서는 게 그 속성이다. 이사회 역시 리더를 감독하는 본연의 역할과 달리 아첨꾼 집단이 많다. 독성 리더의 출현을 막을 수 있는 대책은 뜻밖에 평범하다. 임기에 제한을 두고 리더 선택절차를 보완해야 하며, 존경받으며 떠날 수 있는 장치를 만들 필요가 있다. 또 정책과 절차를 투명하게 하고, 내부 고발자를 보호하며 책임소재를 명확하게 따질 수 있도록 만들어야 한다고 주장한다.(동아일보, 2005. 12. 03.)

사례 5.

◦ 워터게이트 사건

워터게이트 사건은 1972년 대선에서부터 비롯되었는데, 그 선거전에서 공화당은 기록적인 6,000만 달러의 선거자금을 모아 선거 후에 4백만 달러 이상의 자금을 남겼다. 이에 대한 의혹에서 시작하여 1973년에서 1974년에 걸쳐 모금된 자금출처와 사용된 근거에 대한 조사가 진행되면서 의혹이 증폭됨으로써 대통령의 첫 임기 시절까지 되짚으면서 엄청난 '백악관 공포들'이 속속 폭로되었다. '백악관 공포들'이라는 말은 닉슨의 전 법률사무소 동료이자 선거책임자였으며 미법무장관을 지낸 존 미첼이 만든 것이다. 그는 이 스캔들로 인해 후에 기소되었다.

워터게이트 사건이란 말은 민주당 본부가 입주해 있던 워싱턴의 워터게이트 빌딩의 이름에서 따온 것이다. 1972년 6월 17일 밤, 5명의 괴한들이 민주당 본부 사무실에서 체포되었는데, 그들은 전화 도청장치와 스파이용 카메라 시설장치를 갖고 있었다. 그 중 한 명은 전 중앙정보부 요원이며 크립 조직의 최고 보안 책임자인 제임스 맥코드 주니어로 판명되었다. 당시 크립 조직의 의장이었던 미첼은 그의 조직이 그 절도행위와 관계된 사실을 극구 부인하였다. 백악관 대변인은 그것을 '3류급 절도미수'라 불렀다. 5일 후인 6월 22일 닉슨은 기자회견에서 "백악관은 그 일에 전혀 개입되지 않았다"고 분명히 말했다.

이러한 백악관 측의 부인에 대해 민주당은 그 절도사건이 사소한 정치적 장난 이상의 것이라고 주장했지만 여론을 자극하지는 못했다. 8월 워싱턴의 신문들이 닉슨의 선거비용 중 114,000달러가 그들 중의 한 사람의 은행구좌에 예치되었다는 것을 보도했음에도 국민들은 무관심했다. 그리고 이와 때를 같이하여 8월 29일 대통령은 다음과 같은 성명을 발표했다.

"이 사건에 대한 조사가 현재 고용된 백악관 직원이나 행정부 직원 중 그 어느 누구도 연관되어 있지 않다는 것을 판명해 줄 것이라고 나는 확실히 말할 수 있습니다."

2주일이 지난 후 5명의 절도범들은 해직된 닉슨 캠페인 재정위원회 변호사 고던 리디와 전 백악관 고문이자 전 중앙정보부 비밀요원이었던 하워드 헌트와 함께 기소되었다.

기소된 일곱 사람은 모두 묵비권을 행사했다. 지금 워터게이트 사건은 단순히 닉슨 대통령 측의 비밀공작반이 워싱턴의 워터게이트 빌딩의 민주당 전국위원회 본부에 침입하여 도청장치를 설치하려다 발각되어 체포된 사건이 아니라 미국 정치사와 헌정사에서 여러 가지 의미를 갖는 중요한 사건이다. 이 사건으로 인해 닉슨 정권의 선거 방해, 부정 등의 여러 가지 치부가 드러났으며, 결국 대통령 탄핵이 소추되어 가결됨에 따라 대통령 자신이 스스로 사임할 수밖에 없었다.

(http://report.howdeal.net/detail/1102/1101156.html)

토론해 봅시다.

1. 건전한 민주주의 사회에서 악성 리더가 출현할 수 있는 온상은 무엇이며, 악성 리더의 출현을 막기 위해서 강구할 수 있는 다양한 사회적 제도들을 생각해 봅시다.

2

이웃과 친구

2-1. 이웃 간의 예절

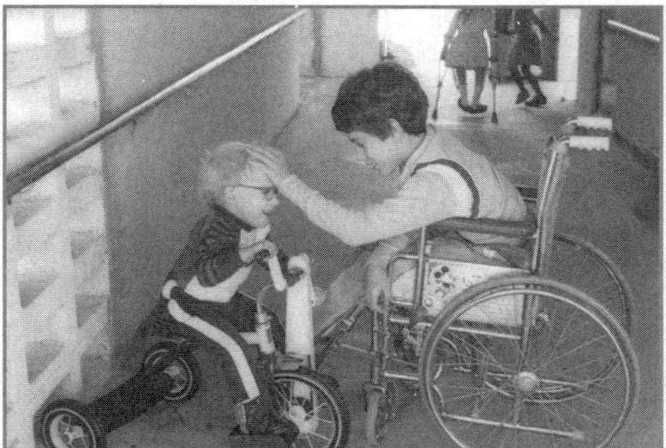

01 이웃 없이 살 수 있는가?

전통적으로 이웃의 의미는 바로 이웃하여 있는 세대와 그곳에서 살아가는 구성원들을 가리키는 것이었다. 즉, 나와 가까이 살고 있는 이와 그들과 가깝게 지내는 이들을 일러 이웃이라 한다. 이러한 개념이 오늘날에는 많이 달라지고 있다. 내가 살고 있는 곳에서 뿐만이 아니라 내가 있는 곳에서부터 세계 어느 곳이든 세계 곳곳의 소식을 접하며 교류하게 된다면 그들이 바로 나의 이웃이라는 생각을 갖게 된 것이다. 즉, 지구 위에 살고 있는 모든 이를 나의 이웃으로 생각하는 글로벌라이제션(Globalization)의 시대인 것이다. 내가 태어나서 자란 곳을 떠나 이민을 가게 되거나 유학을 가게 되고 여행을 다녀온다면 이 사실에 더욱 실감할 수 있는 지구촌이 바로 우리 마을인 셈이다.

우리나라 연예인을 이웃 중국인과 일본인들이 열광하며 우리 사업체가 인도 현지에 진출하여 우리와 다른 이들을 채용하고 동업자로서 협력자로서 사업을 한다. 이제 우리는 'Globally think, Locally act' 하는 글로벌 시티즌(지구촌 시민)인 셈이다. 동해의 지진이 발생할 때 일본 지진탐사기의 결과가 몇 분 내로 우리나라에 전해져 인명피해를 최소화하는 데 서로 도움을 주고받는 관계가 된 것은 분명한 사실이다. 최근 남아시아에 발생한 여러 가지 자연피해에 온 세계가 온정의 손길을 보내고 구호의 물결이 지금까지 이어지고 있다. 타국인의 아픔과 고통은 먼 나라의 얘기가 아니라 이웃나라의 일이자 내 이웃의 일이기 때문이다.

그런데 우리는 전통적으로 가족중심적인 예절을 매우 중요시하여 인륜적 덕목인 오륜 안에서의 인간관계만을 중시하여 그외의 대인관계를 소홀히 해온 점을 현대를 살아가는 우리 한국인들은 인정하지 않을 수 없다.

오륜의 가르침에는 부부, 부자, 군신, 장유, 붕우지간에서 출발하여 확충해 나가야 하고 해나갈 수 있음을 그 본질로 하고 있지만, 거기에만 머물러 있었던 한계를 우리는 인정해야 할 것이다. 물론 그것마저도 제대로 되지 않았기에 오히려 더 넓혀나가기를 꺼려했을 것이라고 자위해 보기도 하지만, 아무래도 시대에 따른 변화를 적극적 수용하여 적용하는 데 미진함이 있었던 것으로 여겨진다.

그렇다면 오늘의 현실에 따른 예절이 다양하고 세분화되어 더욱 확충된 예절로 거듭나기 위해서는 나로부터 갖추어지는 예절을 어디까지 적용시켜 나가야 할 것인가를 새롭게 규정할 필요가 생기게 된다. 지구촌을 한 마을로 볼 수 있고 그 구성원들을 나의 이웃으로 받아들일 수 있는 예의정신과 실천예절은 시대의 요청에 따른 나로부터의 글로벌 에티켓이어야 할 것을 전제한다.

1) 이웃의 의미

㈎ 전통적 의미

가까이 사는 사람 또는 가까이 있는 집

(나) 현대적 의미

지리적 공간을 넘어 서로 만나고 교류하는 사람들과 지구 안의 모든 민족과 국가이다. 더 나아가 생물과 자연환경까지도 포함시키는 관점을 수용할 수 있다.

2) 전통 사회에서의 이웃관계

(가) 현재의 마을에서 오랫동안 생활하여 마을 사람들끼리 서로 잘 알고 지내는 사이
(나) 경조사에 서로 상부상조하며 한 가족처럼 생활하는 사이
(다) 대부분 농사를 지어 협동하여 지내며 마을단위의 행사에 참여하는 사이
(라) 가족단위가 넓어진 마을공동체 안에서 가정교육이 이루어지고 어른 공경과 젊은이의 예절교육에 직간접적으로 참여하는 사이

3) 현대 사회에서의 이웃관계

(가) 이웃의 범위가 확대된 관계이면서 가까운 이웃에 관심이 오히려 약화됨.
(나) 한 동네에 오래 사는 경우가 많지 않음으로 인해 다양한 곳

에서 다양한 사람들을 접하면서 사교의 폭은 넓으나 다양한 생활양식을 존중할 수 있는 의식이 요구됨.

(다) 아파트 생활이 대중화되어 외부와의 접촉이 쉽지 않으며, 사생활을 중요시하는 문화로 변하는 과정에서 사생활침해를 받지 않으려는 정서와 문화가 형성됨.

(라) 직업의 다양화로 이웃과 만나 서로 협동하기가 어려움.

(마) 가정에서의 해결점들이 사회로 확대되어 여러 전문기관의 역할로 이웃의 필요성이 점점 약화됨.

02 이웃생활에서 요구되어지는 예절

1) 사생활 침해문제와 예절

(가) 모르는 사이에 이웃에게 피해를 줄 수 있음

(나) 소음공해에 따른 불쾌감 유발 등

사례 유리 깬 아이의 어머니(박주연, 2001)

비가 내리던 어느날 아파트 주차장에 세워놓은 우리 차는 연두색 비닐이 쳐 있었고, "뒤 유리 파손"이란 글과 함께 사고시간, 사고 낸 아이 이름과 그 아이의 아버지 이름, 주소, 전화번호가 적혀 있었다. 비닐을 그 아이 어머니가 붙인 것이다. 아침부터 비가 내리자 깨진 유리를 주워내고 비닐을 쳤던 것이다.

경비 아저씨에게 물어보니 전날 초등학교 5학년 남자 아이가 돌을 던져 유리가 깨졌고, 그 아이 부모님은 차 주인을 계속 찾았다는 것이다. 집에 들어온 지 5분도 채 안 돼 전화벨이 울렸다. "많이 놀라셨죠"라며 공손히 말을 꺼냈다. 차 수리를 마치고 전화하자 "잠깐 찾아뵙겠다"고 말한 후 아이와 함께 주스까지 사들고 우리 집을 방문했다. 수수한 옷차림의 아주머니는 "아기 차 시트에 유리가 튀지 않았는지 걱정된다"며 주스를 내밀었다. 그 아주머니는 돌아가기 전 데리고 온 아들에게 "너 아줌마한테 할 얘기 없어"라고 하자 그 아이는 "죄송합니다. 다음부터 얌전하게 놀겠습니다"라고 말했다. 차의 유리는 깨졌지만 이런 이웃과 함께 산다는 것이 마음 뿌듯했다.

◦ 사례분석으로 살펴보는 매너원리

1. 남이 보지 않는 곳에서 자신의 부주의로 인한 사고로 인해 양심을 속이거나 숨기지 않고 상대에게 분명히 자신을 밝히고 처분을 기다리는 솔직함의 표현이 좋은 매너가 된다.
2. 파손된 주인 없는 차량을 자신의 것처럼 소중히 보호하려는 자세는 상대방의 입장에서 생각하려는 의식에서 비롯되는 예의정신이다.
3. 아이의 부주의로 차량을 파손시킨 것은 차량 주인의 마음까지도 피해를 입힌 것이다. 피해를 입힌 입장에서 세심히 살펴 용서를 구하여 상대의 마음을 위로한 훌륭한 매너이다.
4. 어린 아이라 하더라도 직접 피해를 입힌 당사자로 하여금 사죄를 하도록 훈육시킨 어머니의 역할이 아이를 위해서나 피해자인 이웃을 위해서 꼭 필요한 사람의 도리이자 예의이다.

토론해 봅시다.

1. 위 사례는 이웃에서만이 아니라 낯선 곳에서도 내가 일으킬 수 있는 것이다. 이와 같은 행동으로 드러날 수 있기 위해 우리에게 어떤 예의정신이 요구되는가?

사례 아파트 공동생활 예절(김병수, 2001)

얼마 전부터 새로 지은 아파트에 입주해서 살고 있다. 새 아파트에 살게 되어 기쁜 것도 잠시였다. 윗층에 이사온 이웃이 밤마다 소음을 내는 통에 심한 스트레스를 받고 있다. 밤 12시가 넘어서까지 아이들이 뛰어다니고 문을 크게 닫는 바람에 우리 집 5개월 된 아이가 자다가 깰 지경이다. 하루는 안 되겠다 싶어 찾아가 조금만 조용히 해달라고 부탁했지만 "이웃 간에 그럴 수도 있지 않느냐, 앞으로 이러한 일로 찾아오지 말라"는 어이없는 대답만 들었다. 아이가 있는 집에서 소음이 나는 것은 있을 수 있지만, 조금만 주의하면 뛰노는 아이를 조용히 시킬 수도 있는데 나 몰라라 내버려 두는 어른들이 더 원망스러웠다.

전에 살던 아파트에선 윗집 젊은 부부가 찾아와서 "저희 집에 아이가 둘 있어서 시끄럽게 소리를 낼지도 모르지만 조심하도록 하겠으니 이해해 주십시오"라고 정중히 얘기를 했었다. 그 후로는 윗집에서 아무리 큰 소리가 들려도 곧 조용해질 것이라는 생각에 그다지 불편함을 느끼질 못했었다. 그런데 지금은 이웃을 잘못 만난 탓에 고통을 받고 있다. 옆집 소리까지 들리도록 아파트를 지은 건설회사도 문제지만 자기들만 생각하는 입주자의 이기주의는 더 큰 문제다.

토론해 봅시다.

1. 아파트와 같은 다세대 공동주택에 거주하는 사람들이 주의해야 할 소음을 어떻게 관리하는 것이 바람직한가?
2. 사람들이 사는 곳은 사람들 간의 관계성이 문제가 될 수 있다. 이웃 간에 우리가 갖추어 살아갈 마음가짐과 태도로 어떤 것이 있을까? 평소 어떤 면을 주의하며 더불어 살아갈 수 있을까?

2) 이웃 간의 무관심 문제와 예절

(가) 이웃의 일에 간섭하지 않는 것을 당연하게 여김으로 인해 최소한의 인간관계가 무시되어지는 현상이 야기되어진다.

(나) 아파트나 공동주택의 특성상 이웃에 누가 사는지도 모르는 경우가 허다하다.

사례 같은 엘리베이트 내에서 마주친 이웃 간의 인사

며칠 전 이곳으로 이사온 이후 앞집만 빼고는 우리 아파트에 사는 다른 주민들이 누구인지 알 수가 없었다. 같은 엘리베이트 내에서 눈길이 부딪치다 보면 서로 어색하고 민망하기까지 한데, 이럴 바에는 처음부터 내가 먼저 보면 먼저 인사하는 습성을 들여야 되겠다 싶어 시작한 인사 덕택으로 이젠 나를 보고 먼저 반갑게 인사하는 이웃이 부쩍 많아졌다.

이런 상황에 오늘 아침의 경험은 생각할수록 기분이 좋아지고 하루 종일 경쾌한 마음으로 지내게 만든 작은 사건이었다. 우리 층에서 열린 엘리베이트에 내가 오를 때는 이미 안쪽에 중년 남성분이 계셨다. 타면서 그분과 눈이 마주쳤는데, 그 순간 눈길을 돌리려는데 그분에게 내가 "안녕하세요?"라는 경쾌한 인사말을 건넸더니 그분이 묻기를, "혹시 저를 아십니까?"라고 하지 않는가? 그래서 "아니오, 그냥 인사한 것뿐입니다"라고 했더니 "아, 네 …" 하고는 약간 미안한 기색을 내비치면서 "새로 이사오셨습니까?"라고 되묻는 것이었다. 이젠 무표정한 그 남성의 얼굴에 미소가 떠올려지면서 엘리베이트에서 내릴 때는 열린 문을 잡아주며 "안녕히 가십시오"라고 정답게 인사를 건네기까지 하였다.

◦ 사례분석으로 본받을 예절과 개선시킬 점

1. 낯선 사람들과의 눈 마주침은 때론 무척 당황스럽고 쑥스럽기까지 하다. 하지만 같은 공간 안에 같은 목적으로 만나게 된 사람들 간에는 서로가 눈길이 마주칠 때마나 최소한의 눈인사 정도는 건네고 받을 수 있는 여유로움은 자신과 타인을 존중하는 생활예절이 될 것이다.
2. 먼저 건네는 인사말은 작은 공간에서 생기는 서로의 긴장감과 민망함을 오히려 해소시키는 행위이자 좋은 매너이다. 받는 사람보다 건네는 쪽에서 더욱 뿌듯함과 성취감을 느끼게 될 수 있다.
3. 한국인들의 타인과 낯선 이들에 대한 경계심이나 무뚝뚝함은 스스로를 고립시키는 원인이 되기에 먼저 인사말을 건넬 수 있는 용기를 이웃과 함께 하는 공간에서부터 시작해 보자.

3) 공동생활에서 발생하는 문제와 예절

(가) 쓰레기 처리문제 : 종량제 봉투사용, 분리수거 문제 등

(나) 주차문제 등

(다) 개인 이기주의와 지역 이기주의

토론해 봅시다.

1. 공동생활에서 발생하는 문제들을 중심으로 왜 그런 문제가 발생되는지와 어떤 예의정신이 요구되는지 생각해 보자.

4) 공공장소 및 탈 것 등에서 발생하는 문제와 예절

사례 지하철에서 친절로 발휘된 예절(노정한, 2002)

며칠 전 토요일 오후 의정부에서 서울로 퇴근하는 전동차 안에서의 일이다. 책을 읽고 있는데 같은 의자에 떨어져 앉아 있던 외국인 남성이 맞은편에서 졸고 있는 사람을 계속 보고 있었다. 잠시 후 그 외국인은 맞은편 바닥에 떨어져 있는 승차권을 주워 졸고 있는 젊은 대학생 차림의 남성 옆자리에 놓았다. 얼마 뒤 그 젊은이가 깨어나 주위를 두리번거리다가 오른쪽 옆자리에 놓여 있는 승차권을 집어들었다. 그제야 외국인은 안심했다는 표정을 지으며 다음 정류장에서 내렸다.

◦ 사례분석으로 본받을 예절과 개선시킬 점

1. 현대 예절을 남을 배려하는 마음이라고 정의내리지만 정작 나와 우리는 그런 배려를 바랄 뿐 내가 먼저 배려하길 꺼려 한다. 아니 배려하고자 하는 범위가 너무 좁다고 생각해 볼 수 있다.
2. 위의 사례는 같은 지하철 차량 안에서 그것도 마주보고 앉아 함께 동승하고 있던 한 승객의 입장에서 다른 승객이 베푼 친절은 작지만 마음이 훈훈해지는 인정의 아름다운 모습이다.
   옛말에 예출어정(禮出於情)이라 하지 않았던가! 예절은 인정에서 나오는 적극적 도움의 배려이다.

03 이웃 간에 회복되어야 할 예의정신과 실천예절

1) 이웃에 대한 관심
2) 공동체 정신의 발휘
3) 어려운 이웃에 대한 나눔과 사랑
4) 마을회의, 지역축제 등과 같은 공동체 생활에 참여
5) 내가 알고 모르는 관계를 구분하기에 앞서 공간과 시간을 함께 하는 이를 배려하기

(가) 인사예절

인사예절은 개인의 기본 행동예절로서 대인관계에서 가장 기초적이면서 매우 중요한 역할을 한다. 많은 사람들은 인사예절을 잘 안다고 생각하면서도 실제로 예절에 관한 한 조사에서 '인사도 제대로 못한다'가 1위로 꼽히는 경우가 많음은 시사하는 바가 크다.

문제는 내가 인사를 하고자 할 때 인사의 대상이 나와의 친소 혹은 알고 모름으로 구분하여 인사를 할지 하지 않을지를 결정한다는 점이다. 물론 아무에게, 길거리에 다니는 모든 사람에게 인사할 수는 없다.

그럼에도 불구하고 우리가 세계의 다양한 사람들과 비교해 볼 때 인사성이 뒤떨어지는 이유는 나와 너를 구분짓는 데 있어 모르는 사람이라고 하더라도 상황에 따라서는 그들과 불편하지 않을 정도의 교감과 처신을 적절히 할 필요가 있다. 아는 사람들만 사는 마

을단위였던 농경사회에서 산업사회를 넘어 정보사회와 지구촌 사회를 살아가는 현시대일수록 인사하고 지낼 대상과 장소가 많아졌다. 그런데도 여전히 변화지 않는 우리 식으로 남들을 눈치로만 살펴 내 계산 안에 들어올 때만 인사한다. 그렇다면 닫힌 몸과 마음의 우리는 비록 지구촌에서 살아가지만 우리들만의 세상일 뿐, 우리는 여전히 지구촌의 외로운 독도가 되어 살아갈 수밖에 없을 것이다.

① 인사말을 받는 요령과 방법

인사에는 그 사람의 인격이 드러난다고 할 수 있다. “안녕하십니까?”, “안녕하세요?”라는 인사말은 건네는 입장에서 하는 인사이다. 동시에 받는 사람의 입장에서도 그와 똑같이 메아리처럼 “안녕하세요?”, “안녕하십니까?”로 되받는다면 맥 빠진 인사가 될 것이다.

그렇다면 어떻게 인사를 받는 것이 좋을까요? 인사는 주고 받는 맛이 있어야 하듯이 인사말에 대한 상대적 인사말에는 반드시 적당한 대답이 필요하다. 그것이 바로 “네”라는 대답과 함께 “네, 안녕하세요?”, “네, 안녕하셨습니까?”라는 답례이다. 받은 인사에 대해 “네”라는 응답이 먼저 표현될 때 나와 네가 우리가 되는 순간이며, 함께 공감할 수 있는 접점이 생겨나게 되는 것이다.

② 행동으로 하는 인사요령과 방법

절(節)이라는 방식은 우리의 고유한 인사법이다. 앉은 자리에서 하는 전통 예법에는 큰 절과 보통 절 그리고 작은 절이 있다. 서서 하는 현대 인사예절로는 정중례와 보통례 그리고 약례 및 목례가 그것이다. 현대인이 일상적으로 하는 절인 인사는 바로 후자의 방법으로 주고 받는다. 절 하는 데 허리를 숙이는 정도에 따라 방법의 구분이 정해지는데, 허리를 중심으로 정중례는 45도 정도로 꺾어서 상체를 숙인다. 이때 주의해야 할 점은 목이 꺾이지 않고 머리, 목, 허리가 거의 일직선이 되도록 숙이는 것이 바른 방법이다. 보통례는 대략 30도 정도로, 약례는 약 15도 정도로 숙이면 적당하다. 이는 대상에 따른 때와 장소와 경우에 따라 달라지는데, 가벼운 인사는 좁은 장소와 은밀한 공간에 적용된다.

보통례는 일반적으로 연장자와 동년배 간에 적절한 인사이며, 정중례는 의식행사나 특별히 존경하는 사람들에게 행할 수 있는 인사 방법이다. 특히 목례(目禮)는 눈으로 하는 인사인 만큼 친근한 사이이거나 때에 따라 눈맞춤과 함께 밝은 표정으로 나눌 수 있는 표정 인사로 가벼우면서도 친근하게 나눌 수 있는 인사법이다.

③ 인사할 때 주의해야 할 점

만남에서 반가움과 친근함을 표현하고 공경하는 마음과 상대를 인정하는 마음으로 나를 소개하며 나의 마음을 드러내는 것이 인사의 의미라는 것을 누구나 공감한다.

그러나 때론 인사를 마지못해 하는 경우와 무표정하게 하는 경우들이 이런 의미를 감소시키며 하지 않음만 못한 상황이 벌어지기도 한다. 인사는 몸과 마음이 일치되어 상대에게 그대로 전달되는 만큼 마음의 정원인 표정에도 이를 실어서 제대로 표현하는 것에 우리는 익숙해지도록 노력해야 할 것이다.

㈏ 말씨와 대화예절

이웃과 함께 대화를 나눈다면 우린 어떤 말씨로 해야 할 것인가? 아마도 상대방과 나와의 친소와 연배에 따라 말씨를 달리 할 것이다. 그리고 모르는 이, 즉 낯선 사람들에게 말을 건네거나 필요에 의해 물음을 건넬 때 우리는 외모에서 비추어지는 연배와 남녀의 구분으로 대략 말씨를 선택하곤 한다. 이런 점이 우리에게 가장 취약한 점인 언어사용의 예절이 될 수 있다.

나 이외의 모르는 다른 사람들과의 관계가 정해지지 않은 사이에서는 모든 사람들은 인격적으로 동등하게 소중한 한 사람이라는 점뿐만 아니라, 그 표현에 있어서도 공손한 언어사용과 태도가 병행되어야 한다. 이런 점은 우리가 고객으로 이용하는 관공소, 식당, 호텔, 가게 등에서 만날 수 있는 모든 사람들에게 우리가 선택할 수 있는 최선의 말씨가 공손하면서 경어를 제대로 쓰는 대화일 것이다.

서비스를 제공하고 이익을 남기는 상인들의 고객에 대한 친절과 기본예절은 당연하다. 반대로 서비스를 제공받는 고객의 예절이 제대로 갖추어지지 않은 무례한 손님은 주인과 종사원들도 최소한의 예절로 대우받을 권리가 있음을 기억해야만 한다. 고객된 사람은 말씨의 씨앗을 잘 뿌려야 할 것이다. 이는 그의 말씨와 대화방법에서 상대에 대한 갖추어진 예의를 잘 드러낼 수 있기 때문이다.

① 말하는 이가 갖추어야 할 예절

말할 때는 음성의 높낮이를 조절하고, 상대방이 들을 준비가 되어 있는지를 살피고, 적당한 화제를 통하여 자신이 하고자 하는 의사를 전달하는 것에 중점을 두어야 한다. 일방적인 말과 혼자서 길게 시간을 써버리지 않도록 해야 할 것이다.

대체로 말을 할 때 감정적이 아닌 이성적으로 언어사용을 지향하는 것이 바람직하다. 이는 사실과 의견을 구분하여 전달하고 자기 자랑만을 일삼아 대화를 지속하기 어렵게 만들 수 있다는 면을 제어하는 데 도움이 된다.

이웃이라 하더라도 사생활에 관련된 부분은 관심을 먼저 보이면서 묻지 않는 것이 현대인에게 요구되는 예절이다. 말하지 않는 것은 묻지 않는 것이기에 상대방을 알고자 한다면 먼저 자신의 마음을 먼저 내보이는 것이 마땅하다. 자신의 마음을 먼저 내보이면서 이웃과의 신뢰와 애정이 쌓이게 되면 자연스럽게 서로가 알게 되는 만큼의 인간관계를 맺게 될 것이다.

주위의 험담을 너무 길게 하는 것은 듣는 사람에게나 주변사람들에게 눈살을 찌푸리게 하기에 가능하면 칭찬과 미담을 나누는 것이 좋은 이웃을 만드는 관계의 끈이 될 것이다.

어떤 이는 말을 하기만 하면 울상이 되거나 온몸을 열정적으로 사용하고 목청을 있는 껏 내지르면서 다리 떨기나 몸을 기우뚱하게 서서 하는 경우들이 있는데, 이른 점들은 상대에게 결코 호감을 주지 못하는 습관이기에 미리 알아서 고쳐나가야 할 것이다.

② 듣는 이가 갖추어야 할 예절

말하는 것보다 듣는 것을 잘 하라는 속담이 있다. 이는 말을 할 때 듣는 사람의 태도에 따라 그 대화가 지속될 수 있는지를 판가름하기 때문이다. 또한 상호 지속될 수 있는 관계 정도까지도 결정짓게 되기 때문에 듣는 이의 대화태도는 중요하다.

듣는 이는 무엇보다도 대화에 집중할 수 있어야 하며, 듣게 된다면 듣는 자세와 행동이 중요하다. 자세로는 말을 끝까지 다 듣고 나서 응답과 적절한 말을 하지만, 그 과정에서 잘 알아듣지 못한 말과 어휘는 때때로 확인하고 물어보는 적극적인 태도가 요구된다.

그럼으로써 말하는 이는 자신의 말을 상대가 정성껏 들어주고 있다고 여기며 더욱 진실된 마음으로 자신의 말을 전달하려고 할 것이다.

대화는 주고 받아야 한다. 말을 들었다면 들은 말을 토대로 말을 되돌려 줄 수 있어야 한다. 그리고 그 말로써 서로에게 유익함이 되도록 하는 것이 대화를 나누는 사람 간의 기본예의이며, 그 가운데 신뢰와 사랑이 만들어지는 것이다.

간단히 듣는 이의 예절로는 이런 방법이 있다. SOFTEN 기법이라 하는데, Smile은 들을 때 미소를 지으면서 들으라는 의미이며, Open은 몸과 마음을 열고 상대방의 말을 제대로 들으라는 의미이고, Forward lean은 상대방을 향한 마음이 쏠리게 될 때 자연스럽게 몸도 그에게 쏠리게 되는 현상이다. Tone은 음성에 유의하며 맞장구를 칠 때는 악센트와 억양 그리고 음성이 상황에 적합하게 전달되어야 한다. Eye contact은 집중을 잘 하고 있다는 표현 중에 가장 유력한 것으로, 듣는 이의 시선이 말하는 이에게 잘 맞추어져야 한다. Nodding은 듣는 이가 말하는 이의 말에 수긍하거나 잘 듣고 있을 때 자연스럽게 표현되어지는 바디 랭귀지로서 고개를 끄덕이는 것이다.

㈐ 방문예절

① 가정으로

ㄱ. 남의 가정을 방문할 때는 약속을 하거나 미리 전화로 알려준다.

ㄴ. 방문사실을 미리 연락할 때는 방문목적, 시간, 인원 등을 미리 알려준다.

ㄷ. 방문할 때는 상대에게 불편과 불쾌감을 주지 않도록 옷차림에

주의하고, 식사시간이나 너무 이른 시간과 너무 늦은 시간은 피하되 알려주지 않은 사람을 동행하지 않도록 한다.

ㄹ. 아이들과 동행하게 될 때는 소란을 피우지 않도록 사전에 교육이 되어 있어야 하며, 통제하기 어려운 아이들은 동행하지 않는 것이 바람직하다.

ㅁ. 초인종을 너무 다급하고 시끄럽게 울리거나 두드리지 않도록 하며, 자동차의 경적소리로 자신을 알리지 않도록 한다.

ㅂ. 실내에 들어갈 때는 방한용이나 겉옷을 벗고, 바닥을 더럽히지 않도록 신이나 발바닥을 청결하게 한다.

ㅅ. 용무가 끝나면 너무 지체하지 말고 바로 일어나야 한다.

ㅇ. 방문한 가정에서 함께 식사를 하거나 오래 머물면서 사교시간을 갖게 된다면 적절한 선물을 준비하여 초대에 대한 답례로 전달하는 것이 상호 호혜의 표현이 될 것이다.

ㅈ. 부부가 방문하여 함께 즐거운 시간을 가졌다면 되도록 빠른 시일 내에 답방하는 것이 서구 사회만의 매너는 아닐 것이다. 답방 때도 부부가 함께 하는 것이 원칙이다.

② 사무실로

ㄱ. 사무실에 방문할 때는 가정에서와 마찬가지로 사전에 미리 알려줘서 방문객을 맞이할 마음의 준비와 시간을 할애할 준비를 하게 한다.

ㄴ. 사무실은 업무와 함께 공무를 수행하는 곳이기에 방문목적에 따라 시간대와 체제시간에 주의하여야 한다. 상대방이 원한다면 오전 중에도 가능하겠지만 방문자가 시간대를 정할 때에는 주로 오후 2~4시경에 약속을 잡는 것이 적당하다. 이는 점심식사

시간과 퇴근시간대를 피할 수 있기 때문이다. 부득이하게 약속 시간보다 늦어질 경우가 된다면 반드시 미리 연락을 취하여 "이런 이유로 몇 분 정도 늦어질 것 같은데 기다려 주실 수 있겠습니까"라고 정중히 양해를 구한다.

ㄷ. 방문시간보다 다소 여유 있게 도착하여 미리 화장실에서 용모와 복장을 점검한다. 공적인 업무가 있거나 사적인 볼 일이 있더라도 복장은 정장을 기본으로 갖춘다.

ㄹ. 사무실에 들어가서는 방문자의 이름과 회사명을 알리고 의전실이 있는 곳이나 비서를 통한다면 자신의 명함을 이용하여 자신을 밝힌다. 방문자는 필히 자신의 업무용 명함을 만나볼 인원의 3배 이상을 준비해 두어 예기치 않은 만남에 대비할 수 있어야 한다.

ㅁ. 접견실을 안내받으면 출입구에서 가까운 말석에 앉아 기다린다. 기다리는 동안에도 공무가 이루어지는 것이기에 자세를 흩트리지 않고 개인적인 일로 휴대전화를 사용하는 것을 삼간다.

ㅂ. 가방이나 코트는 책상 위에 두지 않고 옆 좌석이나 의자 측면에 두고, 큰 서류가방일 경우에는 자신의 발 옆에 두며, 코트 등을 받아주지 않으면 자신의 무릎 위에 놓고 기다린다.

ㅅ. 차나 음료를 가지고 오면 '고맙습니다'라는 감사표시를 하고 어떤 음료를 마시겠느냐는 물음에 '아무거나'라는 응대보다는 적당히 기호를 표시하는 것도 바람직하다.

ㅇ. 상대가 들어오면 빨리 일어서서 인사말과 자신의 이름을 밝힌다. 다른 곳으로 이동해야 할 경우에는 불필요한 짐은 밖에 두고 중요한 소지품만 휴대하고 안내에 따라 입실한다.

ㅈ. 상대가 상석을 권하면 '감사합니다'라는 응대로 의자 깊숙이 허

리를 펴고 앉는다.

ㅊ. 면담 중에 시계를 자주 보거나 두리번거리면서 상대 사무실을 둘러보는 것은 삼가야 하며, 이후 상대방이나 사무실 직원에 의해 사무실 안내를 받게 될 때 구경하면 된다.

ㅌ. 용건은 간단하면서 명료하게 전달하고 대략 20~30내로 업무를 마치는 것이 바람직하다. 처음 방문할 경우에는 대략 15~20분을 넘지 않도록 하고 작별인사는 짧고 밝게 한다.

ㅍ. 방문목적이 달성되지 않더라도 표정을 바꾸거나 비굴한 처신을 삼가며 끝까지 정중하면서 세련된 모습으로 밝게 인사하고 헤어진다.

㈑ 행사와 모임의 초대예절

① 가정에서

ㄱ. 초대를 할 경우에는 행사와 모임의 목적이 분명해야 한다. 일정을 정하고 초대의 범위에서 인원과 대상을 선별하는 데 목적이 부합되도록 한다.

ㄴ. 행사와 모임일정에 따라 달라지겠지만 되도록 길게는 약 한 달 전에서 보름 전까지 초청자들에게 미리 알려줘야 한다. 기본적으로 서신으로 격식을 갖추는 것이 좋겠지만 가벼운 모임에는 구두로 만나서 알려주거나 전화로 전달한다.

ㄷ. 행사 하루 전에 다시 전화로 확인하며 초대된 구성원들을 미리 알려주어야 한다.

ㄹ. 저녁식사를 함께 할 경우에는 손님들이 오기 전에 음식과 다과가 준비되어야 한다. 손님이 오고 나서도 계속 부엌에서 바쁘게

움직이는 주인과 주부를 대하기는 불편하다. 이는 초대된 사람이 주인과 주부로부터 반가운 인사와 대담을 나누고 싶어하기 때문이며, 처음 만나게 된 손님과 서로 어색한 손님들 간의 소개로 분위기를 화기애애하게 주도해야 할 사람이 바로 주인이기 때문이다.

ㅁ. 가족 중에 아이들이 있을 경우에는 아이들에게도 역할을 주어 손님들을 맞이하고 신발정돈과 옷가지들을 걸고 정리하는 일을 맡게 한다. 초대된 손님들 중에 함께 온 아이들을 잘 돌봐주거나 놀아주어야 하기에 미리 가족 간의 역할분담에 관해 분명히 해두는 것이 좋다.

② 공공장소에서

ㄱ. 가정에서와 달리 초대장소를 외부에서 갖게 되는 경우들이 종종 있다. 호텔의 연회실이나 대중식당 등을 장소로 정하는데 초대된 사람들이 찾아올 수 있는 위치와 연락처나 교통편 등을 미리 알려주어야 한다.

ㄴ. 격식 있는 장소에 맞춘 행사와 모임이라면 정해진 일정과 목적을 분명히 하고 약 한 달 전에서 보름 전까지는 초청장을 보내야만 한다. 행사 전날이나 며칠 전에는 초대된 사람들에게 다시 연락하여 재확인하는 것도 좋은 방법이다.

ㄷ. 서비스를 제공하는 것에는 가정보다는 훨씬 세련되고 절도 있게 진행되겠지만 전체적인 행사진행의 상황은 주인이 재점검하여 실수하는 일이 없도록 한다.

ㄹ. 주인은 행사시간 30분 전에는 도착하여 미리 확인하고 손님들을 맞이할 준비를 한다.

ㅁ. 초대된 사람들 간의 소개와 인사를 주도하고 모임의 분위기를 이끌어갈 수 있도록 초대된 모든 사람들에게 관심을 가져야 한다.

ㅂ. 주빈이 있을 경우에는 초대된 전체에게 소개하고 주빈으로 하여금 건배제의나 모임과 행사의 목적에 맞는 인사말을 권한다.

ㅅ. 초대에 응한 손님들은 약속된 시간을 잘 지키고 행사가 끝나기 전에 미리 빠져나가야 할 사정이 있다면 긴밀히 주인에게 알리고 조용히 나가야 한다.

ㅇ. 초대장에 미리 초대의 성격을 알리고 필요하다면 손님이 갖추어야 할 복장까지도 지정할 수도 있다. 초대장에 특별히 공시된 내용을 손님은 신경 써서 고려해야 한다. 분위기를 북돋아 주는 데는 복장이 큰 역할을 하기에 한두 사람의 복장이탈은 전체 분위기에 피해를 끼칠 뿐만 아니라 자신도 그들 안에서 함께 할 수가 없는 이질감을 낳는다.

ㅈ. 함께 초대된 사람들과 서로 모르는 관계일지라도 행사와 모임을 통해 사회적 교제의 기회를 갖게 되는 새로운 만남으로 비즈니스와 일상생활의 대인관계의 폭을 넓힐 수 있기에 적극적으로 밝게 임한다.

ㅊ. 결혼식이나 기념행사 등에 초대된다면 초대에 대한 예의로 축의금이나 적절한 선물을 준비해야 할 것이다. 대체로 선물보다는 현금을 많이 이용하는데, 이는 주최 측의 행사비용이나 기타 주최 측에 요긴하게 쓰일 수 있도록 하는 상부상조의 한 예라고 볼 수 있다.

2-2. 친구 간의 예절

친구 없이 살 수 있는 사람이 있을까? 그렇지 않다. 생활방식의 거의 모든 영역이 서구화되고 개인주의가 만연할수록 '친구'란 존재는 더욱 절실하다. 비밀과 희망, 꿈을 함께 나눌 사람들, 수치와 부끄러움, 실패까지도 함께 나눌 사람들, 별것도 아닌 일에 함께 웃고, 같은 책을 읽고, 또 다른 사람이라면 해주지 않을 말을 해줄 사람들, 그런 친구가 없다면 이 일상의 공허함을 어디서 누구에게서 메울 것인가?

우정(Friendship)란 무엇인가? 우정은 끈기와 인내, 보살핌을 필요로 한다. 끊임없는 변화의 물결 속에, 속도의 전쟁 속에 몸을 내맡겨야 하는 오늘의 우리에게는 우정으로 단단히 묶인 사람들은 삶에 불어오는 폭풍우도, 오랜 궁핍의 시간도 거뜬히 견딜 수 있다. 우정은 우리 인생에 자리한 '따뜻한 난로'이며, 기쁨의 근원이자 피난처이기 때문이다. 우정이 실로 엄청난 진폭을 가진 애정, 한 마디로 우주적인 인간애임을 때때로 알아차린다. 사람뿐만 아니라 이 땅의 살아 있는 모든 존재를 향한 열린 마음임을 우리들의 미소가 그것을 반증하곤 한다.

01 누가 친구인가?

1) 친구의 범위

우리는 지금까지 친구를 사귄다고 한다면 초등학교에서 대학교까지의 학교생활 속에서만이 친구를 사귈 수 있고 친구 간의 우정이 싹틀 수 있다고 여기고 살아왔다. 그러나 학교를 벗어나 넓은 세상과 마주했을 때 우리는 다양한 사람들과 다양한 문화 속에서 우리와 다른 그들과 인간관계를 맺게 되며, 그들과 나의 관계는 친구라는 이름으로 새롭게 다가온다.

친구, 어릴 때만이, 학생 때만이 만들 수 있고 만들어진다는 무언의 착각이 우리로 하여금 새로운 사람들과의 만남을 부담스럽게 만들었다.

아래의 사례를 통해 우리가 겪는 새로운 환경에서의 경험을 통해 한국인이 생각하고 규정짓고 있는 친구의 개념을 다시 짚어보고자 한다.

사례 버스 안에서 만난 내 친구 앤

올 여름방학에 미국을 여행하고 친구와 가족을 만났다. 그런 가운데 뉴욕에서 아틀란시티로 가는 버스를 타고 뜨거운 해변과 바다를 즐긴 뒤 돌아오는 버스에 승차하게 되었다. 두 명이 앉도록 되어 있는 자리에 모든 좌석이 한쪽 좌석은 비워둔 채 나머지 한쪽 좌석에만 자리를 차지하고 있었기에 마땅한 자리를 찾으려고 앉아 있는 사람들을 쭉 훑어보게 되었다. 그 중에서 마음씨 좋아 보이는 한 할머니 옆에 앉으려고 마음을 먹고 앉아도 되겠느냐고 물었다. 흔쾌히 자리를 가리키며 미소로 반기셨다. 3시간 이상을 가는 짧지 않은 여정이기에 모르는 사람과 아주 가까이 밀착하여 앉아가게 되는 상황을 여행자들은 염두에 둘 수밖에 없다.

그런 점에서 이 할머니는 그 누구보다도 편안한 인상으로 내게 선택되었다. 그런 선택으로 말미암아 조용히 말을 걸어오는 이 할머니와 천천히 즐겁게 대화하면서 지루하지 않게 목적지에 도착할 수 있었다. 할머니의 이름은 앤이며, 나이가 무려 83세라 하셨다. 나의 나이는 38세. 그래서 앤의 나이를 거꾸로 하면 38세이기에 우린 서로 동갑이며 친구라고 하셨다. 친구, 누구나 친구가 될 수 있지만 아무나 될 수 없는 친구관계를 이런 만남에서 서로에게 호감과 친근감을 갖고 우린 친구로 지내기를 약속했다. 앤은 주소와 연락처를 내게 적어주면서 크리스마스 때 카드를 보내면 답장을 하는 식으로 서신교환을 약속했다. 물론 나는 올 크리스마스 때 잊지 않고 앤에게 카드를 보낼 것이다. 그녀의 근황이 궁금하고 가끔 그때를 떠올리면 그녀가 보고 싶어진다. 그래 우린 친구니까.

◦ 사례분석으로 살펴보는 매너원리

1. 버스의 빈 좌석을 이용할 때 먼저 앉은 사람이 창 측 안쪽부터 앉아가는 것은 다음 사람이 나머지 빈 좌석을 편안하게 이용할 수 있도록 하는 배려에서이다.
2. 앉기 전에 먼저 앉아 있는 사람에게 옆좌석에 앉을 수 있는지를 묻는 것은 먼저 앉은 사람에 대한 배려로써 편안한 상황을 방해해서 미안한 듯 양해를 구하는 의미의 전달일 수 있다.
3. 그런 양해를 구하는 상대에게 미소와 밝은 표정으로 반긴다면 더없이 좋은 이웃이 됨이요, 살기 좋은 사회에 살고 있음을 느낄 수 있고 확인할 수 있는 순간이 될 것이다.
4. 나이를 넘어 상대를 존중하고 인격적 만남을 유지할 수 있는 점은 우정과 사랑 그리고 존경의 관계를 이룰 수 있는 토대가 될 것이다.

토론해 봅시다.

1. 위 사례에서 친구의 범위와 그 관계유지를 어떤 의식으로 발전시켜 가는 것이 바람직한가를 토론하고 발표해 보자.
2. 현대 한국인들의 의식 속에 친구의 관념이 어떻게 형성되어 있는지도 함께 토론해 보자.

2) 동양인의 전통적인 관점에서 친구 간의 예의정신

(가) 朋友有信 : 같은 스승을 모시고 같은 뜻으로 공부하는 학우들 간의 예의정신은 신뢰가 그 본질이 된다.

(나) 믿음과 의리(義理)는 어떤 대상이든지 간에 이를 바탕으로 한다면 인간애 및 인류애를 실현시켜 나갈 수 있을 것이다. 대인관계 형성의 바탕이 되는 가장 중요한 덕목이라 할 수 있다.

(다) 『논어』에 "널리 배우고 도로써 친구를 사귀어 …"라는 말이

있다. 말의 의미로 볼 때 친구의 범위가 학교 내의 친구만을 말하는 것이 아님을 알 수 있다. 오히려 삶의 여정이 배움이듯이 삶을 살아가면서 올바른 도리로써 신뢰를 갖고 사는 이들과의 관계맺음이 친구 사이가 되는 의미일 것이다.

3) 현대적 관점에서 친구 간의 예의정신

(가) 학교에서만이 아니라 다양한 장소와 분야에서 만나 함께 도모하는 일로써, 마음과 뜻이 맞는 사람들로써 자연스럽게 친구가 형성될 수 있기에 나이, 신분, 인종 등을 뛰어넘는 우정의 정신이 요구된다.

(나) 상호 신뢰가 친구되어짐을 가능하게 할 뿐만 아니라 우정이 지속되는 근거가 될 것이다.

(다) 서로에게 거짓 없고 성실하며 순수한 열정과 감정으로 상대하는 자연스러움이 요구된다.

(라) 뜻을 함께 할 때 의리가 발동되어 친구의 입장에서 함께 할 수 있는 동질감을 갖게 된다.

(마) 구속력은 없지만 자발적이며 의무는 없지만 책임감을 갖게 되는 마음가짐과 자세가 친구로 맺어지는 우정의 텃밭이라 할 수 있을 것이다.

(바) 특별한 관심과 존경으로 친구가 될 때는 가족과는 다르지만 또 다른 가족이란 느낌과 관계를 형성하게 된다.

(사) 인디언 민족들처럼 자연 속에서 식물과 동물들을 그들의 친구로 여기듯이, 세상을 함께 살아가는 모든 생명체와 생태환

경을 나와 더불어 하는 대상으로 여긴다는 것은 현대인에게 친구의 개념을 확대해 나갈 수 있는 바탕이 될 것이다.

(아) 믿음, 뜻을 함께 함, 성실과 순수함, 관심과 존경, 대자연과 함께 하는 모든 것은 우애와 사해동포를 내형제처럼 여긴다는 동양사상과 서양의 Friendship이 서로 엮어져서 탄생한 친구 간의 예의정신이라 할 수 있다.

사례 일본 친구의 샤워매너

만만찮은 일거리인 화장실 청소를 할 때면 문득 6년 전 우리 집에 묵고 갔던 일본인 친구가 떠오른다. 집에 온 손님이기에 저녁에 샤워를 하라며 욕실로 안내했다. 잠시 뒤에 그 친구가 샤워를 마치고 나왔을 때였다. 뒷정리를 하기 위해 욕실에 들어갔는데 정말 깜짝 놀라지 않을 수 없었다. 도무지 금방 샤워를 하고 나온 욕실이라고는 믿기 어려울 만큼 세면대, 샤워장, 변기까지 물기 하나 없이 깨끗이 정돈돼 있었던 것이다.

집주인인 나 자신도 샤워 후에 그 정도로 깨끗이 정리하진 않는데, 그 외국인 친구의 행동에 마치 한 대 얻어맞은 느낌이 들었다.

토론해 봅시다.

1. 나라면 어떻게 하였을까?
2. 본받을 예절과 내가 반성해 볼 점은 어떤 것이 있는가?

02 친구 만들기와 친구 되기

1) 만남에서 친구 되기까지

친구를 사귀고 친구가 되는 과정과 기회는 참으로 다양하고 폭넓다. 우연한 기회에 마음을 주고 받을 수 있어서 친구가 될 수가 있으며, 특별한 만남을 통해 이해관계가 맞아 친구로 사귀게 될 수도 있다. 일반적인 대인관계는 자기의 의사와 관계없이 맺어져 부딪치기도 하는 데 반해, 친구는 자기의 환경과 이상에 맞추어 선택하여 지속적으로 인간관계를 갖게 된다는 특징이 있다. 다음은 다양한 상황에서 만나서 사귈 수 있는 친구관계들을 소개한다.

(가) 학교에서 학우라는 동료의식에서
(나) 뜻이 맞고 이상이 맞는 관계에서
(다) 또래라는 동료의식에서
(라) 사회적 만남으로
(마) 종교적 믿음으로
(바) 학문적 동반자로서
(사) 우애적 관계로
(아) 같은 취미와 관심사로
(자) 일과 신분의 동질감으로
(차) 여행길에서

2) 친구와의 관계유지와 그 의미

(가) 친밀감을 유지하며 안부 묻고 연락하기

(나) 방문과 초대로 돈독함과 친분을 유지

(다) 정기적 만남으로 사교

(라) 인간애와 동지의식

(마) 학문과 일(공통의 관심사)을 함께 이루어 나가는 동료의식

(바) 서로 이끌어 주고 세워주는 관계로 우애를 다짐

(사) 특별한 애정으로 관심과 정을 나눔

03 친구 간의 예의정신과 실천예절

1) 공적인 장소에서

(가) 말씨와 호칭의 경우

말은 그 사람의 인격과 품격을 말한다. 그래서 듣는 사람은 그 말만큼의 대우를 받기도 한다. 친구 간은 매우 친분이 두텁거나 가까운 사이가 된다 하더라도 언제나 둘만의 대화로 서로를 대할 수가 없다. 예컨대 서로가 사회적 신분이 있는 경우라면 서로의 칭호와 말투를 어릴 적 나누었던 방식으로 부를 수 없을 것이다. 성인이

되어 만난 친구 간이라면 서로가 현재 갖고 있는 직함과 직위로 부르는 것이 마땅하며, 높임말이나 경어체로 대화를 나누는 격식도 필요하다.

대학이라는 곳에서도 대학생들이 나누는 대화를 들어보면 이건 말이 아닌 욕설이 거의 대부분을 차지하는 경우들이 종종 있다. 이는 우리 대학생들의 사회성과 인성을 좀먹게 하는 원인이 될 수 있으니 하루빨리 고쳐져야 할 풍습이 아닐 수 없다.

말씨도 명령에 가까운 말과 반말을 자주 사용하는데, 마치 이런 표현이 더욱 친밀감을 형성하고 친구 간은 마땅히 그렇게 하는 것처럼 여기는 우리의 잘못된 편견과 관습을 바꾸어야 할 것이다.

이럴 땐 이렇게

① 공식적인 자리에서나 다른 사람이 함께 한 자리에서는 친구의 이름을 부르지 않고 그의 직함을 부른다. '김과장, 김선생, 김박사'로 부를 수 있다. 때로는 친구의 아랫사람이나 그의 동료 앞에서는 그의 직함에 '님'을 붙여서 '김과장님, 김선생님, 김박사님'이라 부르는 것이 친구를 배려한 표현일 뿐만 아니라 그의 부하나 동료에 대한 예의가 될 것이다. 직함이 없는 친구에게는 '김○○ 씨, 영숙 씨'라고 불러야 한다.

② 친구 간의 말씨와 대화형식은 예사 말씨로 사용하는 것이 일반적인 표현이지만, 경박한 반말 같은 표현은 상대에게 불쾌감을 유발할 수가 있다. 이런 표현보다는 경어는 아닐지라도 보통어휘와 '~가체' 혹은 '~오, 요'로 끝나는 정다운 말씨로 사용하는 것이 서로를 존중하는 태도일 것이며, 말을 하는 이와 듣는 이에게 서로 존경과 믿음이 생겨나게 될 것이다. '너, 니'라는 지칭보다는 '자네, 이름, 직함'으로 칭호를 사용하는 편이 품위가 있으면서도 친근감을 유지할 수 있는 표현이 될 것이다. "김선생, 자네는 요즘 어떻게 지내는가?", "김박사, 내가 듣기로는 건강이 많이 좋아졌다고 하던데 어떤가?", "김선생님, 잘 지냈어요?", "영수야. 오늘 저녁에 시간 좀 내줄 수 있겠니?"

③ 요즈음 대학생들은 국가나 지역사회의 행사 등에 봉사활동과 아르바이

트를 하며 기타 사회활동으로 자신을 계발해 나가는 경우들이 대다수이다. 그런 활동에서 자신의 친구를 다른 사람에게 소개시켜 줄 경우가 발생하는데, 이럴 때 "이사장님, 제 친구이자 같은 학과에 있는 김영환 군을 소개하겠습니다"라고 한다면 소개하는 이나 소개받는 이뿐만 아니라 소개의 대상까지도 상호 존중하는 분위기로 대인관계가 원활하게 맺어질 것이다. 친구에 대한 호칭에 조금만 주의하면 너, 나, 우리 모두가 쾌적한 삶과 인간의 품격을 높일 수 있을 것이다.

㈏ 한국인의 인사(절)와 악수의 경우

공식적인 만남이 아니더라도 친구와 만나게 될 때 나누는 인사가 절이라는 한국인의 인사보다는 서양식의 인사법인 악수가 보편적 인사가 된 지 오래다. 여성보다는 남성들에게서, 사회적 만남을 많이 갖는 사람에게서 더 쉽게 볼 수 있는 모습이다. 요즈음은 사회활동을 하는 여성들이나 일반 여성들도 악수문화에 익숙해져 있다.

국제적인 행사와 의전상의 만남에서의 악수는 이미 공식적인 인사예절로 정착되어 각국의 전통적인 인사법과 병행되기도 하지만 밀려날 수 없는 현대인의 예절로 자리잡고 있다. 따라서 악수라는 인사를 나눈다면 제대로 나누어 서로에게 호감을 주고 받을 수 있도록 익히는 것이 필요할 것이다.

이럴 땐 이렇게

① 친구가 손을 내밀어 나에게 악수를 청해온다면 친구의 손을 맞잡으면서 친구의 얼굴을 보는 동시에 서로의 눈을 마주쳐야 좋은 매너가 된다. 이때 얼굴은 분명 밝고 환한 모습으로 반겨야 할 것이다.

② 나보다 나이가 많거나 지위가 높은 사람인 상대가 악수를 청할 때는 주저 없이 나의 손을 내밀어 악수에 응한다. 이때 한국인의 인사처럼 몸을 앞으로 숙이고 고개를 꺾어서 절을 하면서 악수에 응한다면 마치 비굴

하게(?) 보일 수 있으니 주의해야 할 것이다. 악수는 서양식 매너이고 절은 한국식 예절이니만큼 서로 병행하고자 한다면 한 가지씩 따로 행하는 것이 보기에도 좋은 매너가 된다. 예컨대 상대에게 절로써 인사를 표하고 한 발짝 다가가서 악수를 청한다면 다가오는 이의 악수에 쉽게 응할 수가 있을 것이다.

③ 악수를 나눌 때 포옹을 하거나 잡은 손 위에 왼손을 포개어 정감과 반가움을 표하는 경우가 있다. 이런 경우에는 동년배끼리는 서로 가능하지만 윗사람이나 연장자에게 아랫사람이나 연하자가 먼저 행하는 것은 좋은 매너가 아니다. 다만 윗사람과 연장자가 그와 같이 한다면 같이 응할 수는 있다. 이는 한국인의 전통문화에서도 오래 전부터 내려오는 이와 같은 친근한 악수가 있기 때문이다.

④ 악수를 청하는 상대방이 자신의 부모님 세대 정도의 연배나 웃어른인 경우라면 악수에 응하면서 상체를 약간 앞으로 숙이는 정도는 겸손한 모습으로 보일 수 있다. 하지만 상체를 뻣뻣하게 세우는 것은 조심하지만 45도 정도의 정중한 인사시의 형태로 숙이는 의미가 아닌 약 10도 정도로 허리를 이용한 상체를 숙이는 정도면 가장 알맞으며 우리의 정서에도 부합된 정중한 모습으로 비춰질 것이다. 이때에도 상대의 얼굴을 보면서 밝은 표정으로 응한다.

⑤ 사회적 직위가 높은 분이 악수를 청할 때 어떤 이는 오른손으로 악수를 하면서 왼손을 마치 두 손으로 술을 따를 때처럼 오른 손목에나 팔꿈치에 붙이는 황송한 모습을 자아내기도 한다. 이러한 동작은 삼가야 할 것이다. 왜냐하면 악수문화는 우리의 전통문화가 아니기에 그들의 올바른 악수형식을 제대로 행하는 것이 오히려 글로벌 매너로서 적합하다.

㈐ 승차의 상석구분과 착석의 경우

현대인의 삶은 물질문화의 발전에 힘입어 생활의 편리함을 끊임없이 추구한다. 그 중의 한 가지로 교통수단의 발달은 개인 승용차를 한집에 한 대꼴로 소유하게 되었다. 운전면허를 소지하고 있다면 젊은이로부터 노인들에게 이르기까지 누구든지 쉽게 이용하고 있는 것이 현실이다. 이런 환경에도 불구하고 우리의 교통문화 및 승차

등에 관한 예절과 매너가 일상화되었다고 인정하기 어려운 실정이다. 다양한 사람과의 관계성을 원활하게 유지해 나가는 정신과 그 형식이 예절로써 규정된다면 다양한 사물을 포함한 다른 사람과의 관계성도 원활하게 유지될 필요성이 현대인에게 요구된다. 승차에 관한 매너를 잘 알고 있다 하더라도 상황과 때와 대상에 따라 우리가 처신하는 데 있어서 종종 어려움을 겪는다. 이를 어떻게 해결하면서 매너 좋은 사람으로 호감을 줄 수 있는지를 아래에서 살펴보자.

이럴 땐 이렇게

① 일반적으로 택시를 혼자 이용할 경우에는 자신의 취향으로 승차의 위치를 선택할 수 있지만, 다른 사람과 동승할 경우에는 자신의 취향과 선택 여부가 일단 보류되어야 한다. 이는 모든 예절이 그렇듯 나와 상대를 함께 고려하고 배려한 결과로서 취할 수 있는 행위가 좋은 매너가 되기 때문이다. 그런데 동승자의 변수가 나의 상식적 결정과 부딪친다면 좋지 않은 매너가 될 수 있음에 유의해야 하는 것까지가 매너 있는 자세이다. 예를 들어, 자신의 승용차에 손님을 태운다면, 상석이 되는 조수석에 손님을 앉게 하려고 옆좌석 문을 열어드렸는데 그 손님은 오히려 뒷좌석을 상석으로 여기고 자신을 그 자리에 안내하지 않은 것에 내심 분개할 수도 있다.

이럴 경우 우리는 다음의 방법으로 이 문제를 해결할 수 있을 것이다. "김선생님, 어느 쪽으로 타시겠습니까? 혹은 김선생님, 어느 쪽이든 편한 좌석으로 앉으시지요?"라고 먼저 선택할 수 있는 기회를 상대에게 주는 방법으로 상대를 배려한다면 정해진 규칙에 따르는 형식주의보다 더 좋은 현대인의 매너가 될 것이다.

② 일반적으로 자동차의 상석(上席)을 구분하는 것은 두 가지 경우로 나눈다.

운전기사가 있는 경우에는 상석이 조수석 뒷좌석이 되고 자신의 승용차일 경우에는 조수석, 운전석의 옆좌석이 상석이 된다. 그런데 자신이 운전기사가 아니더라도 공무로 회사차나 관공소의 차를 몰아 손님을 모실 경우에는 운전기사와 같은 역할로서 처신해야 할 것이다.
일전에 미국에서 한국 유학생들이 보낸 메일을 받았던 적이 있었다. 그들은 미국인 친구가 모는 자동차를 타고 여행을 다녀왔다고 했다. 그런데 어쩐 일인지 그 미국인 친구가 갈수록 기분이 좋지 않게 안색을 나쁘게 가져 그 이유를 전혀 알아차릴 수가 없었다고 한다. 나중에 알고 보니 한국인 유학생 세 명이 모두 그 미국인 친구의 차를 타고 갈 때에 뒷좌석에 끼어앉아 갔었다는 것인데, 그 이유가 앞좌석은 상석이기에 자신들은 그 자리를 피하여 앉으려고 했었다는 것이었다.
이와 같이 상석이라는 의미를 단순히 누군가를 위한 자리가 아니라 동승하는 이들 중에서 서열을 구분하여 착석하는 순서의 기준이 된다는 것을 몰랐던 것이다. 이와 비슷한 예도 한국에서 가끔 접할 수 있었기에 우리는 승용차의 매너로서 상석의 구분뿐만이 아니라 동승자가 선택하고 고려해야 하는 행위로서 착석의 매너가 뒤따라야 함을 알 수 있다.

㈑ 초대와 방문의 경우

친구 간의 초대와 방문은 학교생활에서부터 사회생활, 그리고 가정생활에 이르기까지 널리 갖게 되는 사교의 기회들이다. 부모님과 함께 생활하는 경우에는 먼저 부모님에게 자신의 집에 친구를 초대할 수 있는지의 여부를 먼저 여쭈어 본 후에 결정할 수 있어야 하는 선행이 따른다. 미혼으로 혼자 사는 경우에는 초대할 대상과 접대를 어느 정도로 할 수 있는지를 결정하여 초대하여야 할 것이다. 그리고 가정을 꾸려 부부가 함께 사는 경우에는 아내 혹은 남편의 동의를 구하거나, 부부가 함께 초대할 경우라 하더라도 초대의 대상과 접대의 방법과 그 정도를 결정한 후에 초대가 이루어진다면 초대매너로서 최소한의 준비가 되는 것이다.

방문을 할 경우에는 초대한 사람과의 관계를 고려하여 초대에 응하는 것이 최소한의 매너가 된다. 이는 상대방의 의도와 친소의 정도, 그리고 어떤 모임인지 어떤 초대인지를 알고 결정하여야 하기 때문이다.

이렇듯 초대와 방문 간에는 서로의 관계가 반영되어 있음을 전제하고 아래에서는 친구간의 공식적인 경우에만 한정시켜 살펴보도록 한다.

이럴 땐 이렇게

① 초대를 할 대상이 한두 명의 간소한 모임이라면 초대날짜와 일정을 대강 구두로 알려주는 것도 무방하다. 하지만 여러 명 이상이 모여 함께 식사나 다과를 나눌 경우에는 미리 초대할 대상들을 알려주어 서로가 모르는 관계라 하더라도 미리 마음의 준비를 하고 방문할 수 있도록 한다.

② 한국에서는 손님이나 친구부부 혹은 여러 명의 직장동료들을 집으로 모실 경우가 특별한 날을 제외하고는 빈번하지 않다. 더러 외부 공간(음식점과 기타 연회석)을 이용하여 초대하는 경우가 더 빈번할 것이다. 이럴 경우에 초대하고자 하는 이는 최소한 일정을 미리 계획하여 최소 2주 전쯤에 알려주어 서로의 일정에 차질이 생기지 않도록 한다. 이때 초대장이라는 양식을 만들어 우편으로 보낸다면 행사의 품위와 초대자의 정성을 나타내기에 더욱 좋은 매너라 볼 수 있다. 그리고 초대장에 행사일정과 초대의 성격, 그리고 장소인 자신의 집주소와 연락처 약도를 잘 그려 보내는 것이 바람직하다.

우리의 경우에는 다만 구두로 전달하거나 일정의 하루 이틀 전에 가볍게 전달하는 경우들이 빈번한데, 바쁜 현대인들에게는 최소한 메일로 보내는 양식과 시간을 넉넉히 하여 계획을 잡아 모처럼의 모임을 원활하게 갖도록 하는 매너가 요구된다.

③ 초대에 응하는 방문자는 가정을 방문할 경우에 더욱 신경이 쓰일 수가 있다. 이는 처음 가는 낯선 곳일 수가 있고 방문시에 선물을 어떤 것으로 할 것인가도 결정해야 하기 때문이다. 그런 결정은 초대에 응한다는 회신이나 연락을 취한 후에 결정할 수 있기에 미리 준비하여 자신의 정성을 표할 수 있는 기회를 잘 살리는 매너가 필요할 것이다. 대신 허겁지겁

선물을 준비하지 못한 상태에서 동네 가게에서 산 음료나 성의 없는 선물로 상대방의 기분을 상하게 할 수도 있는 점을 염두에 둔 매너이다.
가벼운 초대와 가벼운 방문으로 친구집을 찾는 경우라도 함께 사는 가족들을 고려하는 배려가 필요하다.

④ 방문자가 고려할 다른 중요한 사항은 약속시간에 정확히 도착하는 것과 그 집에 얼마나 머물 것인가 및 어떤 종류의 만남인지를 분명히 하여야 한다. 함께 저녁식사를 오후 6시에 하고서는 약속된 시간에 나타나지 않고 개인적 사정으로 7시가 넘어서 도착하게 된다면 엄청난 실수가 되며, 배가 고파도 식사를 하지 못한 상대에게 폐를 끼치게 되는 결과가 된다. 대부분의 경우는 저녁식사를 하면서 가벼운 담소를 나누고 이후 만남의 목적으로 대담을 하겠지만 일정한 시간이 지나면 자리에서 일어날 수 있는 적절함이 요구된다. 물론 초대한 친구가 개인적으로 더 있기를 원할 수가 있을 때는 더 오래 머물 수 있겠지만, 특히 처음 방문할 경우에는 적당한 시간에 일어설 수 있는 절제가 방문자에게 요구되는 매너이다.
방문하게 된 목적이나 초대자의 의도가 서로 관철되었다 하더라도 바로 일어서지는 않지만 적당한 때에 떠나야 한다. 머뭇거리며 계속 집에 머무는 것도 옳지 않은 행동이다.

⑤ 음식을 먹은 경우에는 반드시 음식에 대한 칭찬이나 감사의 인사를 나누는 것이 초대자에 대한 방문자의 작은 예의가 된다. 이는 음식을 먹을 때와 음식을 다 먹은 후에, 그리고 헤어지기 전에 그 집을 나올 때도 표현할 수 있는 인사매너가 된다.
집이란 곳은 사적인 공간이기에 초대자가 안내하지 않은 공간을 열어본다든가 알려 한다든가 뭔가를 살피듯이 기웃거리는 모습은 결코 방문자가 하지 말아야 할 매너이다.

(마) 길거리 보행의 경우

친구는 다정한 존재이다. 믿음과 신뢰가 쌓인 친구라면 옆에만 있어도 든든하고 기분 좋다. 그래서 그런지 우린 친구와 더불어 길을 걸을 때면 뒷사람을 생각할 겨를이 없는 듯하다. 예전에는 사람들이 많이 다니지 않아 어깨동무를 하고 길을 다 차지하더라도 누가 뭐라고 할 사람이 없었건만 이제는 그런 모습은 어릴 적 추억에서나 상기시켜 볼 수밖에 없는 현실이 서글퍼지기까지 한다. 그렇다고 어깨동무는 아니더라도 팔짱을 끼거나 손을 잡거나 아니면 나란히 걸어간다고 가더라도 주위 환경에 적합하게 주위 사람들을 고려한 보행이 되어야 한다면 이런 요구를 진실로 너무 삭막한 예절이자 규범이라 할 수 있는가?

이럴 땐 이렇게

① 비록 급히 가려고 하지 않아도 나의 보행속도로 계속 전진하기 힘든 경우가 있다. 잠시 누군가를 위해 길거리에서 비켜가려고 속도를 줄이는 경우가 아니라, 나의 앞에서 길을 차지하고 천천히 자신들의 대화에 집중하면서 주변과 뒷사람에 주의하지 않는 이들을 우리는 언제까지 인내로써 기다려 주어야 할지 판단이 안 되는 힘든 경우들이 있다.
이젠 길을 걸을 때와 한정된 차도 옆 보도블록 위로 걸어갈 때는 최소한 내 앞에서 마주 오는 사람이 지나갈 정도의 공간만큼은 마땅히 침해해서는 안 된다는 규칙을 세워야 할 것이다. 나의 무심한 행위가 나도 모르는 사이에 누군가에게 피해를 끼치고 그로 인해 그들을 위험에 빠뜨리게 될 수도 있다고 생각해야 할 것이다. 내가 가는 길은 우리의 길이기에 항시 내 앞사람과 내 뒷사람 그리고 내 옆사람들을 두루 살펴 길을 걸을 수 있는 워킹 매너인이 이제는 되어야 하지 않겠는가

② 한 사람 정도가 지나다닐 수 있는 길에서는 마주 오는 사람이 있을 경우라면 누군가가 반드시 정지하여 지나갈 수 있도록 기다려 주어야 할 것이다. 시골길을 자신의 차로 지나가 본 사람이라면 이런 규칙 정도는 알고 지켜나가곤 한다. 이런 점들이 사람들이 다니는 길에서도 서로에게 내가 먼저 양보하는 넉넉한 미소와 사양하는 매너로써 키워져야 할 것이다.

③ 얼마 전 뉴욕의 한 대학생이 디자인 공모에 에티켓 우산이라는 특이한 모양의 우산을 선보인 기사를 보았다. 이 에티켓 우산의 특징은 기존의 펴진 상태가 둥근 모양으로 우산 위로 떨어진 빗물이 가까이 지나가는 다른 보행자에게 피해를 줄 수 있었던 것을 한쪽면의 우산살을 안으로

꺾어지도록 만든 것이다. 가까이 지나가는 보행자가 있을 경우라도 그 꺾어진 면을 상대편으로 돌리면 빗물이 밖으로가 아닌 자기 안으로 떨어지게 하여 상대방에게 피해를 주지 않게 되는 아이디어 디자인이란다. 우리가 에티켓의 원리에서 좋은 매너를 현대 생활에 맞추어 만들어내게 되는 이유는 내가 상대에게 호감을 받고 싶듯이 상대로부터 피해를 받고 싶지 않은 이유에서일 것이다. 이는 내가 상대를 배려하는 이유가 상대로부터 내가 배려받기 위함으로 귀결되듯이 좋은 매너는 우선 내가 최소한 너를 배려한 결과로 생겨나는 이성적 합리성과 감성적 쾌적함을 찾아가는 길이라 하겠다.

비오는 날에 길을 걷다보면 상대의 우산에서 떨어지는 빗물로 인해 기분이 언짢았던 기억은 대부분의 사람들에게 있을 것이다. 빗물이 자신의 어깨와 몸에 떨어지거나 심지어 우산살이 내 얼굴을 찌를 듯이 위험하게 스치는 경험들을 떠올려 본다면 이런 에티켓 우산을 여전히 불편함을 안고 사는 사람들에게 하나의 기발한 아이디어를 넘어 신선한 매너로 더 관심이 모아지기를 기대해 본다. 매너는 결국 사람의 몸에 담긴 타인을 배려한 마음의 표현이 몸의 표현으로 이루어질 때만이 비로소 매너로서의 가치를 가질 수 있는 것이다.

2) 사적인 장소에서

㈎ 화장실을 이용할 경우

현대인에게 사적인 장소를 꼽으라고 한다면 화장실이라는 장소는 빠지지 않을 곳이다. 이는 극히 개인적인 용무를 보는 곳이면서 비록 가족이라도 자신만의 공간사용의 자유를 원하는 곳이기에 은밀하면서 쾌적함을 원하는 곳이기도 하다. 정부가 2002년 월드컵 유치를 앞두고 2000년 초기부터 국가차원에서 추진한 전국의 공공시설 및 사설 대중업소의 화장실을 개선(조)하여 전세계인들이 우리나라를 방문했을 때 부끄럽지 않을 문화인으로 보여주고자 한 사업을 펼쳤다. 현대인의 삶이 발전하면서 그에 따른 문화적 수준을 쾌적함과 청결함으로 건강과 안전의 정도로 측정되어지는 이유에서일 것이다.

한 국가의 화장실 문화는 그 국민의 수준과 국민이 대접받는 정도로 평가될 수 있는 바로미터가 되기에 국가행사를 치르는 정부의 입장에서는 화장실로의 관심은 당연하였다. 그로 인해 현재까지 한국인의 한 사람으로서 공중시설을 이용할 경우에 편안하게 용무를 볼 수 있는 문화시민으로서의 대접을 받고 있음을 뿌듯하게 여기게 된다.

하지만 이런 화장실도 관리자의 지속적인 관심과 운영이 있어야 하겠지만 이를 이용하는 이용객의 매너가 더욱 중요하다는 것을 인식해야 한다.

이럴 땐 이렇게

① 화장실 입구에서 한줄 서기 문화는 서구인들의 대중문화 속에서 핀 하나의 에티켓이다. 이를 우리 문화 속에서 충분히 적용시켜 나갈 필요성 아래 이젠 생활 속에서 종종 발견할 수 있는 현상이 되었다.

이런 한줄 서기는 앞사람이 사적 장소에 들어가서 그가 용무를 마치고 나올 때까지는 그 어느 누구도 그의 사생활을 침해하지 않으려는 측면으로 배려한 매너라 할 수 있다.

즉 한 화장실에는 한 개에서부터 여러 개의 개인용 화장실이 마련되어 있다. 이곳을 이용하기까지는 공적 공간으로 누구든지 오는 순서대로 공평하게 이용할 수 있는 권리가 주어진다. 하지만 그의 개인 공간으로 들어간 순간부터는 다른 이들로부터 방해받고 싶지 않고 용무를 볼 권리와 바람이 있다. 이런 점을 인정하여 한줄 서기에서는 개인용 화장실문 앞에서 바짝 붙어 앞사람이 빨리 볼일을 보고 나오기만을 기다리는 줄을 허용하지 않는다.

대신 화장실 입구 앞에서 순서대로 한 줄로 서며, 개인용 화장실이 여러 개가 있더라도 그 문 앞에 다가가서 기다리지 않는다. 기다린 순서대로 들어가야 함에도 불구하고 어떤 이의 용무는 짧게, 어떤 이의 용무는 길게 볼 수 있기에 안에서 밖으로 나오는 사람 수만큼 줄섰던 순서로 입장할 수 있는 질서가 요구된다.

② 화장실은 극히 개인적인 장소이면서 공중시설에서는 모든 사람들이 오고 가는 모든 이의 장소라는 점이 독특하다. 이런 점들이 공적 예절과 사적 예절의 혼돈을 낳게 하는 요인이 되기에 가끔씩 사람들의 무의식적인 행동들이 서로에게 불편함과 불쾌감을 줄 수 있을 수 있음에 주목해 보자. 화장실은 한 번에 한 사람이 들어갔다 나온다. 그런데 하나의 문은 사적 공간과 공적 공간을 가르는 경계선이기에 이를 이용하는 사람들은 안으로 들어갈 때와 마찬가지로 나올 때도 옷매무새가 같아야 한다. 그러나 가끔씩 급하게 나오려는 마음에 옷매무새를 다 처리하지 못한 상태로 화장실을 나오는 경우가 있다. 이런 작은 행위로 자신의 모습은 한없이 초라하고 볼품없이 보여질 수 있는 결과를 초래하는데, 이는 자신이 처한 공간이 달라졌기 때문이다.

공간에 따른 매너, 현대 생활에서 그것은 유용하고 적절하게 적용되어야 함을 이해하자.

(나) 친구와 함께 여행하는 경우

모처럼 마음에 맞는 친구나 친구와 그의 배우자와 함께 해외여행이나 가까운 곳이라도 함께 여행을 떠난다면 모두가 어린 아이들처럼 설레며 기다려질 것이다.

여행은 일상을 떠난다는 그 순간을 즐기는 삶의 새로운 자극이며 휴식이 된다. 그러기에 혼자이든 둘이든 여럿이든 나름대로의 의미와 즐거움을 기대한다. 최근 레저문화가 다양화되고 주5일근무제로 인한 생활양식의 변화는 주말이나 휴가철을 지내는 여행문화에 많은 자극과 변화를 주게 되었다. 현대인의 바쁜 삶 속에서도 여유로움을 추구하는 개개인의 의식변화에 의한 삶의 방식에도 많은 영향을 주고 있다는 것을 알 수 있다.

친구와 함께 여행하는 경우를 들어본다면 아마도 가까운 가족이나 연인보다도 더 편안하고 마음이 맞는 관계라고 여기기에 그 일탈만으로도 여행 이외에 더해진 즐거움이라 할 수 있다. 하지만 친구와 여행할 때는 아래의 몇 가지 점에서 유의한다면 예기치 않은 언짢은 부딪침을 사전에 막을 수 있을 것이다.

이럴 땐 이렇게

① 모든 경비는 서로의 합의가 없었다면 항상 반반으로 부담해야 한다. 여행이란 집을 떠나 짧든 길든 외지에서 보내는 활동이다. 모든 활동이 돈이란 경제로 환원되기에 서로가 넉넉하지 않은 형편이라면 반드시 금전적인 면에서는 서로에게 투명하고 언제나 자신의 것은 자신이 해결하도록 하는 자세와 적절한 처신이 요구된다.

② 개인적 공간과 시간을 배려하라는 것이다. 이는 경비절감이든 우정을 나누기 위해서든 한 방을 쓰게 될 경우에 각자의 잠버릇에서부터 생활습관들이 서로 다르기 때문이다. 이럴 때 한 사람이라도 이해하려는 입장이라면 다행이지만 서로를 이해하지 못하는 지경까지 갈 수 있기에 우리는 서로에 대한 관계질서를 친구에게도 당연히 발휘해야 할 것이다. 잠자리에 드는 시간이나 식습관 등이 서로가 맞지 않더라도 맞추려는 과정에 적절히 처신할 수 매너를 준비해야 한다.

③ 호텔이나 준 호텔에 머물 때 두 사람이 한방에서 각기 다른 침대를 쓸 경우에 그곳의 침대를 투윈 베드라고 부른다. 그런데 이 두 개의 침대가 있는 위치가 적당히 넓은 호텔이든 좁은 호텔이든 바깥쪽과 안쪽으로 구분되어 놓여질 수 있고, 호텔에 따라 베란다 쪽 혹은 벽(벽장) 쪽일 수도 있다.

이럴 때 어느 쪽의 침대를 누가 쓸 것인가를 정하기란 그렇게 간단하지 않다. 내가 선택하고 싶은 쪽은 상대방도 원할 것이기 때문이다. 그러니 친구 간에 서로 솔직히 자신의 생각을 전하며 교대로 선택의 기회를 갖는 방법으로 정하는 것이 억지로 양보하여 속으로 삭이는 것보다 더 나은 매너가 될 것이다.

④ 호텔 이용에서 어느 방향의 침대를 선택할 것인가 하는 것보다 더 어려운 점은 욕실사용의 순서를 정하는 것이다. 예전에 항공사 여승무원으로서 외국을 자주 다녔는데, 당시 처음으로 장거리 비행이 서울발 뉴욕 행이었다. 뉴욕시의 33번가에 있는 모 특급호텔이 정해진 숙소였는데, 그때 팀원이면서 직장선배와 같은 방에 배정이 되었다. 그때 알게 되었는데, 대개 선배와 후배를 룸메이트로 엮어 묶게 하였던 회사규칙에 따른 것이다.

그때의 저자는 갓 입사한 신참인 데다가 미국이란 먼 나라에 특급호텔의 룸에 도착했을 때는 모든 것이 생소할 뿐 어떻게 해야 할 바를 몰랐었다. 그래서 짐도 풀지 못하고 룸의 쇼파에 앉아 있으니 선배가 잠옷으로 갈아입고는 나에게 다가와서 자신의 지갑에서 많은 동전을 테이블 위에 쏟아 보였다. 그 중에서 미화로 센트, 페니, 쿼터라는 동전의 단위와 금액을 알려주는 것이 아닌가? 다시 내게 동전을 내밀어 확인시켜 주면서 다음과 같은 당부를 하였던 것으로 기억한다.

"앞으로 욕실은 ○○씨 뒤에 사용할 것이니 쓰고 나서는 반드시 뒷정리를 잘 해놓고 나오도록 하세요. 나는 욕실을 좀 오래 쓰는 편이거든요" 라고 자신의 사정과 후배에 대한 지침을 똑 부러지게 일러주었다. 이 덕택에 지금까지도 화장실을 함께 쓸 때의 나의 습관인 뒷정리를 신경써서 하게 되는 그 선배의 가르침이 고맙기만 하다.

(다) 친구 집에 머무를 경우의 예절

깊이 지속적인 우정을 나누는 사람들은 외향적일 수도 내성적일 수도, 젊은 사람일 수도 늙은 사람일 수도, 잘 생긴 사람일 수도 가정적인 사람일 수도 있다. 그러나 한 가지 공통점은 다들 솔직하다는 것이다. 이들에게는 마음 속에 품고 있는 것을 남들이 다 보게 하는 어떤 투명성이 있다. 심리학자인 시드니 죠라드에 의하면, 인간성에는 자기 자신을 보이고 싶은 당연한 자연스러운 경향이 있다는 것이다.

그런데도 이런 자연스런 노출과 투명성이 예절이란 관문을 거치지 않는다면 서로에게 거친 불편함을 낳게 할 수 있기에 가까운 친구나 지인의 집에 머물 때는 더 조심할 매너가 요구된다.

이럴 땐 이렇게

① 외국이나 먼 곳에 있는 친구 집을 방문하여 머물게 될 때는 친구와 그의 가족을 위한 선물을 준비하여 환대로써 반겨주고 머물 수 있게 허락함에 감사와 성의를 표시한다.
초대한 친구는 방문한 친구에게 앞으로 사용할 방과 화장실 등을 안내해주고 가족을 친구에게 한 사람씩 소개시킴으로써 서로에게 호감과 친근감이 가도록 도와준다.
"친구야, 내 남편(아내)이야, 혹은 내 남편(아내) ○○○ 씨야." 그리고 집안의 어른이 계실 때는 "어머니, 제 친구○○○예요", "할머니, 제가 말씀드렸던 친구○○예요"라고 소개한다.
소개는 아랫사람을 윗사람에게, 친한 사람을 덜 친한 사람에게의 순서로 하는 것이 매너에 따르는 방법이다.

② 머무르는 동안 사용하는 방과 욕실 등은 반드시 뒤처리와 정리정돈을 하여 평소보다 더욱 청결과 위생에 유의한다. 친구가족들에게는 새로운 구성원으로 인해 불편함을 초래할 수 있으니 취침과 기상시간 그리고 식사시간 등을 친구가족들에게 맞추는 배려와 노력이 필요하다.

③ 함께 외식을 하거나 친구와 단둘이서 차와 음료를 마실 때는 항상 비용의 반은 자신이 내도록 하여 친구에게 부담이 되지 않도록 한다. 머무르는 동안 신세를 지는 친구의 입장에서는 친구의 가족을 위해 식사 정도는 대접하는 기회를 마련하는 것도 좋은 처신이 될 수 있다.

④ 친구가 떠날 때는 함께 있었던 가족들에게 작별인사를 나누도록 하여 서로에게 가졌던 호감과 친절을 나눌 수 있도록 한다. 작은 사랑의 표현이 친구와의 우정과 사랑에 깊은 감동을 심어줄 수 있는 계기가 되니 가족들의 협조와 친절은 친구에 대한 신뢰와 믿음을 더욱 깊게 만들어 준다.
친구의 큰 딸이 사다준 인형과 작은 딸의 발레공연, 그리고 작별카드와 엄마와 엄마 친구를 위한 짧은 소설은 지난 여름 친구 집을 방문하여 머물렀던 추억에 전율이 일 정도로 감동과 깊은 정을 느끼게 한 너무도

소중한 선물이었다.

3) 경조사(慶弔事)에 응대하는 경우

삶에는 언제나 기쁘고 축하할 일들이 생기지만 슬프고 위로받을 일들도 생겨날 수 있다. 과거부터 현재까지 인간의 삶에서 통과의례의 한 양식으로 굳건히 전해지는 경사 중에 혼인(결혼)은 빠질 수 없는 인륜지대사(人倫之大事)이다. 한 인간의 삶의 영역은 죽음이라는 생의 마지막까지를 포함한다. 그래서 인간이 거치는 마지막 통과의례를 죽음에서 맞이한다. 하지만 죽음으로 망자는 이승의 삶을 마감하지만 상례는 남은 자인 산 자의 몫이며, 살아 있는 자들을 위한 의식과 절차가 상장례라 할 수 있다.

직장동료나 친구들의 결혼식을 축하하는 예절과 그들에게 닥친 장례식에 슬픔을 나누고 위로하는 예절에 관해 살펴보도록 하자.

㈎ 결혼(혼인)에 응대하는 예절

친구나 동료의 결혼식에 초대받아 참석할 때에는 T.P.O.P.에 따른 매너로 점검해 볼 것을 권하고 싶다. 먼저 T는 timing의 머리말로 때에 맞는, P는 place로 장소에 맞는, O는 occasion으로 상황에 맞는, P는 person으로 상대방을 고려한 모습을 갖추는 것에 유의하는 것이 바람직하다는 의미로 쓰인다.

따라서 친구나 동료의 결혼식이라는 때와 예식장이라는 장소와 친구의 결혼에 축하객이라는 상황에 맞는 옷차림을 갖추어 입는 것이 요구된다. 이는 결혼식의 분위기를 더욱 돋보이게 하는 기능을 하기에 참석자 모두가 고려한다. 결혼시간에 늦지 않게 도착하여 미리 신부와 신랑에게 축하인사를 나누어 친분을 도모하고 여유 있는 참석으로 신랑신부를 편안하게 지켜본다.

결혼식에서 신랑이나 신부의 조력자 역할을 맡은 친구는 그들의 일거수일투족이 되어 함께 행동하고 가급적 신랑신부가 신경 쓰지 않도록 맡은 일과 잡다한 일들은 잘 처리할 수 있어야 한다. 친구는 대부분 행사진행(사회자)과 결혼식에 직간접의 방법으로 참여하고 후원하여 결혼식의 분위기를 주도하거나 흥과 감동을 돋궈주는 역할을 한다.

결혼을 위한 선물은 신랑신부가 필요로 하는 가정용품을 중심으로 구입하는 것이 바람직하고, 결혼 전에 신랑신부의 의사를 물어 선물의 범위를 정하는 것이 좋다.

결혼할 친구도 사전에 축하의 의미로 선물할 친구의 의사를 존중하면서 부담스럽지 않는 비용범위 내에서 생활용품 정도로 고맙게 요청할 수 있어야 할 것이다.

(나) 부고(訃告)에 응대하는 예절

친구가족의 상사에 부조(扶助)하는 방법을 두 가지로 나눌 수 있다. 부조라는 의미는 물질적인 측면과 신체적인 측면으로 각각 도움을 준다는 것이다. 사람들은 각기 자신의 입장과 형편이 다를 수밖에 없음을 고려한 우리의 풍속에서 기인한 것이지만 정성을 두루 표현할 수 있기에 상당히 합리적인 예절이라 할 수 있다.

옛부터 이웃과 친구 사이에서는 특별히 상대방을 배려하고 도움을 주고 받아야 할 때가 기쁜 일인 경사보다는 슬픔과 고통스러운 일인 흉사에 적극적인 관심과 나눔을 갖는 것이 미덕이라 여겼다. 따라서 상을 당한 사람은 신문에 혹은 인편으로 친지와 주변 사람들에게 죽음을 알리는 서식을 부고라 한다. 이는 상주의 이름이 아닌 상례와 일상예절에 익숙하고 상주를 도와 상사를 도울 수 있는 집안의 어른이나 주변의 지인이 호상(護喪)이 되어 그의 이름으로 부고장을 낸다.

오늘날에는 가정에서 상을 치르는 경우가 거의 없다시피 하여 종합병원이나 영안실이 있는 병원에서 주검을 맞이하여 성복하기까지 기다릴 것 없이 문상객들의 입장에서 편한 시간에 조위(弔慰)를 표하는 경향이 커져가는 추세로 변화하고 있다.

더러는 그렇다고 하지만 우리가 예절을 배우는 입장에서 본다면 더욱 바람직한 것이 있다면 그런 방법으로 선택할 수 있는 지혜와 배려가 이루어지기를 바라는 마음에서 아래의 경우들을 제시하여 본다.

이럴 땐 이렇게

① 친구나 직장동료의 상에 문상을 갈 경우에는 시기가 중요하다. 예전에는 상주(喪主) 및 그의 직계가족들이 성복을 하지 않은 상태에서는 문상(問喪)과 조문(弔問)을 받지 않았다. 죽음을 당한 당일에는 상주와 그의 가족들은 갑작스런 주검과 슬픔에 휩싸여 의례절차에 관한 처리를 몸소 할 수 있는 여력이 없는 까닭에 가까운 친인척과 가족들이 대신하도록 대소사를 의논하는 당일에는 외부 손님들은 조문을 삼갔다. 성복(成服)이라는 절차를 통해 상주와 상제는 돌아가신 그 다음날에야 복을 갖추어 입을 수 있었기에 그날부터 조문객을 맞이할 수 있는 상황이 마련된 것이다. 요즈음은 일반적으로 삼일장으로 치르기에 이튿날의 어느 때든 조문하기 적절하지만, 여의치가 않다면 당일 늦은 시간을 선택할 수도 있

다. 하지만 삼일째 되는 날에는 대부분 이른 아침에 발인하여 장지나 관련 장지로 떠나기에 가급적 이튿날까지 조문을 끝내야 고인이나 상주에 대한 죄스러움과 후회가 없을 것이다.

② 조문은 간결하게 하는 것을 원칙으로 하며, 영안실 입구에서부터 몸가짐을 경건하게 하고 낯빛과 언행에 조심을 기울여야 한다. 병원의 영안실은 여러 개의 방이 나란히 배열되어 있어 입구에서 안내표지판에 기록된 호실을 정확히 알고 들어가도록 한다. 각 실의 입구에 들어서면 먼저 영정 앞으로 조용히 다가가 준비된 선향 한 개를 집어올려 불이 붙여진 초에 향불을 피우고 입으로 불지 않고 좌우로 흔들어 끄고 향로에 깊게 꽂는다.

이어서 좌식차림이면 일어서서 전통절로 두 번 큰절을 하고 입식차림이면 서서 경례의 큰 인사로 두 번 절하면 된다. 그런 다음 조문객의 우측에 서서 곡을 하는 상주와 그의 가족에게 마주서서 한 번의 평절로 맞절을 나누고 조의의 말을 전할 수 있다. "얼마나 슬프십니까?", "드릴 말씀이 없습니다." 조문객이 돌아가신 분과 안면이 있으면 그분과 생전에 나누었던 정담이나 돌아가시기 전의 일화를 들려드리면서 애도의 말로 위로하고 반경례로 조용히 물러난다.

상주나 그의 가족 중에 친구가 있으면 먼저 상주에게 위로의 말을 전한 후 친구를 위로하되 지체하여 오래 머물지는 않도록 한다.

③ 조문객은 상주와 그의 가족에게 위로의 말과 애도의 마음을 전하면서 장례에 쓰일 비용을 상조하는 조위금(弔慰金)을 함께 준비하는 것이 우리 민족의 전통이다. 조위금을 '부의'(賻儀)라고 하며, 이를 영정 앞에 놓아두는 것보다 상주에게 애도를 표하고 뒷걸음쳐 나오면서 부의함에 넣는 것이 바람직한 모습이라 여겨진다.

입구에 호상소(護喪所)가 마련되어 있다면 조문록에 기재하고 부의봉투를 내놓을 수 있겠으나 대체로 영정의 우측에 부의함이 마련된 것을 종종 볼 수 있기에 조문을 끝내고 나올 때 조용히 넣고 나오는 것이 적합하다.

④ 조문객을 위해 상가에서나 병원의 영안실에는 딸린 방에서 그들에게 음식과 음료를 접대한다. 일반적으로 상가의 풍습은 조문객들로 상가를 채운다면 상주와 상제들에게도 위로가 되기에 웃고 떠드는 언행을 삼가고 나직하게 대화를 나누면서 돌아가신 분의 생전의 덕행과 언행을 나누면서 망자를 위로하고 상주의 슬픔을 함께 이겨내도록 도와준다.

예전에 상가에서 조문객들이 떠들썩한 분위기를 만드는 것이 전통 관습처럼 행해져 왔지만 지금은 오히려 조용하고 경건하게 조문객으로서 예를 다하는 모습이 현대에 더 적합하리라 여겨진다.

⑤ 상주가 된 친구의 상(喪)에 상조하는 그의 친구는 상주가 처해진 상황을 잘 파악하고 그들이 번거롭지 않게 뒷바라지를 해주는 것이 좋은 친구 됨이요. 일을 처리하는 역할을 맡았다면 상주인 친구를 위해 온몸으로 돕는다는 의식과 행동이 따라야 한다. 행동은 민첩하되 정확하고 정중하게 그의 요청이나 작은 일들에 대해서는 사전에 미리 허락과 의논을 나눈 다음에 비로소 처리할 수 있는 정성이 요구된다.

어려운 때일수록 서로 돕고 서로 의지하는 아름다운 풍속은 우리 민족의 정신세계를 더욱 풍성하게 만들어 주었다. 친구 간의 우정은 즐거운 일보다는 어렵고 힘든 일에서 친구의 고마움과 믿음을 얻게 되어 더욱 돈독해 진다. 친구 간의 신의는 가족에게서 느낄 수 없는 큰 힘이 될 것이기에 우리는 친구를 소중히 여긴다.

3

대한민국

01 세계화와 대한민국

1) 팍스 코리아나 실현 가능성과 방도

로마인은 지성에서 그리스인에 비해 떨어졌고 체력에서 켈트인이나 게르만인보다 약하였다. 또한 기술능력은 에트루리아인보다 후진적이었고 경제력은 카르타고인을 따를 수 없었다. 그럼에도 불구하고 로마인이 대제국을 건설하고 수백 년간 커다란 영화를 누릴 수 있었던 비결은 무엇일까? 『로마인 이야기』의 저자 시오노 나나미의 문제의식은 여기서 출발했다. 이에 대한 답은 원천기술에서는 미국이나 유럽에 처지며 부품과 소재기술에서는 일본보다 못하고 시장규모에서는 중국보다 뒤떨어지는 우리나라가 어떻게 세계 1등 국가로 도약할 수 있을지에 대한 중요한 시사점을 던져줄 수 있을 것이다.

일개 소도시에 불과했던 로마가 약 1300년간 세계 대제국으로 군림할 수 있었던 첫 번째 요인은 바로 인프라, 특히 오늘날의 고속도로망에 비견될 정도로 훌륭한 도로망의 구축이었다. 정보만 전달된다면 황제는 어디에 있어도 국가를 통치할 수 있다. 변방에서 전쟁을 하더라도 훈령만 보내면 통치가 가능하다는 원로원 의원의 발언은 2000년 전 로마가 이미 네트워크와 정보통신의 중요성을 인식하고 있었음을 보여준다. IT산업의 불모지나 다름없었던 우리라나가 불과 20여 년 만에 세계 강국으로 도약할 수 있었던 것도 초고속 인터넷, 이동통신 등 세계 최고의 IT 인프라를 보유한 데에서 촉발되었다. 광대역 네트워크와 IT기술에 기반을 둔 반도체, 이동전화 단말기, TFT, LCD, 디지털 TV, 온라인 게임 등은 세계 1등 상품으로 부상한 지 이미 오래되었다.

우리나라가 IT강국으로 등극할 수 있었던 것은 신규수요를 창출하는 서비스 도입, 서비스 활용을 가능케 하는 인프라 구축, 기기 제조능력의 제고가 삼위일체를 이룰 수 있었기에 가능했던 일이다. 주변 경쟁국에 한 발 앞서 새로운 IT 서비스를 조기 도입하고 제품화해서 또 다른 분야의 IT산업을 선점하는 발전전략이 적중한 데에서 기인한다. 최근 IT산업은 네트워크 광대역화와 컨버전스화로 산업과 제품 간의 경계가 붕괴되면서 신산업이 탄생하는 제2의 성장기반 환경이 조성되고 있다. 이에 정보통신부는 제2의 성장 모멘텀을 국가발전의 원동력으로 승화하기 위해 세계 최초의 서비스 도입과 기술개발이 가능한 IT839 전략을 추진하고 있다. 이는 단순한 먹거리 창출을 위한 도구가 아니라 새로운 IT한국, 나아가 새로운 글로벌 인프라 구축을 위한 철학이요, 설계도이다.

로마 대제국의 두 번째 힘은 바로 표준의 제정과 실시였다. 로마는 누구에게나 통하는 법률, 즉 표준을 마련하여 인종이나 민족이 다르고 공통의 문화를 보유하지 않아도 이 표준을 중심으로 공존공영할 수 있다는 것을 보여주고자 했다. 그리고 로마법은 로마제국 멸망 후에도 1000여 년간 존속됐으며, 오늘날에도 많은 대륙법계 국가의 법체계에 영향을 미치고 있다. 로마식 표준 도입의 첫 대상지역이 시저가 8년 만에 정복한 갈리아 지방(오늘날의 유럽일대)이었다는 사실과, 우리나라의 지상파 DMB가 유럽전기통신표준협회(ETSI)에서 국제표준으로 채택되었다는 사실을 서로 비교해 보는 것은 흥미로운 일이다. 이번 일은 진대제 정통부장관이 그간 세계 각지에서 우리 지상파 DMB가 갖고 있는 우수성을 알리고자 노력한 첫 성과로서, 향후 지상파 DMB를 비롯한 IT 관련 기술과 제품의 해외 진출을 가속화하는 데 중요한 전기가 될 수 있을 것이다.

역사학자 아놀드 토인비는 문명이 발전과 쇠퇴를 거듭한다는 순환적 개념에 의거하여 인류의 문명사를 팍스 로마나, 팍스 브리테니카, 팍스 아메리카나로 분류한 바 있다. 각 시대의 중심에 있었던 로마, 영국, 미국은 인프라와 표준의 선점과 강화라는 전략을 효과적으로 구사했다는 데에 공통점이 있다. IT839 전략은 세계 IT시장에서 인프라 구축의 표준이 될 것이며, 이번에 유럽 표준으로 채택된 지상파 DMB를 시작으로 하는 IT839 전략의 해외진출은 전세계로 뻗어나가는 팍스 IT 코리아나를 건설하는 주요한 초석이 될 것이다.

토론해 봅시다.

1. 팍스 로마나(Pax Romana) 시대에서 팍스 에스파나(Pax Espana) 및 팍스 브리테니카(Pax Britanica) 시대를 거쳐 현재의 팍스 아메리카나(Pax Americana)의 시대에 이르기까지 각각의 패권국가들은 당대 최고의 문명국이었다. 여기서 분명한 사실은 문명의 선도국이 변화하고 있다는 사실에 비추어 볼 때 현재와 같이 미국이 세계를 지배하는 이른바 팍스 아메리카나 시대는 영원히 계속되지 않을 것이다. 포스트 팍스 코리아나(Post Pax Koreana) 실현 가능성이 어느 정도인지를 타진하고 이를 위해 우리 정부와 국민이 어떻게 노력해야 할 것인가를 논의하시오.

2) 세계화와 다민족국가

다양성 수용에 기초한 다민족화로의 변화는 세계화의 필수적인 흐름이며, 한국과 같이 전통적으로 오랫동안 단일민족을 유지해 온 나라로서는 받아들이기 힘든 현실이기도 하다. 하지만 한국사회가 다민족화되어 간다는 것은 전통을 잃어버린다는 것과는 전혀 다른 것이다. 우리는 한국인이기도 하지만 오래 전부터 지구인이었으며, 세계의 이웃들은 우리의 적이 아닌 미래를 살아가는 동반자적 관계인 점을 인식할 필요가 있다.

사례 경기 안산의 영어마을

"What do you feel like to drink, sir?"

(마실 걸 무엇으로 드릴까요?)

"Orange juice."

(오렌지 주스)

"Well, you can say 'orange juice, please'."

(그때는 '오렌지 주스 주십시오'라고 하는 겁니다.)

8월 27일 낮 12시, 앞치마를 두른 벽안(碧眼)의 종업원이 양 손에 오렌지 주스와 포도 주스를 들고 주문을 받고 있다. 손님은 20여 명의 한국인 중학생들. 식탁 가득 들어찬 여러 개의 포크와 나이프 앞에서 우물쭈물하며 주문 중이다. 손님은 왕일진대 이 종업원, 손님에게 "You have your bun on your right"(여러분이 먹을 빵은 오른쪽에 놓여진 겁니다)라고 잔소리를 하질 않나, 포크와 나이프는 바깥에서부터 집으라는 등 말이 많다. 이곳은 경기도 영어마을 안산캠프 안의 한 식당. 종업원 역을 맡은 영어강사 마크 벨(Mark Bell, 25, 캐나다) 씨가 학생들에게 서양식 식탁매너를 가르치는 동안 학생들은 100% 실제상황 속에서 밥을 넘기며 식당에서 이뤄질 수 있는 모든 영어표현을 익히는 중이다.

영어마을 안산캠프는 전국 지방자치단체들 중 경기도가 처음으로 운영하는 체험형 영어학습장. 8월 23일 문을 열어 매주 도내(道內) 중학교 2학년생들을 대상으로 영어교육 프로그램을 진행하고 있다. 일본 후쿠시마현에 위치한 일본 속의 영국마을 '브리티시 힐', 일본 지오스 영어마을, 스페인의 영어전문 교육기관인 보간 시스템(Vogan System)이 개발한 영어타운을 참고해 만들었다고 한다. 말 그대로 '캠프'라 학생들은 8만 원만 내면 영어마을 내 기숙사에서 숙식을 해결하면서 하루종일 원어민 강사로부터 수업을 듣고 함께 어울릴 수 있다. 매 수업마다 원어민 교사 1명과 내국인 교사 1명이 한 팀이 돼 학생 10명씩을 맡게 된다. 이곳의 제1원칙은 '영어로만 말하기'. 부지불식간 한국말이 튀어나오면 입소 때 지급받은 모형지폐 30달러 중 1달러를 벌금으로 내야 한다. 5만 5,000평 부지에 연건평 3,900여평 규모로 조성된 이 커다란 공간은 그야말로 경기도 내 '영어의 섬'. 각종 표지판과 안내문도 모두 영어로 적혀 있을 뿐만 아니라 영어전용 카페수영장을 직접 운영하는 사람들도 모두 원어민 강사들이다. 한국어만고집하다간 세 끼 밥도 제대로 챙겨먹을 수 없게 되어 있는 셈이다. 학생들은 오직 영어문장만 달달 외우기 위해 이곳에 오는 게 아니다. 영어마을에서 영어는 목적이 아니라 새로운 지식을 접하기 위한 '수단'이다. 따라서 학생들은 캠프에 입소하기 전 연극 · 음악 · 미술 · 과학 등 4개의 전공 중에 자신이 배우고자 하는 전공을 고르며, 공통필수인 체육방송과목까지 총 33시간의 수업을 듣게 된다. 대학에서 화학을 전공한 후 영어마을에서 과학 전공을 맡고 있는 조앤 리처드슨(Joanne Richardson, 여, 26, 캐나다) 씨는 "과학수업을 통해 아이들이 과학과 영어에 대한 호기심을 동시에 갖게 해줄 수 있어 좋다"며 "직접 실습을 통해 접하는 과학 관련 어휘는 쉽게 잊혀지지 않고, 수업에 몰두하다 보면 완벽한 문장으로 활용하여 영어로 사고하게 된다"고 말했다.

(조선일보, 2004. 09. 14)

토론해 봅시다.

1. 지구촌 시대 다민족국가로의 전환의 필요성과 이러한 필요를 충족시키기 위한 인식변화의 노력에 있어 외국어의 습득이 지니는 매개적 기능을 논의하시오.

사례 '그랜드슬램' 프랑스 축구 비결

프랑스의 '아트 사커'는 지난 1998년 프랑스 월드컵에서 우승한 이후 2000년 유럽선수권대회, 그리고 10일 끝난 제3회 컨페더레이션스컵까지 3대 타이틀을 석권하는 '그랜드 슬램'을 달성했다.

프랑스 축구의 저력은 어디에서 연유한 것일까. 유럽선수권대회에서 우승한 후 프랑스의 스포츠 전문지 《리베라시옹》은 자국팀의 성과를 이렇게 요약했다.

"건축가 에메 자케가 튼튼한 집을 지었고 실내장식가 르메르는 이 집을 화사한 색깔로 다시 단장했다." 자케 감독이 지도한 월드컵 대표팀은 4_4_2 시스템으로 성과를 거뒀고, 이를 이어받은 르메르는 4_3_1_2 또는 4_3_3으로 변화를 줘 유럽선수권대회와 컨페더레이션스컵을 잇따라 제패했다.

그러나 이같은 전술적인 성공보다는 역시 뛰어난 기량을 갖춘 풍부한 자원을 보유했다는 게 프랑스 축구 최고의 강점이다. 잘 알려져 있다시피 프랑스는 자국 내 선수뿐만 아니라 각국의 어린 유망주들을 적극적으로 끌어들여 육성하고 뛰어난 선수를 주저 없이 대표선수로 발탁했다. 지단은 부모가 알제리인이고 조르카예프는 아르메니아, 드사이는 가나, 리자라쥐는 바스크, 비에이라는 세네갈 출신이다. 다양한 인종을 혼합한 연금술은 유럽의 거친 축구와 남미의 기술 추구를 조화롭게 접목시켜 최강의 축구를 만드는 바탕이 됐다.

세계에서 가장 앞선 선수 육성 프로그램도 주목해야 한다. 프랑스는 전국을 22개 권역과 80개 소구역으로 나눠 축구지도자를 배치하고 있다. 각 프로팀은 의무적으로 유소년, 15세 이하, 17세 이하 클럽을 운영하며 유망주를 발굴하고 축구의 저변을 넓힌다.

프랑스의 육성 프로그램은 최근 독일, 일본도 받아들여 괄목할 만한 성과를 거두고 있다. 또 지난 1988년에는 파리 남서쪽 클레르퐁텐느에 7개 천연잔디 구장과 3개의 인조잔디 구장을 갖춘 '축구기술센터'를 설립해 프랑스 축구와 관련된 모든 일을 처리하고 있다. 폭넓은 저변은 축구협회에 등록된 선수 220만 명에 아마추어 클럽이 2만 1,000개로 연간 100만 회의 축구경기가 벌어지는 것으로도 짐작할 수 있다. 축구는 프랑스인의 생활이 된 지 오래다. 한국으로서는 부러운 프랑스의 축구문화를 갖고 있다.

(한국일보, 2001. 6. 10)

토론해 봅시다.

1. 프랑스 축구의 사례가 보여주는 다민족국가의 최대의 유익한 점이 무엇인지 논의하시오.
2. 이웃 일본 축구계에서는 다민족 혼성팀으로 운영되고 있고 우리의 몇 개 프로팀도 국적귀화를 통해 혼성팀을 구성하고 있다. 한국 축구 국가대표팀을 프랑스처럼 다민족으로 구성된 혼혈팀으로 구성한다면 국민들은 어떤 반응을 보일지 생각해 보시오?

02 한국의 국기와 국호

1) 대한민국 헌법의 국기 규정

제131조(국기)

① 대한민국의 국기는 태극기로 한다. 태극기는 백색 바탕의 한 가운데에 청·홍색의 태극도를 두고 네 모퉁이에는 건, 곤, 감, 리의 사괘를 둔다. 태극기의 구체적인 제작방법에 관해 서는 따로 법률도 정한다.

제132조(國章)

① 대한민국의 국장은 무궁화무늬 가운데 태극도를 표시하는 것으로 한다.

② 국기 국장의 상세한 제작방법에 관해서는 따로 법률로 정한다.

2) 태극기 제정의 경위

고종 13년 1876년 일본과의 수호조약을 맺을 때까지 조선왕국은 완강한 쇄국정책을 내세워 중국을 제외한 다른 외국과의 교섭이 없었기 때문에 국기의 중요성을 느끼지 못했던 것이다. 그러나 강화도에 침입한 일본 군함 운양함 사건을 계기로 일본을 비롯한 여러 나라에 문호가 개방됨으로써 국제관례에 의한 국기의 중요성을 느끼게 된 것이다. 1882년 8월 9일 특명전권대사(特命全權大使) 겸 수신사(修信使)인 박영효 등 일행이 인천에서 일본 배인 '메이지 마루'를 타고 일본으로 건너갈 때, 당장 게양하여야 할 국기가 있어야겠다고 생각한 나머지, 출발 전 고종의 왕명으로 이미 조정에서 어느 정도 찬성을 본 국기 도안 내용을 다소 수정한 태극사괘(太極四卦)의 도안이 그려진 기를 국기로 게양할 것에 의견을 모아 박영효가 타고 간 일본 배 '메이지 마루'호에서 이것을 만들었다. 이때 이 배에는 개화당의 주역인 서광범, 김옥균 등도 타고 있었다. 이들 일행은 8월 14일 고베에 도착, 숙소를 정하고 건물의 옥상에다가 태극 사괘를 게양했는데, 이것이 태극기의 효시(嚆矢)이다. 1882년 고종 19년 6월 임오군란을 치르고 그 뒷수습을 위하여 일본에 수신사 일행을 파견하게 되었는데, 특명전권대사 겸 수신사 박영호가 도일하는 중 배 안에서 태극기를 만들었다고 한다. 좀더 자세한 이야기는 아래의 글에서 파악할 수 있다.

"국기 표시는 明治丸 배안에서 영국 영사 아스톤(W.G.Aston)과 더불어 상의한 바 그의 말이 영국인 선장(James)은 周行四海하여 각국의 기호를 잘 알고 또 명색의 분별과 원근이동도 골고루 안다고 하므로 함께 상의하였다. 그랬더니 James 선장은 태극팔괘의 도안은 특별히 출색한 것이지만 팔괘의 분포는 조잡하고 불분명해 보일뿐만 아니라 각국이 이를 모방하여 제작해 쓰는데도 매우 불편할 것이니 팔괘 중 사괘만을 사용키로 하되 네 모퉁이에 그려넣으면 더욱 아름다울 것이며, 또 외국에서는 국기 이외에 반드시 군주의 기표도 있는 법이니 대개는 국기와 근사한 모양으로 만들어 빛깔과 무늬를 좀더 찬란하고 선명하게 만드는 것이 가장 좋다고 했다. 이제 배 선장으로 하여금 대, 중, 소, 一本을 지금 만들게 한다. 주상의 기호는 태극을 가운데 두고 팔괘를 변두리에 널려놓음이 좋을까 하며 질인즉 홍색을 전용하는 것이 선명할 것 같다. 이미 각국으로 더불어 통상수호 한 후에는 무릇 사신으로 나가게 되는 자, 예의상 국기는 없을 수 없는 것이니 각처 항구에서 각국의 병함으로 6문 이상의 함전포를 소유하고 있는 자와 만나게 되면 반드시 축포의 예로 대해야 되며 그럴 때에는 그 나라 사신의 국기를 게양하여 분별하게 되는 때문이다."

이로 볼 때 태극기 제작과 관련하여 첫째, 수신사 일행이 일본으로 떠나기 이전부터 국기의 필요성을 국왕과도 상의하고 기본 도안으로 태극팔괘의 양식을 준비하여 지참했다. 둘째, 사신 일행이 고베항에 내리기 직전 영국 영사 Aston의 소개로 明治丸의 영국인 선장 James의 전문적인 의견을 참고하였다는 점이다.

태극기가 가지고 있는 의미는 다음의 표와 같다.

태극 문양은 한국이 중국보다 적어도 300년 이전부터 사용하고 있었다. 중국에서의 태극은 그 용어만 『주역』에서 나타나고, 문양은 1070년 주돈이의 『태극도설』에서 처음 나타난다. 이는 우리의 것보다 최소한 380년 이상 후인 것으로 보아 태극은 중국에서 유입된 것이 아니라 우리 고유의 문양임을 입증하고 있다. 즉 본래 태극의 문양은 음양오행설과는 무관한 것으로서, 우리 민족이 행복을 바라는 상징으로, 부적처럼 쓰고 있는 것이었다고 볼 수 있다.

<고려 시대 공민왕 때 만들어진 것으로 추정되는 범종의 몸체 모형>

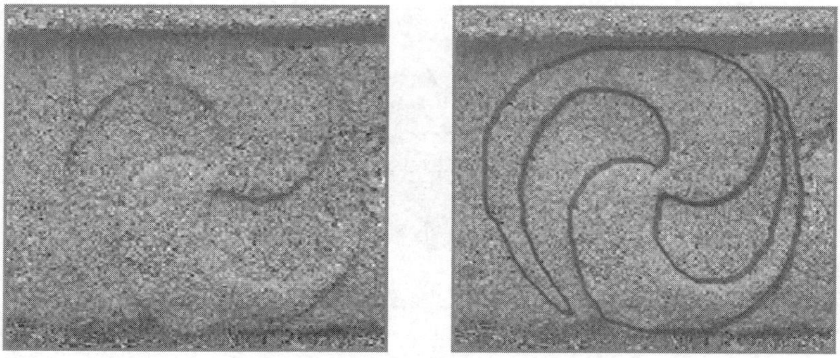

<경주 감포의 신라 감은사지의 기단석에 새겨 진 태극 문양-7세기 초>

<경상북도 울진군 월계서원(1205년)>

<개성 고려 공민왕릉(1365년)>

<종묘의 태극문양>

03 국호(國號)

1) 3 · 1운동을 전후한 한(韓)과 조선(朝鮮)의 표기

1919년 3 · 1운동을 전후하여 적어도 진보적 사회사상이 도입되어 사회세력화하기 전까지는 국외 독립운동단체나 국내 비밀단체는 한(韓)을 주로 사용했다. 그러나 한(韓)은 10여 년이라는 짧은 기간 동안 사용되어 인민(人民)에게 생소한 데다 조선(朝鮮)은 3천 년 가까이 사용됨으로써 민족을 지향하는 데는 일반적으로 조선이 일제하 및 해방 이후 미군정기에 널리 사용되었다.

한(韓)을 사용한 해당 단체 지도자들 대부분은 지난날 대한제국의 관료·군인 출신이거나 대한과 밀접한 연계를 맺고 있었다. 즉 이들은 대한제국기에 활동한 구세대였고 이념적 지향도 자강운동 연장선상에 있었다. 이들은 독립 이후 공화국 또는 군주국이라는 국가성격 문제보다도 대체로 주권상실 상태로부터 회복을 의미하는 광복을 추구했다.

따라서 3·1운동은 부르주아 민족주의 진영이 지도한 최정점의 운동으로 인식되고 있었다. 이들이 지도한 3·1운동 전후 무수한 단체들은 거의 예외 없이 한(韓)을 단체명에 사용했다. 이 결과 1919년 4월 10일 탄생한 대한민국 상해 임시정부는 이 운동의 최종 결과물이라고 볼 수 있다. 이리하여 자강론 및 실력배양론에 입각한 부르주아 민족주의 노선은 한(韓)을 주로 사용했다.

그러나 광복이 아닌 민족해방을 지향한 사회주의자는 주로 조선을 사용했다. 그러면 이들 사회주의자들은 왜 조선을 사용했는가?

첫째, 1900년 전후 출생해 신교육을 받아 민족주의자에 비해 신세대로서 20대 청년이었던 사회주의자는 구한말 노장세대에 비해 대한제국과 직접적 관련도 애착도 없었다. 민족해방 혁명을 추구하는 이들은 봉건군주국인 대한제국의 계승보다는 단절에 충실했다.

둘째, 노농시민(勞農人民)을 토대로 하는 반제반봉건 민족민주주의 혁명과 사회주의 혁명을 주장하는 사회주의자들은 단체명에서 한(韓)

과 같은 생소한 용어를 노농인민에게 제시하는 것 역시 곤란했다. 왜냐하면 대중을 획득, 조직을 확대·강화시킴으로써 자신들이 제시한 이념으로 현실을 변화시키기 위해서는 대중에게 널리 통용되며 익숙한 조선을 사용한 것으로 사료된다.

2) 통일전선 형성기의 한(韓)과 조선(朝鮮) 표기

그러나 민족주의 진영의 광복운동과 사회주의 진영의 민족해방 혁명 사이에 이념적 대립 극복·통일을 이루려는 통일전선 운동에서는 한(韓)과 조선(朝鮮)이 서로 침투하는 경향이 나타났다. 즉 사회주의 진영이 통일전선을 유지하기 위해 조선(朝鮮) 대신 한(韓)을 선택한 것으로 보인다. 또한 한(韓)과 조선(朝鮮) 모두를 사용하지 않기도 했다.

1926년 민족주의 진영과 연합을 적극적으로 모색하기 시작한 제2차 조선공산당 6·10만세운동에서 살포한 문건에 '혁명적 민족운동자 단결 대한독립만세'로 끝맺는 경우와 같이 한(韓)을 사용했다. 그리고 민족주의 진영이 상징적 지도부를 차지하고 사회주의 진영이 하부조직을 주도한 신간회에서는 조선(朝鮮)과 한(韓) 모두 단체명에서 사용하지 않았다. 당시 민족해방 운동의 세력편제를 감안한다면 사회주의 진영이 신간회를 기계적으로 장악할 수도 있었지만 통일전선을 유지하기 위해 중립적 단체명을 사용한 것으로 보인다.

그러나 1920년대 후반 이후 국제노선의 급진화로 국내 사회주의 진영의 민족주의 진영에 대한 태도도 경화되었고, 합작대상이 될 수 있는 비타협적·혁명적 민족주의 진영이 제대로 존재하지도 않았다.

그 결과 1930년대 초반 이후 사회주의 운동과정에서 통일전선 유지를 위해 조선 이외의 용어를 선택하는 경우는 거의 없었던 것으로 보인다.

다만 중국지역에서는 민족주의 단체인 '한국광복운동단체연합회'와 사회주의 단체인 '조선민족전선연맹'의 연합체인 '전국연합전선협회'에서는 아예 한과 조선이 사용되지 않았다. 그러나 민족주의 계열에서도 좌파는 우파와 달리 '조선의열단', '조선무정부주의자연맹', '조선민족혁명당', '조선혁명자동맹'이라 불러 대중이 널리 사용하고 있는 조선을 사용함으로써 지난날의 대한제국과 연계가 없다는 것을 표명한 것으로 보인다.

3) 일제 말 Korea에 대한 표기-중국을 중심으로-

그러면 일제 하에서 우리 민족의 항일운동에 우호적이었던 한자문화권인 중화민국 정부는 Korea를 어떻게 표기했는가? 중화민국 정부는 조선, 조선인민, 조선민족이라고 사용했는데, 이는 주로 조선민족혁명당, 조선의열단, 조선민족전선연맹, 조선의용대 등의 항일운동을 지지하면서부터 사용되었다. 1940년 이후 외교부공보에서는 '조선인의 정치적 동향', '주의화되어 가는 조선혁명운동', '조선독립운동의 전망', '조선민족 독립운동의 어제와 오늘' 등 조선을 사용했다. 이 경우 조선은 국가적 함의보다 주로 지역적·민족적 함의로 쓰였다.

이에 따라 1943년 11월 미·중·영 3국 수뇌회담 결과 발표된 카이로선언에서도 중화민국 정부는 Korea를 한국이 아니라 조선으로 표기했다. 해당내용은 다음과 같다.

… **我三大同盟國稔和朝鮮人民所受之奴役待遇, 決定在相當時期使朝鮮自由與獨立** ….

… The afore said three great powers, mindful of the enslavement of the people of Korea, are determined that in due course Korea shall become free and independent …

이는 대한민국 임시정부를 최초로 승인했다는 중화민국 정부가 임정은 승인했으나 우리 민족을 지칭하고 지명으로 사용할 때는 한자문화권에서 널리 알려진 조선을 사용했다고 보여진다.

참고사항

1. 한자문화권에서 Korea, Korean War, Korean Peninsula의 표기
중국에서는 조선이란 민족명은 일제가 조선을 식민지화하기 위해 쓴 조선과는 그 함의가 완전히 다르다. 즉 단군조선으로부터 시작해 조선왕조 5백 년을 경과하면서 단일민족으로 형성된 '민족의 얼'과 '우수한 민족전통'을 상징하는 조선을 염두에 두고 사용하고 있다.
지난 2000년 10월 25일 중국 국가주석 강택민이 중국군의 6·25전쟁참전 50주년을 기념하여 발표한 '在紀念抗美援朝出國作戰五十周年大會上發表重要談話'에서 Korean War와 Korean Peninsula를 아래와 같이 표기하였다.

"… 英雄的朝鮮人民, 在金日成同志和朝鮮勞動黨的領導下, …
… 朝鮮內戰爆發後, 美國杜魯門政府悍然派兵併行武裝干涉, 發勃對朝鮮的全面戰爭, 同時派遣海軍第七艦隊入侵台灣海峽.
… 五十年前在朝鮮半島發生的進場戰爭, 是一場聯系和平與戰爭, 民主與反民主的鬪爭. …"

일본에서는 38선 및 군사분계선 이남과 이북을 지명 등으로 총칭할 때는 일반적으로 조선왕조 및 일제시대에 쓴 조선을 사용하고 있다. 일본정부의 공식적 입장을 나타내는 일본방위청의 2001년에 발간한 『방위백서』 자료편 제1장 '國際軍事情勢 資料1 第二次世界大戰後の武力紛爭(1)'에서 'Korean War'를 '朝鮮戰爭'으로 표기하고 있다. 뿐만 아니라 일본외무성이 2000년에 발간한 『외교청서』 제1장 '總括 1. 概觀(國際情勢の三つの動きと日本外交の展開)'에서 'KEDO'를 '조선반도에너지개발기구'로 표기하며, 한일기본조약의 일문에서 'Korea'를 '조선'으로 명기하고 있는데서 그 예를 찾을 수 있다.

KEDO

日本は，朝鮮半島エネルギ開發機構(KEDO) が北朝鮮の核兵器開發を阻むための最も現代的かつ效果的な棒組であり，日本の安全保障に密接に關わるとの認識の下，5月，KEDOとの間で輕水爐プロジェクトへの資金供與に關する協定に署名し，6月末，この協定の締結が國會において承認された．12月には，KEDOと韓國電力公社との間で輕水爐建設を請け負わせるための主契約が署名された．

한편 대만(중화민국)에서는 국호는 남한과 북한으로 표기하지만 대만정부의 공식적 입장을 나타내는, 대만국방부가 2002년에 발간한 『국방보고서』에서 Korean Peninsula를 조선반도라고 표기한 것처럼 지명 등을 총칭할 때는 조선을 사용하고 있다. 이를 근거로 보면 대만의 경우 지명은 역사적 사실을 따르는 데 비해 국호는 정치적 역학관계에서 규정하는 경향이 있다.

2. 南韓

南韓近年積極推動軍事現代化，計畫購置新一代戰機・戰艦・防空飛彈・空中預警機與强化指管通情能力，並在避免軍備競賽・破壞東亞地區的和平氣氛下，强化整體國防能力，建立二十一世紀的現代化部隊，並配合美國維持區域穩定．

朝鮮半島向爲亞洲潛在衝突熱點，可能危及地區穩定．近來南韓推動「陽光政策」，兩韓政府與民間積極展開交流與合作事務，期能透過政治對話逐步降低軍事對峙與意外衝突的可能性，加速統一進程．惟在美國布希政府重新檢討亞太政策之際, 不但中共及俄羅斯乘機介入, 且由於南韓朝野意見分歧與北韓態度模稜等因素, 兩韓互動時起時落, 爲統一進程憑添變數.
(허열, 「건국과정에서의 국호논쟁에 대한 분석」, 발췌, 『한국민족문화 24집』, 2004, 10).

4

네티켓(Netiquette = Network + Etiquette)

네티켓이란 네트워크와 에티켓의 합성어로서 온라인상의 인터넷이나 통신을 할 때 지켜야 할 상식적인 예절이다. 인터넷이 발달함에 따라 일상의 예절 못지않게 네트워크상의 예절도 중요해졌다. 최근 몇 년간 인터넷 사용자가 천만 명을 넘는 우리나라의 현실을 감안하여 본다면 하루라도 인터넷을 사용하지 않을 수 없는 생활환경 속에 살아간다고 볼 수 있다. 이에 대한 적절한 질서이자 네티켓은 모든 네티즌들의 필수사항으로 자신으로부터 익명의 타인에게 이르는 광범위한 네트워트상의 공동체를 만드는 처방이자 기본이 된다. 현재 한국을 비롯한 세계인들이 공유할 수 있는 네티켓을 1994년 미국 플로리다 대학교의 버지니아 셰어(Virgina Shea) 교수가 제시한 'The Core Rules of Netiquette'에서 몇 가지를 일반적 기준으로 제시하여 본다.

그리고 인터넷 매체와 함께 휴대폰 사용은 초등학생부터 노인들에 이르기까지 전국민의 1인 1폰으로 퍼져가고 있는 것이 사실이다.

이에 대한 사회적 문제는 시간과 공간을 넘어 시도 때도 없이 울리는 전화소음으로 더 나은 삶을 추구하여 개발된 물질문명에 의해 오히려 비인간적인 행태가 만들어지고 있는 것에 있다. 사람이 풍요롭고 편리한 생활환경을 원하는 만큼 그에 따른 최소한의 불편함을 감안하여 자신을 조절한다면 도리어 모두가 살만한 세상이 되는 지름길이 되듯이 새로운 물질에 대한 새로운 정신으로 보완해 나가야 할 것이다. 자유로움을 누가 싫어하겠는가? 편리함을 누군들 원하지 않겠는가? 그러기 위해서는 반드시 타인을 배려하는 실천적 행위를 끊임없이 간구해야 하는 임무가 현대의 우리들에게 부여된 책임일 것이다. 타인을 배려하는 적절한 절제와 자기 통제가 없는 이들에게 말없는 타인들은 부딪치고 갈등하는 현실에서 소리 없는 고함을 내지르고 있다는 것을 우리는 염두에 두어야 할 것이다.

01 휴대폰 에티켓

1) 상대방의 전화번호를 재확인하고 보내져야 할 문자 메시지

때때로 상대방이 누구인지도 모르는 영문을 알 수 없는 메시지를 받을 때가 있다. 어떨 때는 방금 전에 통화했던 이로부터 그가 아는 다른 사람에게 보내져야 할 메시지를 제3자가 받게 되어 민망할 일이 생기기도 한다. 음성으로 하는 전화통화는 잘못 걸었을 경우라면 잘못 걸어서 미안하다는 말과 함께 실수가 만회될 수 있다. 반면 문자로 보내진 휴대폰의 메시지는 그 내용이 무엇이든 간에 남겨진 메시지는 수정되거나 없던 것으로 그냥 넘길 수가 없기에 더욱 신중하고 조심스럽게 받을 대상의 전화번호를 확인하는 주의가 요구된다.

사례 잘못 보내진 학생의 문자 메시지를 받은 교수

토요일 오전 중에 내 수업의 수강생으로부터 전화를 받았다. 그 학생은 학기 초 첫 수업에 들어와서 취업증명서를 제출한 이후로 더 이상 만나질 못한 학생이었다. 그런데 중간고사 이후에 치를 팀별 발표시간에 자신도 참여하겠다는 뜻을 밝히고 그 팀과 함께 리포트준비와 발표를 하겠다는 것이었다. 그러나 바로 다음 주 월요일에 마감될 팀별 리포트 제출과 발표를 이제 와서 하겠다면 지금까지 다른 팀원들의 노고에 자신은 무임승차나 마찬가지로 점수를 받겠다는 뜻이기에 그것이 가능하겠느냐고 물었더니, 팀원들의 동의가 있었으니 나의 승낙만 있으면 된다고 하였다. 좀더 생각해 보아야 되겠지만 우선 합류하여 준비하도록 승낙을 해주었다. 다만 그동안 출석과 준비시간이 없이 며칠 남지 않은 시간에 무슨 의미가 있겠는가 하고 의문을 달고서 마지못해 승인해 준 것이었다. 그런데 바로 1분 뒤에 어떤 문자 메시지가 들어왔는데, 그 학생의 친구에게 보낸 메시지가 나에게 보내진 것이다. 그것도 나의 이름을 거론하면서 직설적인 비방인 담긴 메시지 내용이라 아연실색할 노릇이었다. 교수에 대한 학생들의 비방이 없을 수야 없지만, 이렇듯 그들끼리 보내져야 할 내용의 문자 메시지를 비방의 당사자가 보게 된 입장에선 너무도 씁쓸한 마음이 오랫동안 가시지 않는 것은 인지상정이기 때문일 것이다.

2) 공적인 곳에서 사적인 행동이 낳은 피해

모든 예절은 마땅히 그렇게 할 만한 때와 장소, 경우가 있는 법이다. 개인적인 행위와 그 결과는 자신에게 그 책임과 의무가 있을 것이며, 공적인 행위와 그 결과는 공공기관과 사회를 구성하는 구성원집단의 책임과 의무로 분담하게 될 것이다.

그럼에도 불구하고 개인 한 사람의 편의를 위해 다른 많은 사람들이 피해를 받게 된다면 이 사회의 공동체적 질서는 사라지거나 피폐해질 것이다. 이웃나라 일본의 자녀교육에서 제일순위로 차지한 "남에게 피해를 끼치지 말아야 한다"라는 가르침은 어릴 때부터 나이 든 노인에 이르기까지 일본인의 국민성을 낳게 한 뿌리가 된다고 한다. 이런 남에 대한 관심과 배려는 자신에게도 곧바로 배려와 친절로 되돌아오게 되는 결과를 낳는다.

반면 나만을 위한 행동이 앞설 때 곧바로 모두가 불편과 피해를 입게 되는 결과를 낳게 된다는 것은 공동체 생활에서 무엇이 먼저인가를 결정하게 하는 중요한 기준이 된다.

휴대폰 사용에서부터 사적인 행위가 공공 장소에서 꺼릴 것 없이 행해진다면 스스로 품위를 떨어뜨리는 것뿐만 아니라, 기본적으로 대접을 받지 못하는 인격으로 추락하게 된다는 것을 우리는 기억해야 한다.

사례 장소에 따라 진동뿐만 아니라 목소리를 낮출 수 있는 휴대폰사용

음악회, 대중교통, 강의실, 교회 등 정숙을 요하는 곳에서 울려대는 휴대전화 벨소리는 여러 사람의 주의를 산만하게 하고 짜증을 유발한다. 그래서 요즈음은 어딜 가나 여러 장소에서 행사 전에 휴대폰을 진동으로 바꾸어 달라는 요청의 안내가 제일 먼저 방송된다.

당연히 진동으로 바꾸거나 꺼놓아야 한다. 장거리 대중교통을 이용하면서 가장 힘든 것이 바로 휴대폰 벨소리와 통화하는 이의 음성이다. 기차 안이나 버스 안에서 서너 명이 너도나도 주위 모든 사람들이 다 들을 수 있는 목소리로 통화하다 보니 장거리 여행으로 오랜만에 여유롭게 차창 밖의 경치를 즐기거나 조용히 독서를 하거나 잠시 눈을 붙이려는 승객들에게는 장시간의 여독보다 더한 피로감을 준다. 휴대폰 무례로 인한 현대인의 삶은 더욱 지치고 힘들어져 가기만 한다.

토론해 봅시다.

1. 공공장소에서 휴대폰을 진동으로 바꾸지 않고 보통 때처럼 당연하게 전화를 걸고 받는 우리의 태도에 관해 논의하여 보자.

3) 상황에 따라 휴대폰을 사용하는 예절의 몇 가지 제언

① 기차 안에서 휴대폰으로 통화를 할 경우에는 객차 밖으로 나가 통로에서 통화하도록 열차를 이용하는 승객들에게 요청되

는 예절

② 옆좌석이 비어 있더라도 수화기를 다른 손으로 막으면서 나직하게 통화하고, 기차 안이라는 상황을 알려주어 짧게 용건을 끝낼 수 있는 예절

③ 운전 중이어서 통화하기가 어려울 때는 차를 정차한 후에 다시 통화하겠다고 말을 하거나 운전 중이니까 언제쯤 걸면 통화가 가능하다고 알려주는 예절

④ 복잡한 곳이나 시끄러운 장소에서 통화하기란 서로 힘든 상황이기에 전화를 건 쪽에서 언제쯤 다시 통화하기가 좋은지를 묻고 다시 통화하는 예절

02 네티켓의 일반적 기준

1) 인터넷 세상에서도 그들이 나와 같은 사람임을 기억한다.

많은 사람들이 컴퓨터로 대화할 때 상대방을 간과하는 경향이 있다. 가장 명심해야 할 기본태도는 상대방도 나와 똑같은 인격체라는 점이다.

2) 실제생활에 적용된 것처럼 똑같은 기준과 행동을 고수한다.

실생활에서 사람들은 법적 처벌을 두려워해서거나 혹은 자신의 사회적 품위유지를 위하여 법을 비교적 잘 준수하지만 인터넷에서는 잘 준수하지 않는 경향이 있다. 이는 사이버 세상이 가상의 세계로 현실과는 별개라는 생각 때문이라고 보여준다.

인터넷의 예절기준은 실생활과 다소 차이가 있는 것은 사실이지만 인터넷이 실생활보다 적은 규제를 받는 것은 아니다. 만일 인터넷에서 윤리적 딜레마에 빠질 경우 실생활의 규범에서 해결책을 찾는 것이 바람직하다.

3) 현재 자신이 어떤 곳에 접속해 있는지 알고 그곳 문화에 어울리게 행동한다.

온라인상의 예절은 각 영역마다 다양하다. 어떤 영역에서는 허용되는 것이 어느 영역에서는 무례하다고 판단될 수 있다. 지금 자신이 어느 영역에 있는지 의식하고 그 환경에 적응하여야 한다. 게재된 글을 읽어보는 등의 준비를 통해 그곳의 소속된 사람들과 그들의 생각을 파악하고 나서 참여하도록 하는 것이 바람직하다.

4) 다른 사람의 시간을 존중한다.

메일 등을 보낼 때 글을 읽게 되는 다른 사람들의 시간에 대한 충분한 배려가 필요하다. 글을 읽게 되는 다른 사람들의 시간을 허비하지 않도록 하는 것은 글을 올리는 각자의 책임이다.

어떠한 글을 올리기 전에 다른 사람들이 진정으로 그것을 알고 싶어하는지 생각해 봐야 한다. 만일 다른 사람들이 원하지 않는 정보라면 그들의 시간을 빼앗지 않도록 주의해야 한다.

5) 호감을 줄 수 있는 글로 자신을 표현한다.

온라인상에서는 익명성이라는 특성으로 인해 자신의 외양이나 행동보다는 그 사람이 쓴 글의 수준에 따라 평가를 받게 된다. 따라서 글의 내용에 주의를 기울이고 자신이 무엇에 관해 이야기하는가를 명확하게 논리적으로 글을 쓰는 것이 중요하다.

말이 아닌 글도 가능하면 기분 좋고 정중한 표현을 사용한다. 인격적인 비방과 욕설은 언어폭력이나 마찬가지이기 때문이다. 공격적인 언어의 사용을 자제하고, 나와 다른 의견에 대해서는 건전한 비판과 자신의 의견을 감정적인 것이 아닌 논리적인 글로써 상대를 설득해야 할 것이다.

6) 전문적인 지식을 공유한다.

가상공간의 힘은 바로 참여하는 네티즌의 숫자에 있다. 온라인상에서 질문을 하면 수많은 지식을 보유한 사람들이 그 질문을 읽게 되고, 그들 중 일부만이 재치 있는 답변을 하게 되더라도 세계의 지식을 모두 모아놓은 듯한 효과를 가져다 준다. 내가 아는 무언가를 공유하고자 할 때, 뭔가 남에게 큰 도움이 되지 않을 것이라고 두려워할 필요는 없다. 특히 내가 질문한 것에 대한 결과를 공유하는 것은 예의바른 것이다. 자신이 지닌 지식을 공유하는 것은 즐거운 일이다. 이는 네트워크상의 오랜 전통이며, 세상을 좀더 좋게 만들어 주는 역할을 하기 때문이다.

7) 논쟁은 절제된 감정 아래 행한다.

논쟁은 어떠한 격렬한 감정을 절제하지 않고 강하게 표현할 때 생겨난다. 논쟁은 오랜 동안 지속되어 온 관행이며, 많은 흥미를 유발시킬 수 있는 요소로 네티켓에서는 이를 허용하고 있다.

하지만 논쟁을 지속시키는 것은 금하고 있다. 논쟁의 시작단계에서는 많은 사람들의 흥미를 끌 수 있으나 격렬한 논쟁이 지속될 경우 이에 끼어들고 싶지 않은 사람들은 곧 싫증을 내게 된다. 따라서 지속적인 논쟁은 토론 그룹의 분위기를 지배하거나 그룹원 간의 우애를 깨뜨릴 수 있으므로 유의해야 한다.

8) 다른 사람의 사생활을 존중한다.

다른 사람의 사생활을 존중하는 마음이 없다는 것은 단지 나쁜 네티켓만으로 그치는 것이 아니라 자신의 일에도 피해를 주게 된다. 전자우편을 비롯한 상대방의 정보를 훔쳐보거나 허가 없이 복사하여 배포하는 등 타인의 사적인 영역을 함부로 침범해서는 안 된다.

9) 자신의 권력을 남용하지 말아야 한다.

사이버 공간에서 어떤 사람들은 다른 사람들보다 더 많은 권한을 가지는 것처럼 보인다. 다른 사람들보다 좀더 잘 안다거나 그들이 하는 일이 더 많은 지식을 소유한다고 해서 그들을 이용할 수 있는 권리를 주는 것은 아니므로 이를 남용해서는 안 된다.

10) 다른 사람의 실수를 용서할 수도 있어야 한다.

누구나 처음엔 인터넷 초보자였다. 누군가 실수를 할 때에는 그것에 관해 친절을 베풀 줄 알아야 한다. 만일 그것이 아주 사소한 실수라면 그냥 넘기도록 하고, 비록 그것이 크다고 느껴질지라도 정중하게 그것을 지적하도록 한다. 타인의 실수를 지적함에 있어서도 신중하게 다시 한 번 생각하는 부분들에 대해 그들이 단지 더 좋은 무언가를 알지 못했다고 가정하고 좋게 해석해 주도록 한다.

03 부문별 네티켓

1) 이메일 네티켓(E-mail Netiquette)

이메일은 말하는 것처럼 사용할 수 있는 매우 편리한 통신수단이지만 편지와 전화에는 없는 함정이 존재할 수 있기 때문에 이용하는 데 있어서 주의를 해야 한다.

그리고 어떤 불명확한 원인으로 인해 메일이 증발하거나 도달하지 않는 경우가 있으므로, 중요사항을 연락할 때에는 상대방으로부터 메일 수신에 대한 확인 메일이 도달할 때까지는 '도달되지 않았을지도 모른다'라고 생각하는 것이 바람직하다. 이메일 커뮤니케이션을 하는 데 있어서 아래의 금기사항과 권장사항을 통해 제시한다.

㈎ 금기사항 1.

타인에게 상처를 주는 메일과 알기 어려운 메일은 금한다.

㈎-1. 권장사항

① 정리되지 않게 쓴 문장을 그대로 보내지 말고 보내기 전에 반드시 다시 읽어보도록 한다.

② 상대방의 입장을 고려해서 표현했는지 오해를 일으킬 표현은 아닌지를 다시 확인한다.

③ 내용을 알기 쉽도록 작성한다. 설명 등이 길 때는 결론과 요점을 앞쪽에 기술한다.

④ 수신한 메일을 본인의 의사와 관계없이 무단으로 다른 사람에게 보내지 않는다.

⑤ 인터넷에서 주고 받는 문장은 읽기 쉽도록 작성해야 한다. 컴퓨터 화면상에 표시될 경우 글자와 글자 간의 간격, 행간의 간격을 자유롭게 할 수 없기에 종이와 비교하면 읽기 어려운 면도 있다. 단락마다 한 줄을 띄우거나 끊어야 할 때 줄을 바꿈으로써 쉽게 작성하도록 한다.

⑥ 본문은 짧고 간결하게 작동하도록 하고 요점은 하나로 국한해서 작성하도록 한다. 인용은 필요최소한으로 하고 문장이 길어지지 않도록 노력한다. 메일 소프트웨어의 설정에 따라서는 회신할 때 수신한 문장이 자동적으로 인용되는 경우가 있으므로 주의해야 한다.

⑦ 이메일의 제목은 그 내용을 한 번에 알 수 있도록 간결하게 붙이는 것이 바람직하다.

⑧ 이메일의 주소는 한 문자가 틀려도 도달하지 않으므로 수신인의 메일 주소를 확인한 후 보내기 버튼을 누르는 습관을 가지는 것이 바람직하다.

⑨ 자기가 보내려는 메일의 용량에 주의하기 바란다. 용량이 큰 메시지와 첨부파일은 수신자의 컴퓨터 시스템과 인터넷 서버의 고장을 유발할 가능성이 있다.

⑩ 보낸 이메일에 대해 답장이 금방 오지 않는다고 초조해서는 안 된다. 상대방에게 어떤 피치 못할 사정이 있어서 답장을 늦게 할 수도 있다. 그리고 여러 네트워크를 경유하는 인터넷에서는 배달 도중에 사고가 생겨서 이메일 상대방에게 도달하지 않는 경우도 있다. 받는 사람의 메일용량이 다 차서 도달

이 되지 않는 경우도 있으니 업무와 관련된 것이나 중요한 약속으로 보낸 메일은 직접 확인하는 것이 가장 안전하다.

(나) 금기사항 2.

전자메일의 패스워드를 다른 사람에게 가르쳐 주지 않는다.

(나)-1. 권장사항

① 패스워드는 절대로 다른 사람에게 가르쳐 주지 않고, 다른 사람의 패스워드도 알려고 하지 않는다.
② 이름과 전화번호 등은 패스워드에 사용하지 않는다.

(다) 금기사항 3.

익명의 메일을 보내지 않는다.

(다)-1. 권장사항

① 익명으로만 보내야 하는 메일은 내용이 무책임하고 엉터리인 경우가 대부분이다. 반드시 익명으로 보내야 하는 내용이라면 그러한 메일 전송은 하지 않는다.
② 이름을 밝힘으로써 책임감을 느끼고 내용도 충실하며 상대방도 정성껏 대응하게 된다.

(라) 금기사항 4.

보내서는 안 되는 메일은 절대 전송하지 않는다.

(라)-1. 권장사항

① Chain mail(행운의 편지) 또는 Spam mail은 네트워크의 혼란을 초래하므로 받는 즉시 삭제한다.

(마) 금기사항 5.

컴퓨터 바이러스에는 끊임없이 주의를 기울여야 한다.

(마)-1. 권장사항

① 믿을 수 없는 곳에서 보내진 메일의 첨부파일은 절대 열지 말고, 즉시 메일을 통째로 삭제한다.
② 바이러스 대비용 소프트웨어를 구매해서 항상 버전으로 갱신해 둔다.
③ 바이러스에 감염되면 본인뿐만 아니라 연결된 주변사람들에게도 피해를 끼치므로 감염되지 않도록 항상 주의를 기울인다.

2) Web 네티켓

인터넷상에서 서핑을 할 때, 원하는 웹 사이트에 접속해 보면 꽤 많은 사이트가 열리지 않거나 검색목적과 다른 내용으로 구성되어 있다거나 자료가 매우 부족한 경우가 있어 기대감이 물거품이 되고 허탈감에 빠지는 경우를 종종 겪게 된다.

웹 사이트를 구축할 때 실수를 범하지 않기 위해서는 먼저 왜 웹 사이트를 개설하고자 하는지에 대한 목표부터 정확히 설정해야 한다.

이는 일단 웹 사이트를 개설하고 나면 무엇보다도 가치 있는 내용을 항상 새롭게 제공해야 할 의무를 지니기 때문이다.

㈎ 금기사항 1.

홈페이지의 안이한 공개는 금한다.

㈎-1. 권장사항

① 홈페이지를 작성하는 기술보다도 훨씬 어려운 것은 저작권과 저작 인접권 등의 지식을 포함한 인터넷 윤리에 관련된 것이므로 홈페이지를 제작하여 공개할 때에는 신중을 기해야 한다.

② 인터넷 윤리를 모르고 만든 어설픈 홈페이지만큼 무서운 것은 없다. 홈페이지를 만들면 스팸메일 등이 날아오게 되는데, 당연히 법률이 적용되고 최악의 경우에는 형사 처벌받기도 하며 많은 배상금을 청구받게 된다. 따라서 홈페이지 개설은 가능한 신중해야 하고, 충분히 연구하고 관련정보와 자료를 검토한 후에 홈페이지를 작성해야 할 것이다.

㈏ 금기사항 2.

무료 소프트웨어와 Web상의 파일, 첨부파일이 바이러스에 감염된 경우를 유의해야 한다.

㈏-1. 권장사항

안이하게 프로그램을 다운로드하지 않는다.

(다) 금기사항 3.

법률위반 이전에 도덕적으로 좋은지 여부를 생각해야 한다.

(다)–1. 권장사항

① 다른 사람에게 피해를 주지 않는지, 다른 사람에게 손해를 끼치지 않는지를 고려해야 한다.
② 소프트웨어의 불법목제와 다른 사람의 사진을 Web에 무단으로 게재하는 것이 왜 안 되는지 스스로 생각하는 습관을 가져야 한다.

3) 게시판 네티켓

전자게시판, 뉴스그룹, 메일링 리스트는 같은 문제의식을 공유하는 많은 사람과 의견을 교환하는 장소이다. 전자게시판이란 불특정 다수자 간의 정보교환이 가능한 게시판을 전자적으로 실현한 시스템으로서 BBS라고도 부른다.

전자우편에서는 메일박스에 저장된 메시지를 메일박스의 소유자만 읽을 수 있는 것에 반해 전자게시판에서는 누구든지 메시지를 읽을 수 있는 점이 다르다. 뉴스그룹이란 사람들이 어떤 특정한 주제에 대해 토론하는 가상의 모임이라 할 수 있으며, 이러한 뉴스그룹들이 존재하는 네트워크를 유즈넷이라고 부른다. 그리고 메일링 리스트는 특정 주제에 대해 주기적으로 배포하는 메일을 받아보기 위해 가입한 사람들의 목록이다. 인터넷상의 메일링 리스트에는 우편

주소 대신에 각 개인의 전자우편 주소가 쓰인다.

전자게시판을 비롯한 각종 게시판에서 자기 마음대로 행동하는 것은 다른 사람에게 피해를 줄 뿐만 아니라 운영하는 많은 사람들의 노력을 물거품으로 하게 된다. 참가자와 운영자가 모두 잘 운영되도록 해야 할 것이다.

(가) 금기사항 1.

게시판이라고 해서 무책임한 발언은 삼가야 한다.

(가)-1. 권장사항

① 게시판이란 같은 취미와 흥미를 가진 사람들이 시간과 장소를 초월하여 만나는 장소라는 점을 염두에 두어야 한다.

② 게시판에 올린 글은 투고자가 책임을 져야 한다는 것을 반드시 기억해야 한다.

③ 많은 사람이 참가하는 전자게시판 등에는 일반적으로 각각 관리자가 있고, 어떤 운영방침에 따라 교류를 한다. 참가를 할 때에는 운영방침을 존중하고, 그곳의 분위기를 깨지 않도록 주의해야 한다.

(나) 금기사항 2.

개인 인신공격, 중상모략 등은 반드시 금한다.

(나)-1. 권장사항

① 일상생활과 법률적으로 허용되지 않는 발언은 게시판에서도 허용되지 않는다.

② 불특정 다수가 보는 게시판에 자기 이름과 개인정보를 올리는 것은 삼가야 한다.

③ 자기도 모르는 사이에 자기의 개인정보가 게시판에 올려져 있다면 게시판의 관리자에게 연락해서 즉시 삭제해 줄 것을 요청한다.

④ 충고를 해주는 사람의 글을 겸허하게 받아들이는 것이 중요하고, 전자게시판 등에서 발언을 할 때 과거의 발언을 잘 읽고 글의 흐름과 분위기를 깨지 않도록 해야 한다.

⑤ 다른 사람의 발언에 대해 언급을 할 때 운영방침과 FAQ(Frequently asked Question)에 언급되어 있는 경우가 많으므로 잘 읽어 두는 것이 바람직하다. 코멘트를 할 때에는 대상이 되는 발언을 이용하거나 해서 대응을 명확하게 하는 것이 바람직하다.

⑥ 전자게시판 등에는 베테랑 이용자가 초심자의 질문에 친절하게 답해주는 것이 드물지 않지만, 질문은 답해주는 상대방에게 있어 부담을 준다는 것을 잊어버리지 말고 질문을 하는 것은 신중하게 해야 한다.

⑦ 자기 소개를 하고 그때까지는 자기의 노력과 한계를 간단히 설명한 후에 요점을 간단 명확하게 전달하여 도움을 청해야 한다.

⑧ 오자나 탈자가 있으면 실례가 되니 글을 올리기 전에 다시 확인하는 습관이 필요하다. 회신을 받을 때까지는 시간이 걸릴지 모른다는 것을 각오해야 한다. 상대방에게 어떤 사정이 있을지 모르기에 반드시 회신이 온다고는 할 수 없다.

⑨ 회신을 받으면 정중하게 감사의 뜻을 표현하고 자기와 같은

문제에 대해 고민하고 있는 사람을 인터넷에서 만나면 받은 도움과 충고를 제공하는 것도 바람직하다.

(다) 금기사항 3.

게시판에 올려져 있는 사항을 모두 진실인 것처럼 친구들에게 전달해서는 안 된다.

(다)-1. 권장사항

게시판의 내용 중에는 신뢰할 수 없는 내용 등이 있는 경우도 있다. 이러한 내용은 무시하는 것이 바람직하다.

(라) 금기사항 4.

의견 대립을 하는 것은 그다지 적절하지 않다.

(다)-1. 권장사항

① 일반 게시판은 재미있는 정보교환과 가벼운 화제가 적절하다.
② 다른 의견과 생각을 가진 사람이 있더라도 다른 사람에게 귀를 기울이는 마음의 여유를 가지도록 하자.

5) 블로그(Web-blog) 네티켓

블로그(Web-blog)란 웹과 항해일지라는 로그의 합성어를 줄인 신조어로, 웹 사이트 주인인 블로거(blogger)가 발행인이자 편집장이며 기자이기도 한 인터넷상의 일인 언론사이다. 1997년 미국에서 처음 등장하였으며, 새로 올리는 글이 맨 위로 올라가는 일지(日誌)형식으로 되어 이런 이름이 붙었다. 게시판 형식의 사이트에 자신의 일상적인 일기에서부터 사회적인 관심거리까지 개인이 자유롭게 글과 사진, 동영상 등을 올려 디지털 논객 온라인 저널니스트로서 미디어 커뮤니티를 이끌어 간다.(네이버 백과사전, 2005)

최근 어떤 블로거가 자신의 블로그에서 네티켓에 대한 질문을 올렸는데, 7,460명이 답변한 결과를 토대로 최근 인터넷 사용자들의 네티켓에 관한 의식과 그 필요성을 어떤 면에서 요구하고 있는지를 살펴볼 수 있다.

사례 네티켓에 대한 모 검색 사이트에서 설문에 대한 블로거들의 답변결과

"인터넷(블로깅)에서 어떤 것이 가장 나쁜 행위인가"라는 질문이었다. 이에 대한 예시가 세 가지로 제시되었으며, 그 결과는 각각에 동의한 인원수로 함께 표시하였다.

1번, 익명의 악의적 답 글이나 이유 없는 비방(2,324명)

2번, 흔적을 남기지 않는 무단 스크랩(2,181명)

3번, 안부 게시판에 쓰는 개인적인 홍보나 광고(2,955명)

다른 사람에 대한 악의적인 글과 비방은 잔인하고 못된 범죄행위에 속하는 것이므로 보기 1번의 압도적인 1위를 의심하지 않았다. 행위의 경중으로는 익명의 비방이 가장 무겁고 형사처벌의 대상이 될 수 있기 때문이다. 그러나 방명록에 쓰는 홍보와 광고 글은 범죄수준은 아니지만 꽤 짜증스럽기에 이 항목을 선택할 사람도 있을 수 있겠다는 정도에서 예시로 올렸는데 오히려 2위보다 600명 이상이 이 점을 네티켓의 위반으로 여긴다는 것이다. 그리고 흔적을 남기지 않는 스크랩은 그냥 끼어넣는 수준의 질문일 줄 알았는데 1, 2위의 항목 못지않게 비슷한 정도의 결과로 나타났다.

토론해 봅시다.

1. 위의 사례에서 그들이 생각하는 네티켓의 기준이란 무엇인가?
2. 사이버 세상 사람들의 의식경향이 개인주의적으로 치우칠 수 있는 원인이 무엇일까?

4) T.P.O에 따른 휴대폰 네티켓

10대들의 휴대폰 가입이 갈수록 증가하고 있다. 우리나라 중, 고등학생 10명 중 8명이 휴대폰을 가지고 있고, 초등학생들도 3~4명 꼴로 휴대폰을 사용하고 있는 등 10대들의 휴대폰 가입이 갈수록 늘어나고 있다. 이와 같은 폭발적인 휴대폰 보급으로 인해 학교는 물론 등하교 버스나 지하철 안에서 무선 인터넷으로 게임을 하거나 문자 메시지를 주고받는 10대의 모습은 더 이상 낯선 모습이 아니다.

공공장소에서의 무절제한 휴대폰 사용은 종종 지하철이나 버스 안에서 이제 공해수준을 넘어 '소음폭력'의 사회문제로 발전하고 있다. 우리나라에서는 지하철과 철도청에서 휴대폰의 이용 자숙과 이용할 수 있는 장소 안내를 하는 등 여러 가지 대책을 취하고 있지만 결국은 이용하는 사람의 자각이 필요하다고 할 수 있다.

◦ 장소에 따른 네티켓

특히 병원에서의 휴대폰 사용 예절도 매우 중요하다. 병원을 찾아오는 사람들은 어디가 아프거나 아픈 사람을 동반하고 오는 사람들이다. 그들은 정신적으로 매우 피곤해 있고 신경이 극도로 날카로워져 있을 수 있다. 그런 사람들이 대기실에서 기다리고 있는 동안 여기저기서 휴대폰의 울림음이 계속 들려온다면 환자는 물론 환자 보호자들에게 주는 정신적 스트레스는 일반적으로 느끼는 그것보다 더욱 커질 것이다. 그러나 그보다도 병원에서의 휴대폰 사용은 에티켓 문제에만 국한된 문제가 아니라, 잘못하면 환자의 건강을 해칠 수 있는 매우 위험한 행동이라 할 수 있다. 고주파 때문에 정밀 진료기기들이 혼란을 일으켜 오진의 위험이 있기 때문이다. 그럼에도 불구하고 여전히 병원에서도 휴대폰을 사용하는 소리가 들린다. 위에서 말한 위험이 누구에게도 예외일 수 없으므로 휴대폰의 사용을 자재하는 것이 바람직하다.

휴대폰에 의한 피해 종류에 대한 조사에 의하면 전화할 때의 큰 목소리 때문이라는 지적이 가장 많았고, 전화벨 소리가 크다는 지적도 많았다.

◦ 때와 장소에 따른 네티켓

극장이나 도서관 그리고 식당과 호텔 로비 등 조용한 장소와 분위기를 즐기는 장소에서는 착신음이라든가 전화소리는 다른 사람에게 피해를 끼친다. 착신음은 진동으로 하든가 전원을 꺼두는 것이 네티켓이다. 모든 정신을 집중해 공연을 하고 있는데 여기저기서 울리는 휴대폰의 신호음은 공연을 하는 당사자는 물론 관람객까지 짜증나게 하는 행동이라 하지 않을 수 없다. 요즘 사용하는 휴대폰은 음성사서함을 제공하고 있으므로 공연시간 동안 전원을 꺼놓았다고 해도 음성 메시지를 남겨놓을 수 있으므로 쉬는 시간 동안 음성사서함이나 호출이 있었는지를 확인할 수 있다. 잘못된 휴대폰 사용

문화 때문에 오히려 이동전화 그 본연의 편리성이나 유용성이 빛을 잃어가게 될 수도 있다. 편리함을 추구하는 기계라면 그만큼 그것을 사용하는 사람들도 책임감을 느끼고, 주변 사람들에게도 신경을 쓰는 그야말로 '함께 사는 사회'의 일원임을 명심하여야 할 것이다.

◦ **때와 장소, 상황에 따른 네티켓**

운전 중 휴대폰으로 통화하는 사람들은 한 손으로 전화기를 들고 한 손으로 핸들은 잡고 있는 상황이므로 운전에 능숙한 사람이라 해도 운전자세가 불안하고 돌발상황이 발생하였을 경우에 급히 손을 쓰지 못할 수도 있다. 특히, 운전이 미숙한 사람들은 한 손으로 핸들조작을 하는 것이 무척 위험한 일이다. 그러므로 혹시 운전 중에 전화를 받게 되더라도 운전 중임을 얘기하고 서둘러 전화를 끊고 안전한 곳에 도착해서 다시 전화를 하는 것이 모두의 안전을 위해서도 바람직한 일이다.

사람이 많은 곳을 통행하면서 통화하게 되면 주위를 살필 수가 없어 오고가는 사람들에게 피해를 끼칠 수 있을 뿐만 아니라 길을 가는 데 안전함을 확보할 수도 없을 것이다. 통행에 방해되지 않도록 자리를 옮겨 이용하고, 길을 가다가는 잠시 멈추어 서서 사용하는 것이 좋은 매너가 된다.

아래에서 때와 장소와 상항에 따른 네티켓의 금기와 권장사항을 구분하여 살펴보자.

㈎ **금기사항 1.**

병원, 항공기, 공연장 등에서 휴대폰 사용을 금한다. 스스로 절제하는 것이 예절의 규칙이라면 금하는 차원은 법적 구속력이다. 선택의 여지는 항상 예절이 살아 있을 때만이 가능하다는 것을 기억해야 한다.

(가)-1. 권장사항

① 휴대폰의 전자파가 의료기기와 항공기 전자기기에 장애를 줄 수 있으므로 병원이나 항공기 등에서는 휴대폰을 끄도록 한다.

② 공공장소에서, 특히 공연장, 종교의식 행사 등에는 휴대폰을 꺼두도록 한다.

③ 운전 중이나 보행 중 휴대폰 사용을 자제하도록 한다.

(나) 금기사항 2.

높은 볼륨의 휴대폰 소리는 공공장소의 어느 곳에서든 환영받지 못한다.

(나)-1. 권장사항

① 휴대폰 벨 소리를 가능한 작게 울리도록 설정해 둔다.

② 레스토랑이나 극장 등에서는 휴대폰을 진동으로 설정해 둔다.

③ 통화를 할 때는 옆사람에게 방해가 되지 않도록 작은 소리로 통화하거나 장소를 이동하여 통화하도록 한다.

④ 휴대폰 전원을 꺼야 할 경우 음성사서함이나 문자사서함 서비스 등을 이용하면 유사시 직접 전화를 받지 못하더라도 메시지를 놓치지 않고 전달 받을 수 있다.

5

테이블 매너(Table Manners)

01 테이블 매너란?

일반적으로 서양 식탁에서 이루어지는 제반 규칙들을 테이블 매너라고 한다. 더 나아가 우리의 식탁인 한식 상차림에서와 대중식사 및 뷔페 등 간단한 식사에서부터 복잡하고 격식을 갖춘 식사를 접하는 것까지 모두가 맛있게 즐겁게 편안하게, 그러면서 즐겁게 식사할 수 있도록 안내해 주는 모든 사항들을 테이블 매너라 할 수 있다.

1) 고급 레스토랑을 이용하기 전의 매너

㈎ 예약과 좌석 안내받기

레스토랑의 유래는 프랑스 시민혁명 이후에 몰락한 귀족사회에서 그들의 주방장으로 일해 온 사람들이 갑자기 직업을 잃게 되는 상황에서 발생하게 되었다. 그들이 도시에서 부유한 서민들에게 음식을 제공할 때 그전까지 자신이 모셔온 주인들에게 해온 그대로의 모습과 에티켓으로 손님들에게 제공하게 되었던 것이다. 이런 분위기에서 마치 자신이 왕이나 귀족이 된 듯 최고의 서비스를 받게 되었던 손님들의 발길은 현재까지 이어지고 있어, 반드시 예약 없이는 이용하기가 어려운 오랜 전통을 자랑하는 업소를 유럽에서는 어렵지 않게 찾을 수 있다.

업소에 들어서면 업소의 직원이나 리셉션 리스트가 안내를 해줄 때까지 손님은 기다릴 필요가 있다. 서비스를 제공할 수 있는 상태에서만이 최상의 서비스를 받을 수 있기 때문이다.

좌석까지 안내원의 안내를 받으면서 착석할 수 있도록 손님은 입구에서 예약한 사람의 이름을 대고 환대와 함께 예약석으로 안내되어야 한다. 예약이 되어 있지 않은 상태에서 입장하게 된다면 여분의 좌석이나 기타 서비스를 받을 수 있는 여부의 확인을 위해서도 입구에서 인사를 받을 때 묻고 기다려 줄 수 있는 세련된 고객이 되어야 한다.

(나) 복장

오늘날 식사장소는 식욕을 채우는 장소임과 동시에 사교의 장이 되기도 한다. 사적이든 공적이든 함께 식사를 하게 되는 관계가 이루어진다면 상대방에게 호감을 주어 지속적으로 좋은 인간관계를 형성해 나갈 것을 서로 기대할 수 있다.

고급 레스토랑에서는 어느 정도의 격식을 갖춘 고객들을 통해 그 업소가 제공하는 높은 서비스의 질을 계속 유지해 나가길 원한다. 그런 측면에서 고객이 되는 사람들에게 먼저 요구되는 중요한 매너가 바로 복장이라 하겠다.

적절한 복장이라 한다면 정장이 여기에 속한다. 의식행사가 아니더라도 격식 있는 장소에서 격식 있게 행동하도록 당연히 요청될 수 있는 것이다. 정장을 갖춘 몸가짐과 옷차림에서 상대는 그에 따른 대접을 하게 된다는 것이다. 그래서 좋은 매너는 때와 장소와 경우에 따라 적절히 맞추는 가운데 형성되는 것이다.

사례 특급호텔 레스토랑 입구에서 부적절한 복장으로 입장 대신 퇴장당한 기억

1995년에 서울 강남에서 일을 마치고 서울에 사는 후배를 만나 오랜만에 좋은 곳에서 식사를 함께 하려고 특급호텔에 있는 프렌치 레스토랑으로 갔었다. 리셉션 리스트인 잘 차려입은 여성 매니저가 밝은 미소로 다가와 정중히 인사를 하고는 예약을 하였는지를 물었다. 예정에 없던 일이라 예약을 하지 않았다고 대답을 했다. 그러자 그 매니저는 식당 안쪽을 가리키면서 "손님, 죄송합니다만 저희 업소는 정장을 한 손님들만 모시기 때문에 함께 식사하는 다른 손님들을 위해서 이런 캐주얼한 복장으로는 입장하기가 곤란합니다. 다음에 다시 들려주시면 고맙겠습니다"라고 하지 않는가? 순간 나는 아찔한 느낌이 스쳐 지나가면서 얼굴을 붉히면서 "네, 미안하게 되었습니다" 하고는 삽시간에 그곳을 떠났다. 엘리베이트를 기다리면서 나의 뒷모습이 얼마나 무안한지 감당하기 힘들 지경이었다.

문제는 바로 내 후배의 옷차림에 있었다. 그 후배는 찢어진 청바지에 가벼운 점퍼 차림으로 그 자리에 있었기 때문이다. 평소에 장소에 따른 복장에 주의를 기울이는 편이었지만 나의 옷차림만이 아니라 나와 동행하는 사람의 옷차림까지 신경 쓰질 못한 나의 불찰로 빚어진 상황이었기에 지금도 나에겐 부끄러운 기억으로 남아 있다.

◦ 사례분석으로 살펴보는 복장의 매너

1. 호텔의 레스토랑이나 고급식당에서 식사약속이 있다면 먼저 복장에 신경을 써야 한다.
   이는 전통적인 레스토랑의 품위를 살려줄 뿐만 아니라 고객인 자신의 품위로 상대에게 받아들여지기 때문이다.
2. 모 호텔의 서비스 모토를 "레이디와 젠틀맨이 레이디와 젠틀맨에게 서비스한다"라고 정하였던 것은 손님에게 최고의 서비스를 하려는 호텔 종업원뿐만이 아니라 손님의 격이 서비스의 질을 완성시키기 때문이다. 이는 손님에게 협조를 구하는 일련의 전략이지만, 결국 서비스란 잘 주고 잘 받는 가운데서 그 가치가 드러나기에 손님된 사람들은 복장에서부터 그 장소에 맞는 품위가 요구된다.
3. 만남을 어떤 장소에서 어떤 사람과 하느냐는 자신이 어떤 복장을 선택해야 하는가를 가늠한다. 때로는 예기치 않은 만남이 이루어진다 하더라도 그 상황에 맞는 장소를 선택할 수 있는 고려가 필요하다.

(다) 착석과 상석의 위치

레스토랑에 입장하는 데도 순서가 있다. 안내인이 안내할 경우에는 여성이 안내인의 바로 뒤쪽에서, 그 뒤로 남성이 뒤따라가는 순서로 입장한다. 안내받은 식탁 앞에서 상석을 여성에게 제공하는 서비스까지 받게 된다. 이때 상석으로 안내된 손님은 "고맙습니다"라는 말과 함께 미소 띤 표정으로 가벼운 인사를 건네면서 착석을 한다면 멋진 모습의 매너를 발휘하게 될 것이다.

① 부부나 연인인 경우에는 여성이 안내인의 안내로 상석에 착석하게 된다.
② 연소자와 연장자인 경우에는 연장자가 안내된다.
③ 주인과 주빈인 경우에는 주빈이 안내된다.

이와 반대로 대중식당에서는 남성, 연소자, 주인 등이 안내자의 역할을 하게 되기에 앞서서 입장하여 좌석을 확보한 다음 여성, 연장자, 주빈을 상석에 앉도록 도와줘야 한다.

(라) 상석의 조건

① 출입구에서 먼 쪽과 통로보다는 안쪽이 상석이 된다.
② 경치나 창밖을 내다볼 수 있는 위치와 벽을 등진 좌석이 상석이 된다.
③ 주빈이 없는 동성이나 동료의 자리에서는 위의 상석에 앉은

사람의 옆좌석이 그다음 차석의 자리가 된다. 서양식으로는 오른쪽을 왼쪽보다 상석으로 간주한다.

02 서양식 식탁에서의 매너

1) 메뉴보기와 주문하기

(가) 식탁에 앉자마자 주문하지 않고 신중하게 메뉴를 선택하여야 그 식당의 여러 요리를 이해하게 된다.

(나) 메뉴를 여유 있게 죽 훑어보는 것이 좋은 매너이다. 모르는 메뉴일 경우는 기다리는 웨이터에게 물어보는 것이 자연스러운 매너가 된다.

(다) 옆사람이 먹는 것을 손가락으로 가리켜 주문하지 않는다. 부득이 그것을 알고 싶거나 주문하고자 할 경우에는 웨이터에게 조용히 "저쪽 테이블 손님의 음식은 어떤 것인가요?"라고 물어본다.

(라) 초대받았을 경우에는 제일 비싼 요리 혹은 초청자보다 비싼 것을 주문하는 것은 좋은 매너라 할 수 없으니 중간 정도의 가격에서 주문하는 것이 좋다.

(마) 메뉴를 선택할 때 여성의 경우 남성에게 일임하거나 혹은 메뉴를 보지도 않고 "똑같은 것으로 하겠다"라고 하는 것은 좋은 매너가 아니다.

(바) 식전 음료는 식욕을 촉진시키는데, 대개는 칵테일이나 알코올 도수가 낮은 음료가 적당하다. 알코올이 들어간 음료를 원하지 않을 경우에는 쥬스 등 무알코올 음료를 주문하거나 거절하여도 무방하다.

(사) 정식은 전체요리부터 디저트까지 포함되어 있는 풀코스 정식이 있으며, 양이 너무 많아 적당히 먹고 싶을 경우는 선별하여 주문할 수 있는 일품요리(A la carte)도 가능하다.

2) 음식을 기다리는 동안에 할 수 있는 것과 할 수 없는 것

(가) 고급 레스토랑에서는 한식당이나 대중식당처럼 물수건을 제공하지 않는다. 최근에는 몇몇 호텔에서 한국인들의 취향에 맞추어 제공하는 경우가 있지만 대개는 제공되지 않는다. 레스토랑에 들어가기 전에 미리 손을 씻고, 여성의 경우는 립스틱이 식기류에 묻어나지 않을 정도로 뒤처리를 하고 들어가는 것이 바람직하다.

(나) 음식이 나올 때까지 기다리는 동안 담배를 피운다든가 담배에 불을 당긴 채로 식탁의자에 앉는다든가 하는 것은 매너에 맞지 않는다. 이는 음식을 맛있게 먹기 위함에 방해가 되기 때문이다.

(다) 담소를 나눌 때 식탁 위에 자연스럽게 손을 올리는 것은 무방하나 턱을 괸다거나 팔꿈치를 올려놓고 대화를 나눈다면 음식을 제공하는 종업원에게 방해가 되기 때문에 삼가야 한다.

(라) 냅킨을 펴는 시점은 초대받았을 때 주빈이 편 다음에 편다. 일반적으로 주문을 하고 난 후에 음식이 나오기 전까지 자연스럽게 자신의 무릎 위에 올려놓는다.

(마) 냅킨은 음식물로 인하여 옷이 더러워지는 것을 방지하는 목적으로 쓰이기에 수건으로 사용해서는 안 된다. 냅킨에 여성의 립스틱이 진하게 묻지 않도록 미리 손을 씻을 때 잘 눌러서 유리잔(물컵이나 와인 잔)에도 묻지 않도록 한다.

3) 식사 중에 주의해야 할 사항

(가) 음식의 맛은 재료나 요리사의 솜씨에만 있는 것이 아니고 함께 식사하는 사람에서 풍겨 나오는 복합적인 요인에 의해 결정된다. 시각, 청각, 후각, 촉각, 미각 등이 함께 어우러져서 서로가 만족할 수 있는 사교가 이루어질 수 있는 공간이 고급 레스토랑의 역할일 것이다.

(나) 음식이 나오자마자 맛을 보지도 않고 소금과 후추 등 조미료를 치는 경우가 있는데, 대부분의 요리는 이미 조미료를 넣어 만들어지기에 일단 맛을 본 후에 구미에 맞도록 치는 것이 업소의 요리사에 대한 매너이다.

(다) 음식을 먹을 때 입이 음식에 가져가듯이 몸을 낮추고 자세를 구부정하게 먹지 않도록 한다. 의자에 앉을 때부터 자리에 깊숙이 앉고 허리를 꼿꼿하게 세우되 다리를 꼬고 앉지 않는다.

(라) 말 없이 음식만 먹는 사람도 좋지 못한 모습이지만 너무 큰 소리로 대화하는 것은 어떤 곳이든 환영받지 못할 습관이다.

(마) 음식을 먹을 때는 청결함을 유지해야 하는데, 손으로 식기류를 사용하는 것 이외는 자신의 얼굴이나 몸을 만지거나 긁거나 하지 않는다. 이는 함께 식사하는 사람에게 불쾌감을 조성할 뿐만 아니라 자신의 품위에도 손상을 초래하기 때문이다.

4) 식기 사용방법과 집기류 구분

<그림 1> 테이블 위에 준비된 기물

(가) 모든 음식에는 먹는 방법이 있기 마련이다. 특히 서양식은 한국식의 수저만을 사용하는 방식과는 달리 나이프와 포크 및 기타 여러 종류의 식기류가 코스의 요리에 따라 미리 세팅되어 있어 각기 요구되는 식기로 음식을 먹게 되어 있다.

(나) 테이블 위에 세팅되어 있는 집기류는 코스별로 바깥에서부터 안쪽으로 좌우의 한 가지씩 순서대로 사용하여 요리를 먹을 수 있게 되어 있다.

(다) 나이프는 오른쪽에, 포크는 왼쪽에 같은 수로 양쪽에 놓여 있어 각각 오른손과 왼손으로 쥐고 사용한다. 나이프로 요리를

자른 후 포크로 음식을 찍어먹을 때는 오른손으로 옮겨 사용해도 무방하다.

(라) 나이프는 접시 위에 놓을 때는 칼날이 밖으로 놓이지 않게 한다.

(마) 포크는 날이 위를 향하게 뒤집어 놓지 않는다.

(바) 바닥에 떨어진 나이프나 포크는 직접 줍지 않는다.

(사) 손에 쥔 나이프와 포크를 세워서 잡아서는 안 된다. 혹은 기물을 쥐고 있던 손으로 제스처를 한다면 상대방이 불안하게 느끼는 행동이므로 절대 삼가야 한다.

<그림 2> 식사가 끝난 후 접시 위에 놓인 포크와 나이프

(아) 요리를 다 먹은 후 나이프와 포크는 나란히 접시 위 오른쪽 아래에 비스듬히 놓는다. 이는 음식을 내오고 그릇을 치우는 웨이터에게 하나의 신호가 되기에 이와 같이 한다면 분명히 "다 드셨습니까? 치워도 되겠습니까?"라는 말을 듣게 될 것이다.

(자) 식탁에 차려진 접시는 자신이 움직여서 이동시켜서는 안 된다. 요리의 순서나 식기의 둘 자리는 요리를 먹기 쉽도록 합

리적으로 고안된 것이기에 이것을 흩트려서는 안 된다.

(차) 식사가 끝나고 나서 웨이터가 가져가기 편리하도록 빈 접시를 포개놓는 것은 좋지 않다. 이것은 오히려 불편함을 초래하기에 그대로 두는 것이 그들을 도와주는 매너이다.

5) 정식요리의 코스에 따른 매너

(가) 전체요리(Appetizer)

전체요리(Appetizer)는 식욕을 불러일으키기 위한 요리로 오드블(Hors d'Oeuvre)이라고 한다. 종류는 수십 종에 달하며, 그날의 식욕과 주 요리를 참작하여 선택해야 한다. 포크와 나이프로 먹을 수 있는 종류와 포크로만 먹거나 손으로 먹을 수 있는 종류도 있다.

(나) 수프(Soup)

<그림 3> 제공된 크림스프

① 수프(Soup)를 떠먹는 방법에는 유럽식과 미국식이 있다. 자리 앞쪽에서 먼 쪽으로 향해 스푼을 밀어가면서 떠먹는 방식을 미국식이라 한다. 반면 뒤쪽에서 앞쪽으로 떠먹는 방식을 유럽식이라 한다. 어떤 방식이든 편리한 대로 먹는 것이 좋다.

② 수프를 먹은 다음 스푼은 Soup Bowl이나 Soup Cup 안에 넣어두지 말고 수프의 접시 위에 놓아둔다.

③ 수프는 소리 내며 마시지 않는다. 스푼도 두 가지가 있는데, 하나는 맑은 수프에 나오는 입이 둥글고 다소 큰 스푼이고, 다른 하나는 크림수프처럼 걸쭉한 스프를 떠먹는 입구가 뾰족하게 작으면서 뒤로 갈수록 넓어지는 보통 우리의 여성용 숟가락과 비슷한 것이다. 맑은 수프는 적당히 떠서 입안에 흘리듯이 살짝살짝 떠넣는 방법으로 사용하고, 크림수프용 스푼은 입안에 숟가락이 들어갈 수 있도록 사용한다.

(다) 빵과 버터(Bread & Butter)

<그림 4> 자신의 왼쪽에 놓인 빵 접시

① 빵 접시는 항상 자신의 왼쪽에 위치한다. 여럿이 함께 테이블

에 세팅되어진 식기류에 빵을 제공받는다면 왼쪽접시가 자신의 것이 된다.

② 버터가 버터 홀더에 제공될 때에는 자신의 섞지 않는다. 보통 몇 가지 중에서 기호에 따라 한 개를 선택하는데, 두 가지 이상을 한 샐러드에 치지 않는다. 드레싱은 소스와 다르므로 드레싱을 소스라고 하지 않는다.

③ 샐러드와 고기요리는 번갈아 가며 먹는 것이 좋다. 고기요리에는 샐러드를 먹어야 한다. 생야채는 고기의 맛을 돋구어 주고 고기 요리에서 나는 냄새를 중화시키는 역할도 하기고 영양적으로도 의의가 있다.

㈑ 스테이크(Steak)

<그림 5> 제공된 스테이크 요리

① 소스가 스테이크 위에 얹어져 나온다면 그냥 먹어도 되지만 스테이크 위에 소스가 없을 때는 소스가 나올 때까지 요리에 손을 대지 않는다.

② 스테이크를 주문할 때는 굽는 정도를 주문한다. 굽는 정도는

Rare, Medium Rare, Medium, Well-done으로 구분한다. 반면 송아지 요리와 돼지요리는 굽는 정도가 없다.

③ 흔히 스테이크에서 "피가 흐른다"고 하는데, 이것은 고기가 열을 받아 세포에서 흘러내리는 육즙으로 이것이 스테이크의 맛을 결정한다. 굽는 시간이 길어지면 육즙이 모두 증발되어 고기가 질겨지고 맛도 줄어든다. 고기 맛을 아는 사람은 대개 굽는 정도를 가볍고 짧게 한 Rare로 즐긴다.

④ 스테이크를 자를 때는 고기의 왼쪽을 포크로 누르고 오른손에 든 나이프로 잘라 왼손으로 먹는다. 고기를 톱질하듯 자르지 않고 밀 때는 슬며시 당길 때는 힘을 준다. 단번에 자르지 않는다.

(마) 샐러드(Salad)

<그림 6> 식사 중의 샐러드

① 샐러드 접시를 자기 몸 앞으로 옮겨서 먹지 않는다.

② 포크로만 먹지만 너무 커서 한 입에 넣기 어려울 경우에는 나이프를 사용하여 잘게 썬다.

③ 샐러드는 두 가지 이상의 드레싱(Dressing)을 자신의 빵 접시에 적당히 옮긴 다음 빵에 바른다. 대개는 개인용 버터가 자신의 빵 접시에 제공되기에 빵 접시에 놓여 있는 버터 나이프를 사용하여 발라 먹는다.

④ 빵을 떼어낼 때는 손으로 사용하며, 가능하면 자신의 빵 접시 위에서 떼어내도록 하는 것이 좋으나 테이블 위에 떨어진 빵 부스러기는 그대로 둔다.

(바) 디저트(Dessert)

<그림 7> 제공된 디저트와 커피

① 서양요리에서 디저트를 정찬의 꽃이라고 할 정도로 대단히 중요하게 여긴다.

② 코스요리에서 대부분 기름지고 달지 않은 음식들이기에 식후에는 자연스럽게 단맛이 나는 음식이 생각이 난다.

③ 아이스크림은 형태를 망가뜨리지 않으며 먹는다. 아이스크림은 위부터 떠먹으면 형태가 망가지므로 앞쪽 옆부분부터 먹는다. 과자가 나오면 아이스크림과 번갈아 먹는 것이 매너이다.

④ 수분이 많은 과일은 스푼으로 먹는다. 수분이 많고 적음에 따라, 혹은 과일의 형태에 따라 먹는 방법이 다르다. 수분이 많은 그레이프 프루트나 오렌지 종류는 스푼으로, 사과나 감, 배와 같은 비교적 수분이 적은 과일은 나이프와 포크를 사용한다.

⑤ 바나나는 껍질이 벗겨진 상태로 나오거나 껍질의 일부분이 벗겨져 나오므로 좌측에서부터 한입에 넣을 수 있는 크기로 잘라서 먹으면 된다.

⑥ 포도는 손으로 먹는 것이 정식이다. 한 알씩 따서 먹으며 껍질과 씨는 접시에 직접 뱉어내지 말고 왼손에 들고 있다가 접시 위에 놓는다.

⑦ 모서리가 있는 케이크는 모서리 부분부터 잘라 먹는다.

㈔ 커피와 차(Coffee & Tea)

① 일품요리를 먹을 때는 별도의 주문이 필요하다.

② 정식일 경우에는 코스 안에 포함되어 나온다. 식후에 나오는 커피는 대개 양이 적고 진하다.

③ 홍차에 곁들인 레몬은 짜지 않는다. 컵 안쪽에 가볍게 대면서 즙을 내고 난 후 스푼과 함께 컵 받침대에 올려놓는다.

6) 일품요리에서 요구되는 매너

㈎ 일품요리로 즐겨먹는 이태리 음식인 파스타, 특히 스파게티는

한국인의 입맛에 맞게 많이 개발되어 있어 즐겨 찾는 메뉴 중에 하나이며, 소스에 따라 그 종류가 매우 다양하다.

(나) 스파게티는 포크로 말아서 먹는다. 보통 스파게티 면을 포크로 둘둘 말아서 먹기도 하지만, 왼손에 스푼을 쥐고 오른손에 포크를 쥐고 면의 2~3가락을 포크에 걸어 스푼 안쪽에서 빙빙 돌린다. 이런 방법으로 하면 한입에 들어가도록 알맞은 크기가 되어 먹기가 좋다.

(다) 카레는 한 번에 부어 비빔밥처럼 비벼 먹지 않는다. 카레요리는 소스가 별도로 나오는데 소스를 밥 위에 두세 번 떠먹을 만큼 조금씩 부어서 먹는다.

7) 식사 후의 행동일반에 관한 매너

(가) 식사가 끝나면 냅킨을 "대충" 접어서 자신의 테이블 왼쪽 위에 놓는다.

(나) 식사 중에 냅킨을 테이블에 올려놓아서 안 된다. 냅킨을 올려놓는 때는 커피를 마시고 난 다음이다.

(다) 담배를 태우고자 한다면 이때부터 가능하다. 물론 흡연석의 좌석에서 동석한 손님에게 담배를 태우는지의 의향을 먼저 물어보는 것이 자신이 담배를 태워도 되겠는가의 의사를 암묵적으로 구하는 방법이 될 수 있다.

8) 식사 중 자리를 뜰 때의 매너

(가) 악수를 하는 경우

레스토랑에서 식사 중에 아는 사람을 만날 경우가 있다. 가능하면 직접 다가가서 상대의 식사 분위기를 깨트리는 입장이 되지 말 것을 권유하고 싶다. 반대로 상대가 나에게 다가와서 반갑게 악수를 청하는 경우가 있는데, 이럴 경우에는 먼저 입안의 음식을 먹어 없앤 다음 잽킨으로 입 언저리를 닦는다. 냅킨을 왼손에 쥐고 의자에서 천천히 일어나 악수를 한다. 반갑다고 순간적으로 일어나지 않는 것이 나와 동석에 있는 상대를 배려한 처신이자 좋은 매너가 된다.

(나) 식사 중 휴대폰으로 전화가 걸려 왔을 때

식사 중에 가능하면 자리를 뜨지 말고 식사가 끝난 후에 전화를 하거나 받을 수 있어야 한다. 그럼에도 전화를 받아야 한다면 자리를 뜨지 않는 상태에서 상대방에게 잠시 양해를 구하고 간단하게 나지막한 목소리로 통화를 짧게 끝내야 한다. 모처럼 레스토랑에서 손님과 식사시간을 가지는 의미는 그것이 사교이든 비즈니스상의 접대이든 그 상황에 충실한 모습을 갖추는 것이 더욱 중요하다. 가능하다면 전화는 그 상황에서 꺼두거나 진동으로 전환시켜 놓고 디저트를 끝낸 다음에야 화장실에 다녀온다고 하며 밖에서 조용히 처리하는 것이 바람직하다.

㈐ 화장실을 다녀올 경우

급한 볼일이 생겨 식사도중에 화장실을 다녀와야 한다면 잠시 실례하겠다고 하며 상대에게 양해를 구하며 잠시 빠져나올 수 있다. 하지만 식사 전에 특히 레스토랑에 들어서기 전에 화장실을 다녀와서 식사 중에 생길 수 있는 경우의 수를 미리 줄여야 하는 것이 하나의 매너이다.

03 대중식당에서의 예절

고급 레스토랑에서는 일반적으로 품격 있는 매너를 갖추어야 한다는 의식을 대부분 갖고 있기 마련이다. 그러나 한국인들이 가족단위로 외식을 즐기거나 직장인들이 자주 이용하는 대중식당에서는 그렇지 못한 경우들을 종종 접할 수 있어 같은 공간에 있는 다른 손님들에게나 업소의 직원들에게 손님들에 대한 불쾌한 인상을 주는 원인이 된다.

이러한 결과는 무조건 비싸야 좋은 대접이 이루어진다는 잘못된 이미지를 심어줄 뿐만이 아니라, 비교적 저렴한 가격에 대중이 즐겨 먹고 이용할 수 있는 업소는 으레 저급한 수준의 서비스와 제대로 된 손님대접을 받기 힘들다는 인상을 주어 결국 이용자에게 그 피해가 돌아갈 수 있다는 것을 알아야 한다.

손님을 왕처럼 대접하라, 고객만족이 기업의 미래다라는 오래된 경영마인드는 이젠 중소업체뿐만이 아니라 소규모 자영업자와 구멍가게 정도라도 업소의 주인들은 이것의 중요성을 너무도 잘 알고 있다.

친절과 좋은 서비스는 상품을 돋보이게 할 뿐만 아니라 상품 그 자체일 수 있다. 특히 음식을 파는 업소는 손님에게 음식을 제공할 때마다 종업원의 태도와 행동, 그리고 말씨 하나하나에 사활을 걸고 그 질을 높이고 유지하려는 노력을 계속하고 있다.

이젠 예의바르고 세련된 매너로 잘 제공되는 서비스를 잘 받는 고객인 한국인들이 되어야 하겠다. 잘 주고 잘 받아야 내가 이용한 업소에 다른 손님에게도 좋은 서비스를 제공할 수 있는 힘이 될 것이다. 내가 이용하기 전에 누군가가 어떤 업소에서 손님으로서의 품격으로 업소의 직원들에게 감동을 주었다면 그 혜택은 바로 뒷사람인 내가 받을 것이기 때문이다.

대중식당에서부터 갖춘 예절로 환대받는 손님이 되어보자.

① 말씨가 좋으려면 상대방을 존중하는 경어사용과 완전한 말로 주문하고 대화를 나누어야 한다. "아가씨, 여기 낙지볶음 2인분 주세요' 혹은 '아주머니, 김치찌개 1인분 부탁합니다' 등으로 주문하고 호칭하는 것이 바람직하다. '아가씨, 여기 김치 좀더 주시겠어요?'라는 의뢰형의 대화체도 상대방의 의향을 묻는 식의 좋은 표현이 될 수 있다.

② 음성을 크게 내어 소란스럽고 시끄럽게 고함을 치듯이 주인을 부른다면 듣는 사람이 쉽게 피곤하고 짜증날 수 있기에 목소리는 낮추어 천천히 바쁠 때는 재촉하지 않도록 한다.

③ 음식을 제공하는 업소의 종업원이나 주인에게 '고맙습니다' 정도의 말 한 마디로 그들의 노고에 감사하는 표현은 음식을 제공하는 사람에게 보람과 의욕을 갖게 해준다. 당연하게 받는 것이란 태도에서 벗어나 좀더 서로에게 유익된 말 한 마디로 삶의 질을 높여나가는 성숙한 시민의 모습을 대중식당에서부터 재발견해 보자.

④ 음식물 그릇을 다른 용도로 사용하는 것은 삼가야 한다. 이를 테면 밥그릇에 식사 후 피우는 담뱃재를 터는 재떨이용으로 사용하는 경우는 없어져야 할 행동이다.

⑤ 이쑤시개의 사용은 가능하다면 자리를 떠나 화장실에서나 다른 장소에서 손으로 입을 가린 채 정돈을 하는 것이 좋다. 사용 후에는 반드시 분질러 쓰레기통에 버린다.

04 일반적인 음주예절

1) 술을 따를 때의 예절

① 술을 따를 기회가 주어지면 모든 행동을 조심해야 한다. 여러 사람이 함께 모여 술을 마실 때에는 가장 지위가 높거나 나이가 많은 윗사람부터 순서대로 따르도록 한다.

② 친구나 동료, 아랫사람이 아닌 이상 모든 사람에게는 두 손으로 따르는 것이 술 예법에 어긋나지 않는다.

2) 웃어른과 함께 술을 마시게 될 때의 예절

① 어른이 문쪽에서 먼 곳에 앉으시도록 자리를 만들고 어른이 앉으신 후에 따라 앉는다. 부득이 먼저 와서 기다릴 경우에는 어른의 자리를 따로 두고 적당한 자리에서 기다리다가 어른이 오시면 자리에서 일어나 맞이하고 먼저 앉으면 따라 앉으면 된다.

② 어른께 술을 따라드릴 때에는 먼저 "제가 한잔 드려도 되겠습니까?"라고 여쭈어 본 후, 상대가 좋다고 하면 꿇어앉은 자세로 두 손으로 잔을 드린다. 오른손에 술병을 쥐고 왼손으로는 술병을 받쳐드는 것이 적당하다.

③ 어른이 술을 권하면 꿇어앉은 자세로 술잔을 오른손에 들고 왼손은 술잔 밑을 바쳐든다. 남성의 경우에 왼손을 가슴 중앙에 대도록 하여 마치 한복을 입었을 경우의 긴 소매자락을 걷어올리는 것처럼 한다.

④ 어른이 권할 때까지 기다리고 혼자 먼저 술을 따라 마시지 않도록 한다.

⑤ 어른이 술을 따라 주시면 술잔을 받아 어른이 계신 반대편 쪽으로 얼굴을 돌리고 마신다.

⑥ 술잔을 상에 내려놓을 때에는 술을 받을 때와 같은 자세로 내려놓고 편안한 자세로 앉는다.

⑦ 여러 사람이 앉아 있는 경우 자리가 좀 떨어진 곳에 앉아 계신 어른께 술을 따를 때에는 그 어른의 앞에까지 걸어가서 꿇어앉거나 한쪽 무릎을 세운 자세로 따라야 한다. 어른이 앉아

계신데 아랫사람이 걸어간 채로 엉거주춤 서서 어른을 내려다보면서 술을 따르지 않는다.

⑧ 오른손으로 술병을 들고 왼손으로 술잔을 드리는 자세는 바람직하지 않다.

⑨ 어른께 잔을 드렸는데 거절하시는 경우 그 거절된 잔을 그대로 다른 사람에게 권하는 것은 경우가 아니며, 거절된 빈 잔에 자신이 술을 조금 따라 마신 후 다시 빈 잔을 다른 사람에게 권해야 한다. 이런 경우 자신이 먼저 술을 따라 마시는 이유를 설명하면서, 다른 사람의 퇴주잔으로 권하는 것이 아님을 분명하게 말해야 한다.

⑩ 어른이 술을 권하면 가급적 받아 마시는 것이 예의이나 무리하게 권하지 않는 것도 예의이다. 술이 약한 사람이라도 처음부터 사양하는 것은 실례이므로 "조금만 주십시오"라고 하면서 약간만 받는 것이 적합하다.

⑪ 술을 전혀 못 마시는 사람은 받아서 입술을 적신 후 상 위에 놓으면 결례가 아니며, 상대가 여러 번 권하면 "잘 마시지 못합니다"라고 거절해도 실례는 아니다.

3) 가까운 친구나 동료와 술을 마실 때의 예절

① 허물 없는 사이에는 한 손으로 따르며, 반드시 오른손을 사용하여 바르게 따르도록 한다.

② 술잔을 받을 때에도 오른손으로 받는다.

③ 동년배라도 경어를 사용하는 관계에는 반드시 두 손으로 따

라야 한다.

4) 건배를 할 때의 예절

① 어른과 함께 건배를 할 때에는 아랫사람의 술잔이 어른의 술잔 높이보다 위로 올라가지 않도록 한다. 술의 종류가 다를 땐 잔의 크기도 다르므로 해서 본의 아니게 어른의 술잔보다 높이 들고 건배하게 되는 경우가 생기는 것에 유의한다.
② 동료나 친구들 간에 건배할 때에는 눈높이로 술잔을 들고, 같은 높이로 서로 술잔을 부딪힐 때 너무 센 힘으로 부딪히지 말고 가볍게 살짝 맞대도록 한다.
③ 건배한 잔이라고 해서 단숨에 마시는 것은 신체에 무리를 주는 위험한 음주법이기에 한 잔의 술을 여러 번에 나누어 마시도록 한다.

5) 술을 마시면서 특별히 유의해야 할 예절

① 술을 권하는 것은 가장 주의하여 지켜져야 할 점이다. 술을 무리하게 권하지 말아야 하며, 상대가 무리하지 않는 선에서 권하는 것이 바람직하다.
② 상대가 어느 정도 술을 마셨다고 생각될 때에는 반드시 상대의 의향을 묻고 술을 권하는 것이 좋다. "한 잔 더 드시겠습니까?" 하고 물어본 후에 상대방이 "네, 좋습니다"라고 받아

들이면 술을 따르도록 한다.

③ 자신이 마신 빈 술잔을 상대방에게 권하는 음주법이 있는데, 이는 우리의 풍습이기에 윗사람이나 상대가 권하게 되면 술잔과 함께 술을 받아야 한다. 하지만 아랫사람이 윗사람에게 혹은 남성이 여성에게, 외국인에게는 삼가는 것이 바람직하다.

PART III

예절의 전통과 법규

1

예절의 의미와 전통

01 예절의 의미와 성격 및 기능

인간의 역사에서 가장 중시된 문화양상은 '사람으로서 사람다운 모습을 향유하는 데'에 있었다. 그 사람다운 모습을 위해 신(神)을 상정해 보기도 하고 동물과의 차별성을 강조하기도 하면서 특히 예절의 문제를 중시해 왔다. 즉 예절을 갖추지 못하면 삶의 그 어느 경우에 있어서도 사람다운 모습으로 간주될 수 없다고 보았던 것이다. 따라서 이 예절의 문제는 동서고금 그 어느 상황에서도 부단히 확인되어 왔다. 오늘날 우리가 이렇게 학습하는 것도 이러한 흐름의 연속적 모습이다. 이는 결국 인생의 평화와 안정, 그리고 인간다운 품위를 제고시킨다는 차원에서 의의가 지대하다.

이 '예절(禮節)'이란 예의범절(禮儀凡節)의 준말로서 일상생활에서 필요한 올바른 모습 그 모든 것들을 지칭한다. 그러므로 '과연 무엇이 가장 바람직하며 올바른 것인가?'에 대한 논의가 일찍부터 전개되어 왔으며, 그 실천적 범위 또한 인생의 모든 면에서 방대하게 나타났다. 동양에서는 『예기(禮記)』라는 고전이 그 대표적인 예이지만, 사실은 생활의 중심에서 부단히 거론되고 있었던 것이다. 인간다움의 첩경으로 "예가 아니면 보지 말고, 예가 아니면 듣지 말며, 예가 아니면 말하지 말고, 예가 아니면 움직이지 말라"라는 공자(孔子)의 발언이 주목되어 온 것은 그러한 모습의 단면이다. 의식주로서의 육체적인 측면 못지않게 인간다움으로서의 예절문제는 인류 문화사에서 매우 적극적으로 추구되어 왔던 것이다.

그 '예절'과 비슷한 용어로는 '예의'가 있다. 이것의 한자 표기로는 ①'禮義' ②'禮儀'의 두 가지가 있는데, ①의 경우는 예절의 내면적 의미성, 즉 '예절과 의리'를 가리키는 표현임에 비하여 ②의 경우는 '예절과 몸가짐'으로서 그 외면적 모습을 가리키는 표현이다. 그러나 우리의 일상에서는 별 차이 없이 쓰인다. 모두가 '禮'의 본질인 정신적 측면에서부터 그 방법인 실천과 모양의 외형적 측면은 나뉘어져 따로 있을 수 없는 것이기 때문이다.

이러한 점을 주목할 때에 한자 문화권에서는 그 포괄적인 용어로 '禮'가 있었다는 사실을 간과할 수 없다. 즉 오늘날까지도 우리 전통에서는 '禮'라는 한 글자에 그 모든 것을 포함시키고 있었다는 점이다.

그러면 그 글자에는 원래 어떠한 의미를 내포하고 있는 것이었을까? 문자구성을 통해 본 분석적 의미는 이러하다. 즉 한자 구성체인 '示+豊'에서 '示'는 태양과 달 그리고 별들의 빛을 형상한 것으로 인간을 내려다 보는 신을 의미함이요, '豊'은 그를 향해 제기(豆)에 제물을 담은 모습(曲)으로서 공경행위를 의미하는 것이었으니, 거기에는 종교적 신성성과 경배의식이 전제되고 있었던 것임을 알 수 있다.

이와 아울러 '禮節'에서의 '節'이란 또 무엇일까? 그 '節'의 자의(字意)는 '대나무 마디'를 나타내는 것으로, '마디'라는 의미를 비롯하여 '때'·'절차'·'절개'·'절제' 등의 뜻으로 쓰였다. 물론 '예절 절'이라고 불리기도 하지만 이는 동어반복의 경우이므로 그 이전의 자의부터 주목해 본다면, '마디'·'때'라는 의미에서 보이듯이 ⓐ에서 ⓑ로 변하는 하나의 상황성이 전제되고 있음을 알 수 있다. 이러한 변화상황에서 옳음에의 지향성으로서 그것은 '절차'·'절개'·'절제' '절도'라는 의미의 용례를 보이고 있었다는 점이다. 그 일상적 변화의 순간이 곧 나무의 마디로 비유될 수 있는 것이다.

사실 그와 같은 ⓐ에서 ⓑ에로의 변화상황에서 옳음을 지향한다는 의미는 '예절 절'로 불리는 경우에도 그대로 합치한다. '예절'이란 고요한 정지상태에서 거론되는 것이 아니라 ⓐ에서 ⓑ로, ⓑ에서 ⓒ로 변하는 동적 상황에서 '가장 적절함'을 추구하는 것이기 때문이다. 잠자리에서 깨어나는 상황으로 변화되었으니 아침인사가 필요한 것이요, 식사시간으로 바뀌었으니 식사예절이 요구되는 것이며, 차를 함께 타는 상황으로 변화되었으니 승차예절이 말해지는 것이며, 집을 방문하는 상황으로 바뀌었으니 방문예절이 요구된다는 것이다.

인생에서 그 변화의 큰 것으로서는 ① 미성년에서 성년으로, ② 독신생활에서 부부생활로, ③ 함께 살다가 죽음의 헤어짐으로, ④ 평소 상황에서 죽은 날 맞이함으로의 변화들이다. 이러한 변화의 큰 마디를 당면하면 그 당사자는 물론 함께 살아가는 사람들의 마음에는 애정과 공경의식을 더해지기 마련이다. 그러한 심경을 적절히 표상한 양식이 곧 관례(冠禮)·혼례(婚禮)·상례(喪禮)·제례(祭禮)로서 이른바 사례(四禮)이다.

이처럼 인생이란 크고 작은 변화 속의 연속된 일들로 이루어지는 것이며, 따라서 우리들의 삶에서는 항상 예절의 문제가 대두되지 않을 수 없다. 즉 인간으로서 인간다운 삶을 영위하기 위해서는 언제나 예절을 찾기 마련인 것이다.

그런데 그 예절이란 고정된 것이 될 수 없다는 데에 또한 어려움이 있다. 한 사람의 인생은 경우마다 다를 수 있고, 또 사람과 사람의 관계가 하나같지 않으며, 지금은 옛날과 같을 수 없는 변화상황이 상존하기 때문이다. 따라서 예절의 현장에서는 가변성을 용인하지 않을 수 없다.

그렇다고 모든 것을 변화시켜야 하는 것은 아니다. 비록 표현형식은 바뀌더라도 그 근본정신만큼은 변화될 수 없는 일이기 때문이다. 사랑의 예물은 상황에 따라 바뀌더라도 사랑이란 그 정신만큼은 변할 수 없는 것이 아니겠는가? 이러한 점을 확인시키듯 공자는 예의란 옷차림만을 가리키는 것이 될 수 없다고 이르면서, 제자 임방(林放)으로부터 "예의 근본이 무엇입니까?"라는 질문을 받고서는 "크도다 물음이여! 예절에서는 사치스러움보다는 검소함이 좋겠고, 상사에서는 절차만 밟기보다는 차라리 슬퍼함이 낳겠다"라는 반응을 보였다. 예절의 실제에 있어서는 그 근본정신이 능력과 상황에 따라 적절히 발현될 수 있어야 한다는 입장이다.

그러므로 그 어떠한 허례허식이나 형식주의의 태도는 경계하지 않을 수 없는 것이다. 이러한 입장은 오늘날에도 공감되는 바이다. 다만 현대인에서 우려되는 것은 형식의 간소화를 강조하다가 자칫 정신의 망각을 초래하지는 않을까 하는 점이다. 혼인예식에서는 호화로움을 추구하는 반면에 상례나 제례에서는 간편주의의 모습을 보이고 있는 것이다. 이러한 염려를 해소하기 위해서는 특히 참된 시중(時中)의 태도가 절실하다. 지나친 예물을 보고 매수되었다고 느껴지는 그 마음은 부족한 예물에 대한 멸시의 느낌 그 자체와 다를 바 아닌 것이기 때문이다.

그러면 그처럼 예나 지금이나 인생의 저변에서 중시되어 온 예절에는 어떠한 성격이 내재되었던 것일까? 이러한 물음과 관련해서는 다음의 발언들이 주목된다.

㉮ "성인은 예의를 제정하여 사람을 가르쳐 사람들로 하여금 예의가 있어서 스스로 금수와 구별되는 것을 알게 했다."(『예기』「곡례상」)

㉯ "사람이 도리 있는데도 배불리 먹고 따뜻이 입으며 한가롭게 살면서 가리킴이 없으면 금수에 가깝게 된다. 성인은 이를 걱정하여 설(契)을 사도로 삼아 인륜을 가르쳤다."(『맹자』「등문공상」)

㉰ "무릇 예란 가깝거나 먼 관계를 따라 정해주고 의심스런 것을 풀어주며 같거나 다른 점을 분별해 주며 옳고 그름을 밝혀준다. 예란 스스로를 낮추고 남을 존경하는 것이다."(『예기』「곡례상」)

㉱ "법으로 다스리며 형벌로 잡아가면 백성들이 그것에 걸리려 하지 않으나 염치가 없으며, 덕으로 다스리며 예절로 잡아가면 백성들이 염치가 있고 또 바르게 된다."(『논어』「위정」)

위 ㉮, ㉯에서는 인간이란 결코 금수의 차원에 머물 수 없다는 인간 자존의 문화의식에서 성인의 이름으로 예절의 시원을 확인하게 되는 것이요, ㉰에서는 인간 도리 실현의 상황적 실천양식으로 그 구체성을 볼 수 있는 것이며, ㉱에서는 피동적인 법치와 다른 공감적 덕치의 중심에서 예절이 요청되고 있음을 볼 수 있다. 즉 예절의 성격요인으로는 인간으로서의 자존성과 도덕성 및 자율성이 심층적으로 작용하고 있었던 것임을 알게 된다.

여기 논거로 삼는 원문에서는 '예(禮)'와 '인륜(人倫)'이라는 용례를 함께 취했다. 이들 공히 인간 도리를 향한 사고와 언행 모두를 지칭하는 일종의 키워드였기 때문이다. 그러나 자세히 살펴보면 그 용어활용의 범위는 같지 않았음을 발견하게 된다. 즉 '禮'의 경우는 삶의 영역뿐만 아니라 죽음의 영역에 이르기까지 널리 쓰이고 있었음에 비하여, '人倫'이나 '倫'의 경우는 주로 삶의 영역 내에서 바람직한 인간관계론의 포괄 용어로 쓰였던 것이다. 따라서 여기 예절론에서는 인륜성은 물론 제사론 등 그 모든 것을 거론하여 마땅하다.

그처럼 넓은 영역의 예절은 우리 인생의 여정에서 다음과 같은 성격을 보이고 있다. 첫째는 사람 사이의 상호 공경의 성격을 가지고 있다는 점이다. 예절은 자기 존엄성을 잃지 않되 특히 남을 존중하는 것으로부터 시작되는 것이기 때문이다. 남을 무시하여 하대하는 경우에서는 그 어떠한 예절행위를 기대할 수 없다. 따라서 내가 남을 존경하는 과정에서는 곧 그 남이 또한 나를 존경하는 모습을 보이기 마련이므로 결국은 상호 공경의 양상을 낳게 되는 것이다.

둘째는 인생살이에서 편리함을 가지게 한다는 점이다. 예절은 상호 간에 어떻게 대할 것이라는 묵시적 약속의 반영으로 나타난다. 즉 사람을 만나면 인사를 주고받을 것이라는 예감이 작용하여 절을 하게 되고, 사랑하는 사이에서는 선물을 나눌 것이라는 교감이 있어서 그 준비를 하게 되며, 혼인의례에서는 어떠한 절차를 따를 것이라는 통념이 있어서 쌍방이 일정한 과정을 밟게 되는 것들이다. 이처럼 예절은 매사에서 불안감이 아닌 안정감을, 그리고 분잡함이 아닌 편리함을 낳게 하는 것이다.

셋째는 예절은 관습의 성격을 가지고 있다는 점이다. 즉 나 자신이 무엇을 새롭게 제정하거나 다르게 드러내기 이전에 이미 그것은 정형화되어 왔다는 점이다. 일상적인 인사예절이나 식사예절 또는 명절예절이나 관혼상제의 예법 등 그 모든 것들이 나의 자의적 판단으로 가능한 것이 아니라, 그 전부터 사회적 습성으로 전래되는 요소의 구성체인 것이다. 따라서 우선은 그에 대한 이해의 태도가 필요하다. 다만 현실의 여건상 적절하지 못한 부분에 대해서는 형식적 변화가 가능하리라. 그것도 구성원 상호 간의 정서를 공유할 때에 인정될 것이므로 예절의 중심에는 관습성과 사회성이 깊이 작용하고 있다고 할 것이다.

그렇다면 그처럼 폭넓게 작용하는 예절은 우리 인생에서 또 어떠한 기능을 발휘하는 것일까? 이러한 물음에 대한 답은 우리들의 상식에서나 지금까지의 논의에서도 스스로 찾을 수 있다. 즉 예절은 인간다운 도리를 향한 삶의 한 양식으로서 안으로는 진정한 자기 정립을, 그리고 밖으로는 원만한 대인관계를 형성하여 사회의 안정과 질서 유지를 가능하게 하는 것이라는 점이다.

그런데 고전에서는 이보다 더 깊은 내용을 보여주기도 한다. 그 하나의 예로서 순자(荀子)의 다음과 같은 발언을 주목해 보기로 하자.

"예(禮)는 어디서 시작하는 것일까? 사람은 나면서 욕구가 있다. 욕구해서 얻지 못하면 구하려 하지 않음이 없는데, 그 구해감에 있어서 역량과 분수의 경계를 생각하지 않으면 싸우지 않을 수 없고,

싸우면 혼란해지고 혼란하면 곤궁해진다. 선왕은 그 혼란을 걱정하여 예의를 만들어 분수를 지키게 하였으니, 인간의 욕구를 부양하고 인간의 구함에도 족하게 해서, 욕구로 하여금 반드시 물질에 부족함이 없도록 하고 물질로 하여금 반드시 욕구에 모자람이 없도록 하여 그 양자가 서로 넉넉하게 해가는 것이다. 여기에서 예가 시작되었다."(『순자』「예론」)

이는 생명 유지의 저변에서 부단히 작용하는 욕구의 측면과 그것의 충족요소로서의 물질적 측면 두 가지를 직시하면서 상호 간의 균형과 안정성 확보의 논리를 지향하고 있는 경우이다. 그저 욕심을 없애야 한다느니 어떠한 덕목의 실천을 강조하기에 앞서, 욕구와 물질의 양면 관계를 겸전해 갈 수 있는 적극적 차원에서 예를 말함으로써 그 실천적 현장감을 더해주고 있는 것이다. 예절이란 정신이나 생각만 가지고 되는 것이 아니라, 그것을 행동으로 옮기기 위해서는 반드시 물질이 필요하다는 사실을 주목하고 있는 것이다. 이와 같은 순자의 예발생론에서 우리는 예절의 효용성과 기능성을 볼 수 있다.

즉 순자도 예절론의 깊은 곳에서는 사회안정과 질서유지를 향한 욕구의 절제기능을 중시하고 있다는 점이다. 이러한 입장은『예기』에서의 이른바 "무릇 물질이 사람을 감동시키는 것은 무궁하다. 사람이 좋아하고 싫어함에 절제가 없으면 물질이 이를 경우 사람이 물질로 된다. 사람이 물질로 된다는 것은 천리(天理)를 없애며 인욕(人欲)에도 곤궁해진다는 것이니, 이에서 어기고 거역하며 속이는 마음이 있게 되고 음탕함에 빠지거나 혼란을 일으키는 일이 있게 된다"라는 욕구 절제론과 다를 바 아니다.

따라서 언제나 인간이 물질화되지 않고 인간다움으로 남기 위해서, 그리고 제반의 비리와 비행의 불안상황을 예방하기 위해서는 일차적으로 욕심에 대한 이성적 절제의 노력이 요청되지 않을 수 없다. 맹자가 "마음을 함양함에는 욕심을 줄이는 것보다 좋은 것이 없다"라고 말한 것도 이와 성격을 같이한다. 이러할 때에 비로소 우리는 사회적 공존의식의 참된 모습을 기대할 수 있을 것이며, 인간다움을 지향하는 사회적 안정성을 확보할 수 있게 된다고 보았다. 그 절제의 척도와 실천 모델로서 항상 예가 중시되었으니, 거기에는 그것이 가지는 공유와 공존이라는 적극적 기능성이 전제되고 있었기 때문이다. 따라서 예절의 현장에서는 무엇보다도 조화정신이 귀하게 여겨지지 않을 수 없게 된다.

이러한 이유로 인하여 과거 전통사회에서는 사람다운 품격유지의 차원에서 예절의 문제가 부단히 거론되고 또 그 실천성 제고를 위하여 여러 가지 교재도 개발되었다. 우리의 역사에서는 고려 후기부터 흥기했던 유교문화를 중심으로 그러한 모습이 뚜렷했다.

즉 12세기를 전후하여 중국 송(宋)나라에서는 새로운 경학체계로서의 '사서(四書, 論語 大學 中庸 孟子)'와 병행하여 신유학으로서의 이른바 성리학(性理學)이 정립되고 있었는데, 그와 같은 사상적 동향은 우리나라에 그대로 전수되었다. 불교 입국의 고려시대가 끝나면서 그 문화적 위세는 크게 확장된 것이다.

그 중에서도 특히 고려 말기에 전래한 『주자가례(朱子家禮, 일명 文公家禮)』와 『소학(小學)』은 생활예절의 기본 텍스트로 매우 중시되었다. 전자는 가문의 중심인 사당(祠堂)의 존치와 제례의식을 비롯하여 관례·혼례·상례 등 제반 통과의례의 실행방법을 상세히 정리해 놓은 것이었다. 그리고 후자는 주자(朱子, 이름은 熹 1130~1200)의 지시에 따라 예절생활의 모델이 될 만한 내용들을 고대에서부터 당시에 이르기까지의 여러 곳에서 취하여 유청지(劉淸之, 자는 子澄)가 편찬하고 스승 주자가 감수하며 서제(書題)와 제사(題辭)를 붙여 이루어진 것이다. 이는 일상생활의 모든 측면에서 말해지고 있다는 점에서 전자와 다르다. 이 두 예서(禮書)의 내용은 오늘날에도 전통예절의 중요 부분으로 남아 있을 정도이다.

그리고 우리나라에서 편찬 간행된 인륜서로서는 『삼강행실도(三綱行實圖)』와 『이륜행실도(二倫行實圖)』 및 『오륜행실도(五倫行實圖)』가 주목된다. 『삼강행실도』는 세종 13년(1431) 집현전 부제학 설순(偰循) 등이 왕명에 의해 편찬한 것으로 충신·효자·열녀의 세 부분 각 35명씩 총 105건을 실기와 그림 및 찬송의 체제로 구성하였다. 이는 시각적인 방법까지 활용해서 인륜의 예절의식을 고양하려는 것이었다.

그러한 취지에 따라 중종 때의 김안국(金安國)은 오륜 가운데 위에서 빠진 장유유서(長幼有序)·붕우유신(朋友有信)의 조목을 따라 『이륜행실도』를 편찬하였으니, 그 내용은 형제도(兄弟圖, 25건)·가족도(家族圖, 7건)·붕우도(朋友圖, 11건)·사생도(師生圖, 5건) 등의 여러 가지로 구성하였다. 그 후 정종 21년(1797)에는 이병모(李秉模) 등이 왕명으로 그 두 책을 합병 간행하였으니, 그것이 곧 『오륜행실도』이다. 이때의 그림은 당대 최고의 화법에 의한 것(金弘道의 그림)으로 그 시각적 효과를 극대화하고자 하는 모습을 보였다. 이러한 과정에서 우리는 오륜 중심의 예절생활을 심화시켜 나가려는 적극적 의지를 확인하게 되는 것이다.

이와 아울러 명종 때 박세무(朴世茂)가 편찬한 『동몽선습(童蒙先習)』과 선조 때 이이(李珥)가 지은 『격몽요결(擊蒙要訣)』도 어린 시절부터 갖추어야 할 예절생활의 교재로서 널리 활용되어 왔다는 사실도 간과할 수 없다.

사실 그와 같은 예절 중시의 전통은 오늘날의 우리 생활 곳곳에서도 살아 숨쉬고 있다. 삶의 현장에서 크고 작은 일을 당함에 있어서 적절한 예절의식을 알고 있으면 당황되지 않지만 만약 모를 경우에는 당황하게 되고 반드시 알아야 되겠다는 의식이 작용하거나, 상대가 예의에 벗어나면 기분 나쁘게 생각되는 것 등은 바로 그러한 사실을 입증하고 있는 것이다. 다만 오늘날의 삶에서는 문화의식과 종교생활이 하나의 형태로 추구되는 것만은 아니므로 그에 대하여 다양한 양식을 보이고 있는 상황인 셈이다.

예절의 전통에 큰 영향을 주고 있는 또 하나의 현대적 경향은 특히 '개인의 존엄성'이 더욱 중시되고 있다는 사실이다. 그리하여 우리의 현행 헌법 제10조에서는 "모든 국민은 인간으로서의 존엄과 가치를 가지며 행복을 추구할 권리를 가진다. 국가는 개인이 가지는 불가침의 기본적 인권을 확인하고 이를 보장할 의무를 진다"라고 규정하였다. 개인이 국가에 대하여 어떻게 하여야 한다는 점을 강조하기보다는 국가가 개인에 대하여 인권을 보장해 주어야 한다는 입장이다. 이것은 북한과 같은 사회주의에서는 말하기 어려운 부분이다. 자유민주주의의 장점은 인간 상호 간의 사회성도 중시하지만 각 개개인의 인간가치를 절대시하는 데에 그 장점이 있는 것이다.

이로 말미암아 우리들의 예절문화에 있어서는 많은 변화를 보게 되었다. 종래의 남녀 차별의식은 더 이상 자취를 찾을 수 없게 되었고, 이제는 자녀에 대한 상속도 평등하게 분배함을 원칙으로 하게 되었으며, 가정 파탄이 우려되는 '이혼'의 당사자들도 더 이상 부끄럽게 여기지 않으며, '동성동본 금혼(同姓同本 禁婚)'의 민법규정도 폐기하는 것이 바람직하다는 상황으로 바뀐 것이다. 최근에는 호주제까지 폐기하여 전통적 가정문화에 하나의 큰 전환기를 맞고 있다.

토론해 봅시다.

1. 예절의 연원에는 어떠한 정신적 요소가 내포되는 것이었는가?
2. 인생에서 예절 없는 상황을 상정하며, 그 필요성을 구체적으로 제기해 보자.
3. 전통예절의 현대적 의의와 현대예절의 특성은 무엇인가?
4. 오늘날의 예절문화에서 발견되는 장애요인과 그 극복방안을 거론해 보자.

02 자기 인식과 인륜정신

현실을 살아가는 사람들은 어떠한 모습을 갖추고 있을 때에 과연 '사람다움', 즉 '인간다움'으로서의 예절의 진면목이라 이를 수 있는 것일까? 이 문제는 결국 각 개인 각자에게로 이어지게 된다. 그 구체적인 양상은 각기의 인간관계를 이루고 있는 각 개인들의 자기 모습에서부터 말해지지 않을 수 없다는 점이다. 즉 '사람다움', '인간다움의'의 문제는 인간 모두에 있어서 '자기다움'의 기본에서부터 시작된다는 것이다. 따라서 자기 인식에의 적극성이 없으면 그 어떠한 '인간다움'으로서의 예절행위는 기대하기 곤란하다.

정신상태가 흐트러지지 않는 이상 사람이라면 누구나 자기 스스로를 잃어버리지는 않는다. 그러므로 그 누구의 경우에 대해서도 자기 정립으로서의 예절의식은 기대할 수 있는 것이다. 그러면 그 구체적인 모습은 어떻게 찾아지는 것인가?

이에 직결된 양식이 곧 '이름'이다. 즉 자신이 가지고 있는 이름에 충실하는 것이 바로 자기 인식의 진실태가 된다는 점이다. '인간'

이라는 이름을 가지고 있으므로 그 '인간'이 뜻하는 바에 충실할 때에 비로소 '자각된 인간의 모습'을 낳을 수 있다는 논리이다. 그런데 개인에게는 그와 같은 공통의 이름뿐만이 아니라, 태어날 때 부모로부터 받는 성명에서부터 사회적 직함에 이르기까지 그 유형은 실로 많다. 즉 김○○, 남성, 여성, 어머니, 아버지, 아들, 딸, 형, 아우, 남편, 아내, 애인, 학생, 선생, 수험생, 감독관, 공직자, 직장인, 시민, 한국인, 북한인 … 등등 그 종류는 우리 사회 구성원만큼이나 많게 된다. 하지만 어떤 개인이 그 모든 이름을 다 가지는 것은 아니다. 상황에 따라서 일시적인 것일 수가 있고 영원히 갖지 않을 이름일 수도 있다. 그러나 어느 순간이라도 일단 어떠한 이름을 가진 입장이 된다면 그 이름이 뜻하는 바에 따른 올바른 모습, 즉 '~다움'으로서의 진면목을 보여야 함은 당연한 것이다.

여기 '~다움'으로서의 자기 정립 모양이 바로 예절로 이어진다. 즉 학교에서 선생님의 경우는 '선생님다움'이 제일인 것이요, 학생의 경우는 '학생다움'이 제일인 것이다. 따라서 사람들 모두에게는 여러 가지의 이름을 가지고 있는 한, 그 이름을 더럽히지 않으려는 삶의 태도야말로 하나의 의무적인 것이요, 가장 도덕적이며 아름다운 모습이 되는 것이다.

그러므로 예를 들면 남자로서 평생 '인간'·'한국인'·'남자'·'자식'·'남편' 등의 이름을 버릴 수 없다면 그 이름들이 가리키는 참된 모습은 내가 좋은 싫든 따라하지 않을 수 없는 일이다. 만약 그로부터 일탈된 모습을 보이게 된다면 스스로의 자기 정립은 물론 원만한 대인관계를 기대하기 어렵다. 이러한 논리는 우리 모두에게 이름 소유의 일시적 상황조차도 예외로 하지 않는다. 따라서 예절 역시 각기의 이름에 따라 항상 그렇게 살아주어야 할 하나의 의무적 성격과 병존하는 것임을 알 수 있다.

그와 같이 각기의 이름에 따른 '~다움'의 경지를 고전에서는 크게 다섯 가지 또는 열 가지로 말하고 있다. 즉 『서경(書經)』과 『춘추좌전(春秋左傳)』에서는 우선 다섯 가지를 말한다. 그것이 이른바 오전(五典)이니, 부의(父義, 아버지는 의로움) · 모자(母慈, 어머니는 자애로움) · 자효(子孝, 자식은 효도함) · 형우(兄友, 형은 동생에 우애함) · 제공(弟恭, 동생은 형에게 공손함) 등이다.

그리고 『예기(禮記)』에서는 열 가지를 말하고 있으니, 부자(父慈, 부모로서의 자애) · 자효(子孝, 자식으로서의 효성) · 형량(兄良, 형으로서의 착함) · 제제(弟弟, 아우로서의 공경) · 부의(夫義, 남편으로서의 의리) · 부청(婦聽, 부인으로서의 순종) · 장혜(長惠, 어른으로서의 은혜 베풂) · 유순(幼順, 어린자로서의 순응) · 군인(君仁, 임금으로서의 어짐) · 신충(臣忠, 신하로서의 충성) 등이 그것이다. 이 열 가지를 '십의(十義)'라 한다. 앞의 오전은 가족관계를 중심으로 하는 경우이고 뒤의 십의는 그와 더불어 정치사회적 인간관계까지 주목한 경우이다.

이러한 점이 전제되어 공존의 보편윤리가 말해질 수 있다. 즉 각기의 처지에 따른 진면목을 기반으로 해서 사람 상호 간의 올바른 관계, 즉 인륜성이 거론될 수 있다는 점이다. 그 대표적인 예가 『맹자(孟子)』에서의 이른바 오륜(五倫)이다. 즉 부자유친(父子有親, 부모와 자식 사이에는 친애함이 있다) · 군신유의(君臣有義, 임금과 신하 사이에는 의리가 있다) · 부부유별(夫婦有別, 아내와 남편 사이에는 분별이 있다) · 장유유서(長幼有序, 어른과 젊은이 사이에는 질서가 있다) · 붕우유신(朋友有信, 친구 사이에는 신의가 있다) 등이 그것이다.

여기 부자 간의 '친(親)'이란 자식으로서의 효성만을 뜻하는 것이 아니라, 부모의 자식에 대한 자애와 자식의 부모에 대한 효성이 상호 교합됨을 의미한다. 이와 같은 쌍무호혜적(雙務互惠的)인 공존 상생의 논리는 그 이외의 의(義)·별(別)·서(序)·신(信)의 경우에서도 동일하게 내재되어 있다.

이를 테면 '부부유별(夫婦有別)'의 경우에도 일방의 복종적인 차별성을 뜻하는 것이 아니라는 점이다. 여기서의 '별(別)'이란 위·아래와 같은 '차별'을 강조하는 것이 아니라 남자와 여자가 같지 않음으로서 공존하게 되는 '분별'이란 의미이다. 즉 남편은 양성으로서 남자다운 태도로 아내를 대하고 아내는 음성으로서 여성다운 모습으로 남편을 대하는 그 차이가 곧 '별(別)'인 것이다. 이처럼 부부관계에서는 서로 다른 속성으로 대할 때에 배우자에 대한 애정과 공존이 가능하다. 여기에서는 '다르기 때문에 상대를 당긴다'라고 하는 음양의 원리가 전제되어 있는 것이다.

쌍무호혜의 논리를 견지하는 오륜은 주자(朱子)에서도 그대로 중시되었다. 그는 자신의 교육장인 백록동서원(白鹿洞書院)에서 교육목표로서의 학규(學規)를 작성했는데, 그것을 '오교지목(五敎之目)'이라 하며 바로 그 오륜만을 말하고 있었던 것이다. 즉 한(漢)나라의 동중서(董仲舒)·반고(班固) 등에 의하여 처음으로 거론된 삼강(三綱, 君爲臣綱 父爲子綱 夫爲婦綱)은 제외되는 것이었다. 이것은 이미 『맹자』에서 천명한 인륜관계를 상하 관점으로 재론하는 것으로서, 자칫 주종의 복종의식만을 강화하는 편향된 결과만을 낳을 수 있는 것이기 때문이다. 따라서 그것은 외유내법(外儒內法)을 강조하던 한나라의 시대적 산물로 정리하여 좋을 것이다. 오륜에서는 공동선을 향한 간쟁의 논리가 포함될 수 있지만 삼강에서는 그렇지 못하다는 점에 대해서도 유의할 필요가 있다.

이러한 인륜론에서 특히 부모에 대한 자식다움으로서의 '효(孝)'

문제는 매우 중시되었다. 이는 오늘날에도 다를 바 없으므로 이제 효행문제의 과거와 현실을 생각해 보기로 한다.

'효'라 하면 요즈음 사람들도 흔히 이러한 말을 연상한다.

"신체 모두는 부모에서 받은 것이니 감히 손상시키지 않는 것이 효도의 시작이요, 몸을 바로 세워 도리를 실행하여 후세에까지 이름을 드러냄으로써 부모님도 높여지게 하는 것은 효도의 끝이다.(身體髮膚 受之父母 不敢毁傷 孝之始也 立身行道 揚名於後世 以顯父母 孝之終也.)"

이처럼 예나 지금이나 자기 자신의 몸은 부모님으로부터 받은 것이라는 사실성은 효론의 처음에서 확인된다. 즉 자신에 대한 조상의 유체(遺體)의식이 작용한다는 점이다. 이를 따라 자기에게는 후손을 두어 가문의 대(代)를 이어가도록 해야 한다는 과제의식이 심화된다.

그러므로 맹자는 불효라고 일컬어지는 세 가지, 즉 ① 아부하는 뜻으로 순종하기만 하여 부모를 불의에 빠뜨릴 수 있게 하는 것, ② 가정이 가난하고 부모가 늙었는데도 벼슬길(소득활동)에 나아가지 않는 것, ③ 자식을 낳지 않아서 조상에의 제사를 단절케 하는 것 등의 셋 가운데 특히 ③의 경우가 가장 큰 불효라고 말했다. 이는 그 누구라도 혈연적 지속성을 자의적으로 단절시킬 수는 없다고 보는 종족 보존에의 본능의식이 절실한 데에서 비롯한 것이다.

한편 효론의 일반에서는 위의 ②가 상식적으로 말해지는 것이지만 그 높은 수준에서는 ① 또한 주목된다. 거기에는 "올곧은 말씀으로 윗분을 일깨워드린다(直言以悟人)"라는 소위 '간(諫)의 논리'가 내재되어 있기 때문이다. 그러므로 공자는 "공경하지 않으면 어떻게 효가 될 수 있겠는가?"라고 말하면서도 "부모를 섬김에는 부드럽게 간하여야 한다(事父母 幾諫)"고 일렀던 것이다.

또한 『효경(孝經)』에서도 그 간쟁의 기능을 중시하여 "부모의 령만 따르는 것이 효도라 이를 수 있겠습니까?"라고 물음에 대하여 "이 무슨 말인가! 옳지 못한 것을 당면했을 때는 자식으로서 부모에게 간쟁하지 않을 수 없는 것이요, 신하로서는 임금에게 간쟁하지 않을 수 없는 것이다. 불의에는 간쟁하는 것이니 부모의 명령만 따르는 것이 어찌 효가 될 수 있겠는가?"라고 응답하는 내용을 전하고 있다. 부모나 임금의 잘못을 보고 그대로 따르는 것은 곧 불효, 불충이 될 수가 있음을 경계하고 있는 것이다.

이러한 간쟁의 논리가 중시되는 것은 사람이라면 누구나 정의와 지선을 뒤로 할 수 없다는 공동의 가치 추구가 작용하기 때문이다. 따라서 여기 간쟁의 현장에서는 그 정의와 지선을 향한 간쟁자의 수준 높은 판단력과 그것을 듣는 어른의 관용성이 요구된다. 이러한 쌍방의 신중한 태도가 결여된다면 그것은 대립과 갈등만 더하게 될 뿐이다. 고전에서는 그 간쟁의 한계적 상황에 대하여 두 가지로 말한다. 즉 군신관계와 같은 후천적인 경우에는 그 관계를 포기할 수 있음에 비하여 부자관계와 같은 선천적인 경우에는 그럴 수가 없다고 보는 것이다. 그렇다고 정의와 지선의 가치추구를 중단하여 좋다고 여기는 것도 아니다. 이러한 상황에서 나타나는 태도를 "소리 내 눈물 흘려 울면서 따른다(號泣而隨之)"고 표현했다.

사실 자식으로서 부모를 공경하는 일은 그 누구의 권에 의한 것이라기보다는 인간 심성의 자연스런 모습이다. 인간으로서 본심을 잃지 않는 사람이라면 부모가 지식을 사랑하듯 자식은 부모를 공경하며 살아가기 마련이다. 그러므로 대부분의 우리 모두는 다 효자요 효녀인 셈이다.

다만 사회적으로 그 효의 정신을 강조하고 권장해 왔던 것은,

보다 더 그 정도를 높이고 확대하여 인간다운 삶의 기본을 돈독히 하려는 데에 의의가 있었던 것으로 보인다. 효성이 지극한 자는 그 어떠한 불의나 비리의 길에 나아가지 않는다는 사실은 삶의 현장에서 부단히 검증되고 있었던 것이다.

우리가 사는 현대사회는 과거의 전통사회에 비하여 여러 모로 변하였다. 효행의 터전이 되는 가족관계가 대가족형에서 소가족형으로 변하고, 농경생활 방식보다 도시생활 방식이 위주이며, 경제적 능력에 따라서는 고도로 안락한 삶을 영위할 수 있는 여건도 접하게 되었다. 또한 농경사회에서의 어른들은 젊은이들에게 인생행로의 모델로서 권위를 가질 수 있었지만 현대적 상황은 그렇지 못하다. 노령세대를 따르는 것으로는 일상생활이나 직업준비의 그 어느 면에서도 발전을 기약할 수 없다고 보는 것이다. 이러한 현실은 우리 모두가 자유, 평등의 민주적 의식구조 속에서, 그리고 창의력 중시의 과학적 생활의식 속에서 함께 경험하고 있는 바이다.

그럼에도 불구하고 우리는 부모님을 향한 공경의 마음을 잊을 수 없다. 우리의 부모님 또한 우리들이 잘 되기를 바라고 계시다. 그러면 현대를 살아가는 우리들은 어떠한 모습으로 스스로가 흡족하게 여기는 효행을 할 수 있을까? 이에 대한 현명한 답은 부모님의 입장에서 나를 생각해 보는 것으로써 찾을 수 있을 것이다. 이른바 역지사지(易地思之)의 태도이다. 그리하면 크게 힘들이지 않으면서도 부모의 자녀 사랑을 더하게 하는 여러 가지 방안이 나타날 것이다. 그것이 바로 부모를 향한 자식으로서의 진정한 예절행위로 이어질 것임은 자명하다.

이처럼 예절의 시작은 내면의 정신세계에서부터 비롯하는 것이다. 따라서 그 예절행위의 최종 결과 역시 내적 정신세계로 수렴된다. 그리하여 그 예절의 과정과 절차를 밟고 나면 그 누구보다도 자기 스스로가 만족해하며 행복감을 느끼게 되는 것이다.

그러나 만일 상황이 여의치 못하여 그러한 과정을 뒤로 미루거나 생략해 버린다면 항상 스스로에게는 불만스런 마음을 저버릴 수 없고 남에게는 떳떳치 못하여 부끄러운 마음이 들기 마련이다. 그러므로 혼인예식을 올리지 못한 상태에서 아기를 낳으며 사는 부부들은 뒤늦게라도 그 행사를 꼭 거행하려 한다.

이것은 곧 전통사회에서 '도덕적인 삶'을 오복(五福, 壽 富 康寧 攸好德 考終命) 중의 하나로 여겼던 점과 성격을 같이 하는 것이기도 하다. 인간이기에 인간다워야 한다는 인륜정신에의 사명감은 우리 인생의 저변에서 부단히 지향되는 것이었고, 그것의 여러 가지 모습이 이른바 '예절'로서 다양하게 나타났던 것이다. 그것은 일의 크고 작음에 따라 그 모양을 달리하여 왔으니 다음 장에서는 그 큰 것의 유형을 살펴보기로 한다.

토론해 봅시다.

1. 나 자신이 예절행위의 주체가 되어야 할 이유는 무엇인가?
2. 예절문화 신장의 기본 요건들을 열거해 보자.
3. 현대의 생활예절은 어떠한 방향으로 개선되어야 할 것인가?

03 통과의례의 전통적 모습

인간 존재는 출신 지역이나 가문 등의 공간적 측면에서 파악되기도 하고 또 시간의 흐름에 따라 이해되기도 한다. 여기 통과의례는 주로 그 시간의 흐름을 반영하는 나이를 기본으로 한다. 즉 인생의 여정에서 백일, 돌, 생일, 이십, 사십, 회갑, 진갑, 칠순, 팔순 … 죽음 등등의 말을 쉽게 듣고 있듯이, 우리들의 살아 있는 모습은 '시간 속의 존재'임을 부단히 확인하고 있는 것이다.

그 시간의 흐름과 함께 하는 인생에서는 제 각각 크고 작은 일들을 만나게 되지만, 누구나 한평생을 살아가는 데 있어서 피할 수 없는 똑같은 큰 변화의 계기가 있다. 이를 테면 청소년에서 성인(成人)에 이르는 경우와 남녀 간에 배필을 만나 부부생활이 시작되는 경우, 그리고 이 세상의 삶을 마치는 경우 등이다. 이러한 큰 변화의 계기를 맞으면 인간으로서의 심경(心境)은 더욱 깊어지게 되는 것이었으니, 그로 말미암아 그 당사자를 중심으로 한 주변인들은 나름대로의 의식(儀式)을 거행하기 마련이었다.

그러한 모습들이 곧 관례(冠禮)와 혼례(婚禮), 수연(壽宴) 그리고 상례(喪禮)이다. 또한 함께 같이 살다가 죽음으로 헤어진 경우에서는, 그 죽은 날을 다시 맞게 되거나 계절의 변화를 맞으면 그에 대한 애절한 심경이 깊어지게 되니, 이러한 마음에서 비롯하는 의식이 곧 제례(祭禮)였다. 이상의 네 가지를 일컬어 소위 사례(四禮)라고 한다. 또한 왕조시대의 조정에서는 길례(吉禮)·가례(嘉禮)·흉례(凶禮) 빈례(賓禮)·군례(軍禮) 등의 오례(五禮)로서 그 의식의 성대함을 다하고 있었다.

전통사회에서의 시간표현은 천간(天干), 지지(地支) 즉 '간지(干支)'로 나타났다. 이는 오늘날에도 활용되고 있으니 천간은 '甲·乙·丙·丁·戊·己·庚·辛·壬·癸'의 열 가지요, 지지는 '子(쥐)·丑(소)·寅(호랑이)·卯(토끼)·辰(용)·巳(뱀)·午(말)·未(양)·申(원숭

이)·酉(닭)·戌(개)·亥(돼지)'의 열 두 가지이다. 天·地·人 三才의 세계관에 따라 그 두 측면을 합하여 甲子 乙丑 丙寅 … 등으로 표현했던 것이다. 이것을 年 月 日 時의 네 경우에 적용해서 특정한 시점의 표시는 여덟 자로 나타내게 된다. 여기서 이른바 '사주팔자(四柱八字)'라는 말이 가능한 것이다.

또한 그 간지의 배열은 모두 60종이 되니, 이것을 하나의 사이클로 간주하였다. 그리하여 만 60세면 '회갑(回甲)'이라고 표현하는 것이고, 이보다 오래 사는 경우는 '수(壽)' 또는 '장수(長壽)'라 부르게 되었으며, 그에 미치지 못하면 '단명(短命)'이라 하고, 또 그 반절에도 미치지 못한 경우에는 '요절(夭折)'이라고 불리는 것이었다.

이처럼 시간과 함께 살아가는 인생에서는 과연 무엇이 올바른 것인가에 대한 공부와 실천의 문제가 요구된다. 그래서 자고로 학문을 중시했던 것이고, 벼슬 없는 고인의 위패에 있어서도 '顯考學生府君神位'라고 하여 '學生'이라는 용어를 활용하고 있었던 것이다. 따라서 인간의 성장과정에서는 반드시 그러한 학문과 덕행의 성숙됨이 말해지고 또 그것을 사회에 구현하기 위한 공직생활이 추구되었다.

그와 같이 시간과 공부 그리고 사회참여를 함께 표현한 고전 구절을 보면 다음과 같다.

① 『論語』(爲政篇) ; 子曰 吾十有五而志于學 三十而立 四十而不惑 五十而知天命 六十而耳順 七十而從心所欲不踰矩.

② 『禮記』(曲禮 上) ; 人生十年曰幼·學, 二十曰弱·冠, 三十曰壯·有室, 四十曰强·而仕, 五十曰艾·服官政, 六十曰耆·指使, 七十曰老·而傳 八十九十曰耄 七年曰悼, 悼與耄 雖有罪

不加刑焉, 百年曰期頤.

③ **唐나라 두보(杜甫)의 詩「曲江」**; 人生七十 古來稀

위 ①의 경우는 공자의 일생을 두고 하는 말이요, ②의 경우는 선비사회에서 태어난 지식인의 일생을 말한 것이며, ③의 경우는 70세까지의 삶은 드문 일임을 나타낸 시문이다.

이러한 기록은 일반인의 나이 표현으로 활용되기도 했다. 이를 종합하여 나이 지칭의 전통적 양상을 보면 다음과 같다.

◦ **나이 표현의 전통 용어**

15세 ; 지학(志學) 입지(立志)
여자 15세 ; 계년(笄年, 비녀 꽂는 성년식의 나이)
20세 ; 약관(弱冠) 가관(加冠) 원복(元服, 성년식 때에 쓰는 갓)
30세 ; 이립(而立)
40세 ; 불혹(不惑) 강사(强仕)
50세 ; 지명(知命) 지천명(知天命) 애년(艾年)
60세 ; 육순(六旬, 旬은 10) 이순(耳順) 기수(耆壽) 기년(耆年)
61세 ; 회갑(回甲) 환갑(還甲) 주갑(周甲) 화갑(華甲, '華'자는 '十'자가 6개)
망칠(望七, 칠십을 바라봄)
62세 ; 진갑(進甲, 陳甲)
66세 ; 미수(美壽)
70세 ; 칠순(七旬) 고희(古稀) 희수(稀壽) 종심(從心)
71세 ; 망팔(望八)
77세 ; 희수(喜壽)
80세 ; 팔순(八旬) 질수(耋壽)
81세 ; 망구(望九)
88세 ; 미수(米壽, 米자를 분해하면 八十八)
90세 ; 구순(九旬) 모수(耄壽)
91세 ; 망백(望百)

99세 ; 백수(白壽, 白은 '百'에서 一을 뺀 뜻)
100세 ; 기이(期頤) 기수(期壽)
108세 ; 다수(茶壽, 茶자를 분해한 수)

이상과 같은 나이에 따라 우리는 평소의 생일날 이상으로 살아감의 기쁨을 더하게 된다. 그리하여 잔치마당을 펼치고 예물을 올리기도 한다. 그리고 그 예물에는 상대에 대한 공경심이 깊은 만큼이나 최고의 것을 사용하려 한다. 한편 그 정성을 모으는 데 신경이 예민하게 작용하기도 하고 때로는 경제적 부담을 주는 경우도 있다.

그러나 그 예의에는 물질적인 것 이전에 마음의 세계가 있는 것이라는 원래의 참뜻을 잃지 않는다면 형편에 알맞은 검소한 태도가 더욱 솔직하고 인간다운 모습이라 할 것이다. 우리가 사용하는 예물에는 주로 먹을 것, 입을 것, 그리고 장식의 기호품 등 주로 일상적 필수품들이다.

그 가운데서도 특히 '술(酒)'은 여러 예물 가운데서 가장 깊은 의미로 활용되고 있었으니 잠시 이 부분을 주목해 보기로 한다.

술은 우리의 일상적인 생활 속에서 널리 습성화된 음식물 중의 하나이지만, 그것은 인생에서 크고 작은 의식(儀式)을 거행할 때의 필수적인 예물이었다. 그 사례들을 정리해 보면 다음과 같다. 우선 각종의 제수품(祭需品)에는 반드시 술이 사용되어 왔다는 점을 볼 수 있다. 제사를 지낼 때는 술잔을 올리면서 절을 한다. 조상의 묘(墓)에 가서 절을 할 때에도 여러 음식 가운데 특히 술을 중시한다. 어떤 신(神)이나 영혼을 대할 때에는 자연스레 지극한 정성의 마음을 갖게 되듯이 그 자리의 예물로서는 술이 쓰였던 것이다. 이러한 사실은 중국 고대의 세계적 유물인 갑골문(甲骨文)에서도 확인된다.

그리고 술은 각종 통과의례시의 예물로 사용되어 왔다. 성인식인 관례(冠禮) 때에는 처음으로 음주를 공인하면서 주도(酒道)를 가르치고, 혼인할 때에는 '합환주(合歡酒)'라 하여 신랑신부가 술잔을 나누는 것이며, 회갑연에서는 헌수(獻壽)로서의 술잔을 올리며 축하하고, 상사에서는 술을 놓고 망자(亡者) 앞에 슬퍼하는 것이다.

또 술은 접대시의 귀한 예물로 쓰여 왔다. 자기의 집을 방문한 손님에게는 반주(飯酒)를 잊을 수 없는 일이요, 정다운 만남에서는 주안상(酒案床)이 제일이며, 국가 간의 귀빈접대 연회에서는 반드시 술잔의 축배가 올려지는 것이다. 뿐만 아니라 수중의 영물(靈物) 거북이를 만났을 때에도 '곡식으로 빚은 술', 즉 곡주(穀酒)를 먹이고 놓아주는 습속이 있다.

이상의 용례로서 우리는 술이 갖는 깊은 뜻을 알 수 있겠다. 즉 술은 "지성(至誠)이면 감천(感天)이다"라는 말에서의 '至誠'의 의미를 가지고 있었다는 점이다. 실제로 술이 만들어지는 과정에서도 그러한 점을 볼 수 있다. 즉 인간의 생명처럼 고귀한 주곡(主穀)의 익힌 것과 그것을 발효시키는 누룩을 적절히 조합 발효시켜 진액을 빚어내는 일련의 과정에는 지극히 정성이 깃들어 있었다는 사실이다. 그러므로 오늘날에서도 제사용 술로는 화학주(化學酒)가 아닌 곡주(穀酒)를 쓰고 있는 것이다.

이처럼 '至誠'의 상징물로 술이 쓰였기에 기도할 때의 예물로도 술이 필요한 것이었지만, 미처 준비되지 못한 상황이어서 그 대신 '맑은 물'을 올릴 때는 그것을 '물'이라 하지 않고 '무술' 또는 '현주(玄酒)'라고 부른다. 이 현주는 알코올 성분이 없는 의미상의 술인 것이다.

한편 오늘날의 예물로는 흔히 꽃(花)이 많이 사용되고 있는데,

이러한 현상은 우리 동양의 전통적 모습은 아니다. 동양인의 의식 속에서는 사람의 기호(嗜好)로 인하여 꽃의 생명이 꺾어질 수는 없다고 보는 것이었기 때문이다.

그런데 만일 꽃송이를 올리며 인사할 경우가 있다면 어떠한 모습으로 잡는 것이 바르겠는가? "이 꽃을 받으십시오" 하는 태도는, 꽃봉오리를 앞으로 향하게 잡는 것이 옳겠는가, 아니면 뒤로 향하게 하고 꽃대를 앞으로 향하게 하는 것이 옳겠는가? 일본에서는 후자의 형식으로 생활화되고 있음에 유의할 필요가 있겠다. 사실 우리나라에서는 대부분 꽃봉오리를 상대 쪽으로 하지만 그 모양을 달리하는 경우도 가끔 보게 된다.

1) 관례(冠禮)

예나 지금이나 한 생명이 태어나는 것을 매우 성스럽게 여긴다. 그래서 생일을 기해서는 당사자는 부모님께 더욱 감사드리고 식구들은 축하의식을 올려주는 것이다. 이러한 모습은 애기 때부터 죽을 때까지 계속된다. 그만큼 인간은 항상 고귀한 존재로 인식하며 살아가는 것이다. 그 의식이 가장 크게 나타나는 경우가 곧 관혼상제이다. 이제는 이를 중심으로 그 전통적인 모습을 살펴보기로 한다.

한 인간이 부모의 보호를 받으며 성장하여 어른으로 되는 것은 어느 한 순간의 일은 아니다. 그러나 거기에는 분명히 어린 모습에서 벗어나 어른이 되는 변화의 마디는 있는 것이다. 이 점을 주목하여 참다운 어른에로의 축원의식이 나타나게 되는바, 이를 성인식, 즉 관례(冠禮)라 한다. 이제는 더 이상 과거와 같은 보호를 받지 않아도 살아갈 수 있는 심신의 역량이 갖추어졌음을 확인하고 또 어른답게 바로 살아가기를 당부하는 축하의식을 가지는 것이다. 따라서 그 관례의 절차는 어른으로서의 의무와 권리를 다짐하는 사회적 공인성을 기본으로 하지 않을 수 없는 것이므로 자못 근엄하고 경건하게 거행된다.

우리나라 역사에서는 고려 광종 16년(965) 태자 책립기록에서 관례의 사실을 볼 수 있지만, 그 일반적 현상은 고려 말 이후 유교문화가 확장되면서부터 나타났다. 『주자가례』와 함께 의례 전개에 기본이 되었던 『예기(禮記)』를 보면, 남자는 20세에 관례를 하고 여자는 15세에 계례(笄禮)를 하며, 남자 30에 '有室', 즉 혼인하여 부부의 방을 둔다고 하였다. 여기에는 관례를 거쳐 성인으로 된 연후에야 결혼할 수 있다는 절차상의 의미가 내포되어 있다.

따라서 그러한 관례를 미처 올리기 전에 혼인해야 할 경우에는 간단히 성인식의 절차를 밟는다. 이 성인이 된 연후에야 결혼할 수 있다는 의미는 오늘의 우리 '민법(民法)'에서도 그 흔적을 엿볼 수 있으니, 만 20세를 성인의 기준으로 하고(제4조), 또 그 성인의 상태에서만이 후견인의 동의 없이도 자유로 결혼할 수 있다고 규정한 부분(제800조)이다.

오늘날도 5월 셋째 주 월요일을 '성년의 날'로 삼아 성년의례를 거행함으로써 전통적인 통과의례의 의의를 계승하고 있다. 그 의례 절차는 뒤에서 볼 '건전가정의례준칙'에 명시되어 있다. 따라서 여기서는 그 전통적인 모습만 소개해 본다.

우선 의례 거행을 위한 길일(吉日)을 택하면서 인품과 덕망이 높은 어른을 주례자로 선정하고, 먼저 조상 어른과 부모님께 아뢴 연후에 본 의식에 임한다. 그 중심은 어른으로서의 상징인 머리에 모자(冠)를 씌우는 데(여자에게는 머리에 비녀를 꽂음)에 있다. 그때에 당부하는 내용은 축문을 통하여, 그리고 좋은 의미의 자(字)를 지어주는 방식으로 나타난다. 그리고 그 자리에서는 처음으로 술을 들게 하며 주도(酒道)를 익히게 하였다.

이 행사를 주재하는 주례자가 읽는 축문의 첫 번째 내용에는 "좋은 달 좋은 날에 처음으로 머리에 관(冠, 어른 모자)을 씌우니, 이제 너의 어릴 적 마음을 넘어서 너의 덕성을 잘 이루도록 하라. 건강하게 오래 살고 큰 복 받기를 기원한다"라고 되어 있다. 이때의 당사자는 자연히 어른으로서의 자부심과 함께 책임감을 더하게 되는 것이다. 또 그때 자(字)를 지어주니, 그것은 그 자의(字意)에 내포된 뜻으로 자신의 심성을 더 깊이 함양해 갈 것이라는 의미와 함께 다른 사람들이 그를 어른으로 대하는 방법적 성격을 갖는 것이다. 즉 어른이 되었으므로 이제 더 이상 본명(本名) 부르기를 삼가고 자(字)를 부름으로써 존경의식을 나타낸다는 점이다. 그러한 정신적 흐름은 그 후에도 호(號)의 칭호로, 또 사후에는 시호(諡號)를 지어 올리는 형식으로 계속된다.

또한 술의 향기와 신성함을 체험케 하는 과정이 있으니, 그것이 곧 음주와 주도를 가르치는 부분이다. 이 주도는 술이 가지는 본연의 의미를 깊이 새기며, 특히 자기 스스로가 음주하는 일로 인하여 실수함이 없도록 하는 데에 참뜻이 있는 것이었다. 음주의례의 절차로서는 '향음주례(鄕飮酒禮)'라 하여 예로부터 중시되어 왔다.

이와 같은 본 행사가 끝나면 또한 맨 처음과 같이 조상님과 부모님께 잘 마쳤음을 아뢰는 예를 올린다. 과거 전통사회에서는 왕조국가에 종묘(宗廟)가 있듯이 집안에 가묘(家廟)가 있었으므로 이러한 의례의 처음과 끝부분에서 항상 그 사당에 아뢰는 의식을 거행했다.

가정의 크고 작은 일들은 모두 그 조상님들과 함께 한다는 의식이 전제되고 있었기 때문이다.

2) 혼례(婚禮)

각종 통과의례에서 가장 성대하고 화려한 경우가 혼인의식이다. 이는 모든 생명체에 내재한 종족 보전의식은 물론 음양의 존재 원리를 따라 젊은 남성과 여성이 하나의 새로운 가정을 이루는 성스러운 변화의 대목이다. 그러므로 동서고금의 예절문화에서 이 혼례는 인생의 정점으로 가장 중시되어 왔으며, 이를 거행하는 의식과 관습 그리고 법규들이 견지되어 온 것이다. 그 기본에서는 특히 나이와 성씨문제가 주목되었다. 결혼은 최소한 생식이 가능한 성장상태를 전제하지 않을 수 없고 또 근친결혼 초월의 문화의식이 작용하고 있었기 때문이다. 이 점과 관련한 과거와 현재의 모습을 보면 다음과 같다.

과거 조선시대의 법전인 『경국대전(經國大典)』에는 혼인 연령에 관하여 자녀가 13세면 의혼(議婚)을 허락하되 남자 15세, 여자 14세가 되어서야 결혼할 수 있다고 명시하였다. 그 이외 부득이한 경우, 즉 부모가 숙환 중이거나 50세 이상인 경우에는 남녀 12세 이상일 때 관청에 신고하고 혼인할 수 있다고 하였다.

그런데 우리의 현행 '민법(民法)'에 보면 남자 만 18세, 여자 만 16세가 된 자는 부모 또는 후견인의 동의를 얻어 약혼, 즉 결혼할 수 있으며, 성년기준인 만 20세 이상인 경우는 그러한 동의 여하와 관계없이 자유로 혼인할 수 있다고 하였다. 또한 사회적으로는 그 성년 기준에 미치지 못하였어도 일단 결혼관계에 있으면 성인으로 여긴다.

그리고 예로부터 성(姓)을 같이하는 사이에는 결혼하지 않는 습성이 있었다. 그래서 혼인을 '이성지합(二姓之合)'이라고도 불렀다. 중국 고대 예속(禮俗)의 총서인 『예기』에는 "무릇 혼례란 만세의 시작이다. 성이 다름에서 취한다(夫婚禮 萬世之始也 取於異姓)"라고 나타나 있었는데, 우리나라에는 유교문화가 확장되면서 그러한 기준이 존중되어 왔다. 그리하여 우리의 '민법' 809조 1항에는 "동성동본(同姓同本)인 혈족 사이에는 혼인하지 못한다"라고 규정되었다. 그러나 그러한 규범에도 불구하고 동성동본 간에 사실혼이 이루어지는 경우가 있었기 때문에 국회에서는 약 8년 정도를 주기로 특례법을 제정하여 그들을 법적으로 구제하는 과도기적 현상을 보여 왔다.

하지만 그와 같은 '동성동본 금혼'의 전통은 현대사회가 추구하는 개인의 존엄성과 자유 평등의 정신에 비추어 정서적 불일치의 과제로 제기되었다. 그리하여 1997년 7월 헌법재판소에서는 마침내 그것이 위헌임을 결정하였다. 재판관 7 대 2의 다수로 확정된 본 내용을 보면, 동성동본 금혼제는 "헌법에 보장된 인간의 존엄과 행복추구권에 반하고 혼인의 자유와 평등권에 어긋난다"고 판시하여 '98년 12월까지 관계법을 고치도록 조치함과 동시에 그 개정 이전에 '민법'의 관련 조항의 적용을 전면 중지하도록 선고하였다. 따라서 이를 기점으로 '동성동본 금혼'의 오랜 전통은 종지부를 찍게 되었다. 그러나 8촌 이내의 금혼규정은 그대로 존치되고 있다.

다음으로 혼례의 절차적 측면을 보면, 우리의 생활문화가 다원화되어 있듯이 그 또한 관습과 종교의식에 따라 달리 나타난다. 그러나 대체로 우선은, 남녀 당사자를 비롯한 양가 사이에 혼인을 말하는 의혼(議婚)의 과정을 거친다. 이로부터 시작되는 서로간의 만남 속에서 상대의 실상을 확인하고 의견을 나누며 궁합을 보기도 한다. 다음은 남자측에서 정식으로 자기소개 형식의 사주(四柱)를 보내며 청혼의 예를 갖추는데, 이에 따라 여자측에서는 화락의 답례와 함께 혼례식의 택일과정을 주관한다.

그 사이에 남녀 양측은 존경과 감사의 뜻으로 정식적인 예물을 교환하면서 조상 어른과 친지들에게 혼례식의 예정을 고한다. 그 연후에 본 예식을 올리고 축하의 인사를 나누니, 이때의 본 예식을 전통용어로는 '대례(大禮)' 또는 '합근례(合巹禮)'라 한다. 그 후에 신랑 신부가 합방하는데, 요즈음에는 그 첫 만남이 결혼식 이전에 또는 신혼여행지에서 이루어지는 상황이다. 그러한 깊은 만남의 과정을 거치고 다시 양가 어른께 인사하는 것으로 모든 혼인절차가 마쳐지는 것이다.

이러한 일련의 과정을 볼 때 결혼은 그 시작과 끝이 실로 오랜 시일을 두고 진행되는 것임을 알 수 있다. 소위 '인륜지대사(人倫之大事)'임을 반영하듯 새로운 가정의 행복과 영생을 위해 그 신중함을 다하는 여러 의식절차가 요구된 것이다.

한편 전통적인 혼례과정에서는 모든 일을 처음부터 끝까지 사당(祠堂)이나 선영(先塋)을 찾아 조상님께 아뢰는 의식을 가졌다. 그리고 본 혼례식에서는 술(酒)로써 맹약하는 절차가 필수적인 것이었던 바, 이에서 비롯한 말이 곧 '합근(合巹)'이라는 용어이다. 이 '巹'자는 짝이 맞는 표주박이라는 의미이고 '合'이란 그 둘이 하나로 합친다는 뜻이니, 헤어짐이 없는 영원한 동반자로서의 의리정신을 내포하고 있는 것이다. 이러한 의식의 전후에서는 특히 선영을 찾아 아뢰는 전통은 지금도 중시되고 있다.

그리고 신랑 신부의 부모, 즉 혼주(婚主)는 그 혼례식 이후 하객들에게 감사의 인사장을 올린다. 편의상 축의금 접수처에서 바로 전하는 경우도 있지만, 이러한 인사편지는 상대에게 간접적인 축의금 전달을 확인시키는 방식도 되기 때문에 그 의미가 크다. 또한 그 인사말 속에는 상대의 경사날도 알려주시라는 조심스런 요청으로써 호혜정신을 드러내기도 한다. 이러한 마무리 인사는 앞으로도 사로의 관계를 돈독히 해가겠다는 태도로서 매우 바람직한 모습이라 할 것이다.

◦ 혼인의례 진행 순서

(가) 혼담(婚談) · 의혼(議婚)

흔히 남자측에서 여자측에 혼인을 제의하는 동기의 단계이다. 이는 자연스런 성격의 것이지만 과거에는 소개인의 역할이 컸다. 한편 여자측에서는 결혼 상대자로 회피하는 경우가 있었는데, 『공자가어(孔子家語)』와 『소학(小學)』의 경우를 보면 '여유오불취(女有五不取)'라 하여 ① 역모한 집의 아들(逆家子), ② 난리 일으킨 집의 아들(亂家子), ③ 세대로 벌을 받은 집의 아들(世有刑人子), ④ 악질을 가진 아들(有惡疾子), ⑤ 아비 잃은 맏아들(喪父長子) 등으로 나타난다. 특히 정치사회적으로 또 건강유지의 차원에서 부담이 되는 경우는 회피하는 모습이었다. 요즈음에는 우선 그 당사자를 가장 중시하지만 어른들은 상대 집안을 참조하는 경향이 높다.

(나) 납채(納采)

의혼에서 호의적 분위기가 감지되면 남자측에서 선택되기를 바라며 정식으로 가문과 성명 및 출생일 등을 전통적 방식으로 적은 소개서를 전한다. 이를 '사주단자(四柱單子)'라고도 하는데, 오늘날에는 교제하면서 서로의 신상과 생년월일을 알아가는 모습으로 변했다.

전통사회에서는 그러한 서식을 보내기 직전 조상님께 고유하는 의식을 가지며 받는 측에서도 그러한 태도로 '받음'의 의례를 올렸다. 그리고 원래 예물은 그 후에 교환하는 것이었지만 요즈음에는 실례되지 않을 만큼의 성의를 표하기도 한다.

(다) 납기(納期) · 택일(擇日)

여자측에서 위 내용을 수용하면 곧 혼인예식의 날자와 장소를 잡아서 남자측에 알리는 것이다. 이러한 서식을 '납기서'라 하고, 그때 약간의 선물을 전하기도 한다.

(라) 납폐(納幣)

그러한 소식을 접한 남자측에서는 그 예정사항의 수용과 감사의 표시로 정식적인 예물을 올린다. 이때의 서식을 '납폐서'라 하며, 그 내용물에는 '혼서지'와 예물 및 그 목록을 포함하는데, 이를 넣는 상자를 '함(函)'이라 하니 그 정리단계는 '함 보내기'로 나타난다. 여자측에서는 이를 정중히 받아서 또 조상과 어른께 고하며 그 내용을 확인하여 신부를 비롯한 관련된 분들에게 드리면서 예절의식을 나눈다. 오늘날에는 그 번잡함을 피하고 또 선물 선택권을 넓혀드리기 위하여 금전의 형식으로 대행하기도 한다.

(마) 예식(禮式)

이것은 정식 혼례식을 의미하니 '대례(大禮)'라고도 한다. 중국에서는 여자를 남자 집에 데려와서 예를 올리므로 이를 '친영(親迎)'이라 했는데, 우리나라에서는 왕실의 경우만 그랬을 뿐 일반에서는 여자 집에서 거행하는 것이었다. 이 자리는 그 당사자들과 관련된 친척들은 물론 모든 지인들이 동참하며 일정한 절차를 따라 그 축복의 예를 올린다. 그 절차의 처음에서는 신랑이 기러기처럼 아내사랑에 변함없음을 다짐하는 '기러기 드림'의 의식, 즉 '전안례(奠雁禮)'가 있었다.

한편 이러한 대례를 올리기 전날 신랑 신부는 함께 살던 어른들께 인사를 드리는 예가 있으니 이를 '초자례(醮子禮)' · '초녀례(醮女禮)'라 한다. 그리고 남편과 아내로서의 도리를 다할 것을 천지와 부모 그리고 당사자의 세 측면으로 굳게 약속하는 의식도 있으니, 이를 ① 서부모례(誓父母禮), ② 서천지례(誓天地禮), ③ 서배우례(誓配偶禮)라 한다. 이 가운데 ①은 초자례 또는 초녀례로서 가름하고, ②③은 대례의 절차에 포함된다. 그 후 신랑 신부는 양가 어른과 가족들께 인사를 드리니, 이를 '폐백(幣帛)'이라 한다. 술잔과 축하 선물이 나누어지기 때문이다. 그러한 인사

절차를 마치면 신란 신부는 잠자리를 같이 하게 되니, 이 첫날밤이 매우 의미 깊은 대목이다. 한자로 '婚'자가 '昏'과 통함은 바로 이 부분이 중시되기 때문이다. 그 신체적인 처음에서 가지는 의례를 '합궁례(合宮禮)'라 하고, 그때 나누는 술을 '합환주(合歡酒)'라 한다. 오늘날의 이 첫날밤은 흔히 신혼여행지에서 가진다.

(바) 우귀(于歸)

신혼여행을 마치고 돌아오면 다시 신부집부터 간다. 이는 첫날밤이 신부집에서 이루어졌던 전통의식의 반영이다. 그쪽의 어른들께 인사를 올린 후에 이제 제자리인 새집에 간다. 이를 '우귀'라 한다. 그때 신부는 시부모께 인사의 예를 올리니, 이를 '현고구례(見姑舅禮)'라 한다.

시집 어른들과 함께 사는 경우의 신혼부부는 어른들께 아침저녁으로 인사드림을 생활화했고, 또한 그 집안 어른들은 자신의 집에 초청해서 음식을 접대하며 축하를 거듭하며 화목을 다지기도 했다.

3) 상례(喪禮)

'생자필멸(生者必滅)'의 자연법칙에 따라 사람은 언젠가는 죽기 마련이다. 이것은 인생의 마지막 관문이기도 하다. 이때 그와 함께 살아온 가족과 친지들은 그 죽음에의 애절한 마음에 한없이 슬퍼하기 마련이다. 이러한 심경을 따라 나타난 예절 양식이 곧 상례(喪禮)이다.

그 슬픔이 정도가 깊은 만큼 그 의례절차도 복잡하고 엄숙한 모습이었다. 전통사회에서는 그 망자(亡者)에 대하여 온갖 정성을 다했다 하더라도 그 자식들은 미안함을 금치 못해 죄의식까지 갖기도 하였으니, 먹고 입는 일조차 신중히 하였다.

우리의 인생살이에서 상례의식은 쉽게 볼 수 있다. 다만 우리의 종교문화가 다원화됨으로 인하여 그 의례절차가 하나의 모습으로 거행되는 것은 아니다. 그러나 아직도 우리의 전통적 양식이 중시되고 있는 상태이므로 그 상례절차의 요점을 주목해 볼 필요가 있다.

오늘날에도 중시되는 상례절차의 주요 부분은 다음과 같다.

① 임종(臨終)·초종(初終, '비로소 생을 마침'의 상황으로서, 결국 운명하면 햇솜으로 코와 입을 막고 이불로 덮은 후 통곡하는 것), ② 염(殮, 시신을 목욕시키고 수의를 입힌 후 입관하는 것), ③ 성복(成服, 상인들이 격식에 따라서 상복을 입는 것), ④ 조상(弔喪, 문상객을 맞아 조문을 받는 일), ⑤ 치장(治葬, 묘지를 택하고 무덤을 파는 것), ⑥ 발인(發靷, 집을 떠나서 무덤에 가는 장례의식, 이때 노제도 올림), ⑦ 반곡(反哭, 집으로 돌아와 신주와 혼백을 모시고 곡하는 의식), ⑧ 우제(虞祭, 장례 후 돌아와서 영혼을 위안시키는 제사로서 初虞 再虞 三虞가 있음) ⑨ 졸곡(卒哭, 상례시의 시도 때도 없는 울음을 그친다는 의미의 제사로 장례식 후 3개월에 거행함), ⑩ 소상(小祥, 사망 후 만 1년에 지내는 제사), ⑪ 대상(大祥, 사망 후 만 2년에 지내는 제사로서 이것이 곧 전통적 3년 탈상임).

다만 오늘날은 ⑨번 이후의 경우에서 간소화되고 있는 상태이다. 이와 같은 상례기간이 끝난 이후의 제사는 흉례(凶禮)가 아닌 길례(吉禮)로서 그 의미가 전환된다.

그리고 장례를 마친 이후에는 조문했던 분들에게 감사의 인사편지를 낸다. 이것을 '답조장(答弔狀)'이라 하는데, 이에는 그 인사의 의미뿐만 아니라 간접적으로 조의를 표시했던 분들에게는 그 사실이 확인되는 방법으로서 긴요한 의미를 가지는 것이다.

◦ 상례 때의 의례절차 모델

(가) 영위(靈位)와 명정(銘旌)

영위는 돌아가신 분의 영혼 자리로서 관직(학위도 포함)과 성명(金甲東)으로 '故處士安東金公甲東之位'(세로쓰기)라고 표현한다. 그러나 사진으로 모실 경우에는 생략하기도 한다.

명정은 돌아가신 분을 표현하는 '기'라는 의미로서 표현양식은 '處士安東金公甲東之柩'(세로쓰기)인데, 운구 하관할 때는 이것으로 관(棺) 위를 덥기도 한다. 여기 '柩'자는 시신을 모신 관까지 의미한다.

(나) 성복례(成服禮)

이는 염(殮)을 마치고 영좌(靈座)와 빈소(殯所)까지 모두 마련한 다음 상인(喪人)들이 처음으로 상복을 차려입는 것을 말한다. 영좌 앞에서 남자는 동쪽에 서고 여자는 서쪽에 서서 마주보며 절하고, 영전에 헌작(獻爵)한 후 곡한 뒤에 두 번 절한다.

이 성복례 이후에야 일반 문상객을 맞이하는 것이 정상이다. 그러나 형편상 그 전에 문상객과 인사를 나누기도 한다.

(다) 설조전(設朝奠)

이것은 발인하는 날 아침으로 술과 음식을 올리면서 이 자리를 떠나야 함을 아뢰는 의식이다. 이때의 축문(祝文)은 "영원히 떠나시는 예를 올리겠나이다. 혼령께서 오래도록 머무실 수 없으시기에 이제 영구차에 받들어 모시고자 하나이다"이며, 곡하고 두 번 절한다.

그 뒤에 관 옮김을 아뢰는 의식, 즉 '수천구(遂遷柩)'의 절차가 있다. 이때의 고유문(告由文)은 "이제 옮겨서 관을 영구차에 모시겠기에 감히 고하나이다"이다.

(라) 발인제(發靷祭)

이는 영구차에 관을 모신 상태에서 그 앞자리에 술 과일 안주(포) 등을 차려놓고 간단한 제례의식을 거행하는 것이다. 그 축문은 "혼령을 이미 영구차에 모셨사오니 이제 (○○○의 영결식장을 거처) 영면하실 ○○산소로 옮기겠사옵니다. 이에 이곳을 떠나시는 예를 올리나이다"이다. 이

자리에 참석한 모든 사람들은 예를 갖추며 두 번 절한다.

(마) 산신제(山神祭)

묘지와 관련하여 그 산의 주재신이 있다는 전제에서 그 산신께 고유하는 제사이다. 상주와 친분관계에 있는 사람이 묘지 근처의 적당한 자리에서 술·과일·안주(포) 등을 차리고 예를 올린다. 그 축문은 이러하다. "아뢰나이다. ○○년(간지) ○월 ○일(음력) ○○○은 토지의 신령님께 감히 고하나이다. 이제 ○○의 아버님(관계) ○○○의 묘지를 조성하려 하오니, 신령님께서는 이 일을 도우시어 어려움이 없게 하시옵소서. 이에 삼가 술과 과실을 차려 정성으로 신령님께 드리오니 흠향하시옵소서."

(사) 성분제(成墳祭)

묘(墓) 모양이 거의 조성된 상태에서 가족 중심으로 그 앞에 제물을 차리고 술을 올리며 절하고 독축한다. 그 축문은 "아뢰나이다. ○○년 ○월 ○일 고자(孤子 : 아버지상, 哀子 : 어머니상, 孤哀子 : 이번으로 모두 잃은 경우) ○○는 아버님 앞에 삼가 고하나이다. 아버님의 체백(體魄)은 이곳 무덤에 모셨사오니 혼령께서는 집으로 돌아가사이다. 비옵건대 신령께서는 전과 같이 영정을 좇아 깃드소서"이다.

(아) 삼우제(三虞祭)

저 세상으로 가신 상황에서 혼령께 안정을 기원하는 의미의 첫 제사이다. 그것은 세 가지인데, 장례 당일 올리는 것을 초우(初虞)라 하고, 다음날의 경우는 재우(再虞, 전통에서는 짝수일에 올림)라 하며, 그 다음날의 경우를 삼우(三虞)라 한다. 이때부터는 정식적인 제례절차를 따른다. 그 축문은 "아뢰나이다. ○○년 ○월 ○일 고자(孤子, 또는 哀子, 孤哀子) ○○은 아버님 영전에 삼가 아뢰나이다. 세월은 흘러 어느덧 초우(初虞 또는 再虞, 三虞)가 되었사오나 밤낮으로 슬프고 애모하는 마음 간절합니다. 이에 삼가 맑은 술과 음식을 차려 올리오니 흠향하옵소서"이다. 여기 우제에서는 아직 함상 함께 하고 있다는 의식에 따라 기제사 때와 같은 참신(參神)절차를 밟지는 않는다.

(자) 탈상제(脫喪祭)

이는 일정한 상기 마침을 아뢰는 의미의 제사이다. 부모의 경우 이 기간이 과거에는 3년(만 2년) 또는 1년을 따르다가 현행 '가정의례준칙'에서는 100일을 기준으로 하는데 이 또한 준행됨이 드문 상황이다. 불교인이 아닌데도 49재 의식을 따르거나 삼우제로 끝내는 모습도 있다.
이때 역시 정성어린 제물을 차리고 제사한다. 그 축문은 "○○년 ○월 ○일 아들(딸, 손자) ○○는 아버님(어머님) 영전에 삼가 아룁니다. 세월이 덧없이 흘러 어느덧 (시속에 따라)상기를 마치게 되었사오나 애모하는 마음 더욱 간절합니다. 이에 간소한 제수를 올리오니 흠향하시옵소서"이다.

(차) 기제사(忌祭祀)

이는 상기를 모두 끝내고 돌아가신 날을 맞으면서 올리는 제사이다. 특히 그날이 오면 그 애절한 마음이 더해서 나타나는 의식이다. 이때의 축문 양식은 "○○년 ○월 ○일 아들(딸, 손자) ○○는 아버님(어머님) 신위 앞에 삼가 아룁니다. 아버님(어머님)께서 돌아가신 날을 다시 맞이하니 애모(추모)의 마음 금할 수 없습니다. 이에 간소한 제수를 올리오니 흠향하시옵소서"이다. 요즈음에는 이와 같은 축문을 생략하는 경우가 있는데, 이는 제사를 받는 분이나 올리는 사람들이 함께 그 마음을 나눈다는 형식의 의미를 상실하기 쉬운 것이므로 유의해야 할 것이다.

4) 제례(祭禮)

자고로 신(神)의 세계는 자고로 아주 여러 부분에 걸쳐 상정되고 있었으니, 그에 따른 제례의식도 다양한 모습이었다. 그러나 그것을 대체로 하늘과 땅 그리고 조상의 세 부분으로 분류해 볼 수 있는데, 이에 따른 제사의 세 형태를 삼례(三禮)라고도 한다. 그런데 여기 사례(四禮)라 했을 때의 '제례'는 조상에 대한 제사를 중심으로 하는 것이므로 여기서는 이 점을 주목해 보기로 한다.

상기가 지난 후의 제례는 신과 영혼에 대한 추모의 의식으로 '좋음(吉)'의 의미를 갖는다. 상례 때에는 슬픈 마음이 기본이지만 이 제례 때에는 공경의 마음이 기본이다. 나 자신과 절실한 관계에 있었던 분에 대한 애경(愛敬)과 추모(追慕)의 마음이 중심이 된다는 점이다. 그러므로 세월의 흐름에서 그분이 사망했던 날을 맞으면 그런 마음이 더욱 깊어지고, 또 설이나 추석 등의 명절이 되어도 그 추모의 마음이 절실하니, 이에 따라 나타나는 의식이 곧 제례이다.

조상을 추모하는 제례에는 크게 기제(忌祭), 즉 사망일 당일의 자시(子時)를 기하여 집안에서 지내는 경우와 조상의 묘소에 가서 올리는 묘제(墓祭), 그리고 철에 따라 올리는 시제(時祭; 時享이라고도 며 한식이나 늦가을에 지냄) 및 명절 때에 올리는 차례(茶禮) 등으로 구분된다. 이때의 절차 또한 종교에 따라 그 형식을 달리하는 것이지만 아직도 주류를 이루고 있는 전통적 양식의 요체를 보면 다음과 같다.

즉 기제시의 주요 절차는 우선 기일(忌日, 사망일) 앞날에 집안을 청소하고 지방(紙榜)과 제물을 준비하며 조상신이 편히 오시도록 출입의 문을 열어놓는 일로부터 시작한다. 그 다음 제사의 자리를 북쪽을 향해(신위를 북쪽에서 남향으로 모심) 정성껏 마련해 놓고 돌아가신 날의 맨 처음, 즉 자시(子時)가 될 무렵에 본 제사를 올린다. 그 순서절차는 다음과 같다.

즉 ① 강신(降神, 신 내림의 의식으로 제주가 향을 피우고 재배함), ② 참신(參神, 제례에 참여한다는 마음으로 참례자 모두가 재배함), ③ 초헌(初獻, 제주가 술잔을 올리고 제사의 축문을 읽음), ④ 아헌(亞獻, 제주의 부인이 술을 올리고 절함. 그런데 초헌관 다음 차서의 남자가 하는 경우가 많아졌음), ⑤ 종헌(終獻, 다음으로 가까운 분이 아헌과 같은 요령으로 함), ⑥ 첨작(添酌, 제주가 좀더 드시라는 마음으로 술을 더 올림. 적도 더 올림), ⑦ 계반삽시(啓飯插匙, 반주 후의 식사의식으로 밥 뚜껑을 열고 수저를 꽂으며 저분을 고름), ⑧ 합문(闔門, 일정 시간 동안 식사를 하시도록 문을 닫고 모두 밖으로 나옴), ⑨ 계문(啓門, 음식을 다 드셨다고 여겨질 무렵 제주가 인기척을 하고 모두 다시 들어감), ⑩ 헌다(獻茶, 숭늉을 올리고 수저를 고름), ⑪ 철시복반(撤匙復飯, 수저를 거두고 밥 뚜껑을 덮음), ⑫ 사신(辭神, 조상신을 보내드린다는 마음으로 두 번 절함), ⑬ 음복(飮福) · 철상(撤床) 등의 순서로 거행한다.

여기 ④에서 확인되듯이 가례의 원론에서는 여성도 동참하는 것이었으나 남계의식의 강화로 집안에 따라서는 그 모습이 변화되어 왔다.

이와 같은 제사의례는 오늘날에 있어서도 중시되고 있다. 그 행위의 원인론으로서는 공포유위성(恐怖有慰說)과 추모애경성(追慕愛敬說)이 말해진다. 일반인에 있어서 이러한 제사의 전통은 중국 송나라의 신유학이 수용되고 또 성씨(姓氏)의 사용이 보편화되는 고려 말기부터 시작된 것으로 보인다. 그 국가적 공표의 기록은 다음과 같다.

즉 고려 공양왕 2년(1390)에 그 준칙이 처음 공표되고 있었으니 『고려사』에 전하는 그 내용은 이러하다. "대부(大夫 4품) 이상은 3세를 제사하고 6품 이상은 2세를 제사하며 7품 이하 서인은 부모만 제사하는데, 모두 가묘(家廟)를 세워 초하루 보름에는 반드시 전(奠)을 드리고, 출입할 때에는 반드시 고하며, 사중월(四仲月, 2 · 5 · 8 · 11월)에는 반드시 음식을 권하고, 새로운 것은 반드시 드리며, 기일(忌日)에는 반드시 제사하는데, 그날이 되면 말을 타고 문을 나가거나 손님을 접대하지 않는다."

그리고 『경국대전』의 '봉사(奉祀)'조에서는 "문 · 무관 6품 이상은 부모 · 조부모 · 증조부모 삼대를 제사하고, 7품 이하는 2대를 제사하며, 서민은 부모만 제사한다"고 하였다. 앞의 경우보다 그 대상이 넓혀진 모습이다.

여기서 우리가 생각해 볼 문제는, 그렇다면 근래의 제사의식에서 보통 사람들도 삼대봉사(三代奉祀)의 모습을 보였는데 '그 이유는 어디에 있는 것인가?' 하는 점이다. 이는 어느 선대에서 시작한 선례를 중간에서 축소할 수 없다는 가문의식과 사회적 양반의식이 함께 작용한 결과적 현상으로 간주된다.

한편 제물(祭物)에 대한 생각이다. '신령이 그것을 받아먹을 수 있는가?' 하는 의문이다. 이러한 의구심이 작용할 수도 있겠지만 '그 신이 드신다'는 의미의 한자 '흠향(歆饗)'이 고대에서부터 쓰이고 있었던 점으로 미루어 보아 그것은 이 현실과 다른 신의 세계로 생각되었던 듯하다. 또한 거기에는 함께 살아 있었을 때의 정분을 버릴 수 없다는 의리정신과 존경의식이 함께 작용함으로써 그 제물은 생시에 귀하게 여긴 최고급의 술과 음식으로 준비하는 것이었다. 그러한 정성스러움을 잃지 않는 한, 그것은 가신 분을 기리는 산재(散齋)의식과 함께 우리 생활의 깊은 곳에서 연면히 계속되었다.

토론해 봅시다.

1. 현대사회에서 성년의례가 경시되는 이유를 밝혀보자.
2. 전통적 혼인절차는 오늘날 어떻게 변화되고 있는가?
3. 상중(喪中)의례와 탈상기간은 어느 정도가 적절한 것일까?
4. 제사의례의 문제점과 개선책을 제시해 보자.

2

예절 관련의 현행 법규

01 '민법'에 나타난 혼인관계

「대한민국 헌법」에 근거하는 우리나라 '민법'에는 생활예절 관련의 기본 입장들이 규정되어 있다. 여기에는 특히 가족관계의 세부 사항이 포함되어 있어서 가정의례를 말하자면 이를 간과할 수가 없는 것이다.

최근에는 헌법 10조(모든 국민은 인간으로서의 존엄과 가치를 가지며 행복을 추구할 권리를 가진다. 국가는 개인이 가지는 불가침의 기본적 인권을 확인하고 이를 보장할 의무를 진다)에 천명된 '개인의 존엄성'을 비롯하여 자유와 평등의 가치추구가 강화되고 있다. 이러한 흐름에서 우리 사회는 '민법' 제809조 1항의 동성동본 금혼의 규정을 파기했을 뿐만 아니라, 남녀평등의 상속제를 강화하는 동시에 호주제는 포기하는 모습을 보이고 있다. 따라서 이와 관련한 우리들의 생활양식은 물론 구체적인 법률규정의 내용을 살필 필요가 있는 것이다.

하지만 이 가족 관련의 법규가 매우 방대하므로 여기에서는 다만 혼인관계 부분만 살펴보기로 한다. 최근 들어서 우리 사회의 혼인문화는 급속도로 변하는 측면이 있다. 그러면서도 건전한 가정문화의 정립을 중시하고 있는 것이다. 이러한 시대상황에서 법과 예절의 양면은 어떻게 지향되는 것이 바람직할 것일까?

법은 최소한의 윤리 도덕이라는 통념을 따라 다음의 각 내용들을 살피면서 건전한 부부관계의 예절문제를 생각해 보기로 하자.

◦ 대한민국 민법

〈약혼〉

제800조 (약혼의 자유) 성년에 달한 자는 자유로 약혼할 수 있다.

제801조 (약혼연령) 남자 만 18세, 여자 만 16세에 달한 자는 부모 또는 후견인의 동의를 얻어 약혼할 수 있다. 이 경우에는 제808조의 규정을 준용한다.

제802조 (금치산자의 약혼) 금치산자는 부모 또는 후견인의 동의를 얻어 약혼할 수 있다. 이 경우에는 제808조의 규정을 준용한다.

제803조 (약혼의 강제이행금지) 약혼은 강제이행을 청구하지 못한다.

제804조 (약혼해제의 사유) 당사자의 일방에 다음 각호의 사유가 있는 때에는 상대방은 약혼을 해제할 수 있다.

① 약혼 후 자격정지 이상의 형의 선고를 받은 때
② 약혼 후 금치산 또는 한정치산의 선고를 받은 때
③ 성병, 부치의 정신병 기타 부치의 악질이 있는 때
④ 약혼 후 타인과 약혼 또는 혼인을 한 때
⑤ 약혼 후 타인과 간음한 때
⑥ 약혼 후 1년 이상 그 생사가 부명한 때
⑦ 정당한 이유 없이 혼인을 거절하거나 그 시기를 지연하는 때
⑧ 기타 중대한 사유가 있는 때

제805조 (약혼해제의 방법) 약혼의 해제는 상대방에 대한 의사표시로 한다. 그러나 상대방에 대하여 의사표시를 할 수 없는 때에는 그 해제의 원인

있음을 안 때에 해제된 것으로 본다.

제806조 (약혼해제와 손해배상청구권) ① 약혼을 해제한 때에는 당사자 일방은 과실있는 상대방에 대하여 이로 인한 손해의 배상을 청구할 수 있다.

② 전항의 경우에는 재산상 손해 외에 정신상 고통에 대하여도 손해배상의 책임이 있다.

③ 정신상 고통에 대한 배상청구권은 양도 또는 승계하지 못한다. 그러나 당사자 간에 이미 그 배상에 관한 계약이 성립되거나 소를 제기한 후에는 그러하지 아니하다.

〈혼인의 성립〉

제807조 (혼인적령) 남자 만 18세, 여자 만 16세에 달한 때에는 혼인할 수 있다.

제808조 (동의를 요하는 혼인) ① 미성년자가 혼인을 할 때에는 부모의 동의를 얻어야 하며, 부모중 일방이 동의권을 행사할 수 없는 때에는 다른 일방의 동의를 얻어야 하고, 부모가 모두 동의권을 행사할 수 없는 때에는 후견인의 동의를 얻어야 한다.

② 금치산자는 부모 또는 후견인의 동의를 얻어 혼인할 수 있다.

③ 제1항 및 제2항의 경우에 부모 또는 후견인이 없거나 또는 동의할 수 없는 때에는 친족회의 동의를 얻어 혼인할 수 있다.

제809조 (근친혼 등의 금지) ① 8촌 이내의 혈족(친양자의 입양 전의 혈족을 포함한다) 사이에서는 혼인하지 못한다.

② 6촌 이내의 혈족의 배우자, 배우자의 6촌 이내의 혈족, 배우자의 4촌 이내의 혈족의 배우자인 인척이거나 이러한 인척이었던 자 사이에서는 혼인하지 못한다.

③ 6촌 이내의 양부모계(양부모계)의 혈족이었던 자와 4촌 이내의 양부모계의 인척이었던 자 사이에서는 혼인하지 못한다.

제810조 (중혼의 금지) 배우자있는 자는 다시 혼인하지 못한다.

제812조 (혼인의 성립) ① 혼인은 호적법에 정한 바에 의하여 신고함으로써 그 효력이 생긴다.

② 전항의 신고는 당사자쌍방과 성년자인 증인2인의 연서한 서면으로 하여야 한다.

제813조 (혼인신고의 심사) 혼인의 신고는 그 혼인이 제807조 내지 제810조 및 제812조 제2항의 규정 기타 법령에 위반함이 없는 때에는 이를 수

리하여야 한다.

제814조 (외국에서의 혼인신고) ① 외국에 있는 본국민 사이의 혼인은 그 외국에 주재하는 대사, 공사 또는 영사에게 신고할 수 있다.

② 제1항의 신고를 수리한 대사, 공사 또는 영사는 지체없이 그 신고서류를 본국의 본적지를 관할하는 호적관서에 송부하여야 한다.

〈혼인의 무효와 취소〉

제815조 (혼인의 무효) 혼인은 다음 각 호의 어느 하나의 경우에는 무효로 한다.

① 당사자 간에 혼인의 합의가 없는 때

② 혼인이 제809조 제1항의 규정을 위반한 때

③ 당사자 간에 직계인척관계(직계인척관계)가 있거나 있었던 때

④ 당사자 간에 양부모계의 직계혈족관계가 있었던 때

제816조 (혼인취소의 사유) 혼인은 다음 각 호의 어느 하나의 경우에는 법원에 그 취소를 청구할 수 있다.

① 혼인이 제807조 내지 제809조(제815조의 규정에 의하여 혼인의 무효사유에 해당하는 경우를 제외한다. 이하 제817조 및 제820조에서 같다) 또는 제810조의 규정에 위반한 때

② 혼인당시 당사자 일방에 부부생활을 계속할 수 없는 악질 기타 중대한 사유 있음을 알지 못한 때

③ 사기 또는 강박으로 인하여 혼인의 의사표시를 한 때

제822조 (악질 등 사유에 의한 혼인취소청구권의 소멸) 제816조 제2호의 규정에 해당하는 사유있는 혼인은 상대방이 그 사유 있음을 안 날로부터 6월을 경과한 때에는 그 취소를 청구하지 못한다.

제823조 (사기, 강박으로 인한 혼인취소청구권의 소멸) 사기 또는 강박으로 인한 혼인은 사기를 안 날 또는 강박을 면한 날로부터 3월을 경과한 때에는 그 취소를 청구하지 못한다.

〈혼인의 효력〉

제826조 (부부 간의 의무) ① 부부는 동거하며 서로 부양하고 협조하여야 한다. 그러나 정당한 이유로 일시적으로 동거하지 아니하는 경우에는 서로 인용하여야 한다.

② 부부의 동거장소는 부부의 협의에 따라 정한다. 그러나 협의가 이루

어지지 아니하는 경우에는 당사자의 청구에 의하여 가정법원이 이를 정한다.

제826조의2 (성년의제) 미성년자가 혼인을 한 때에는 성년자로 본다.

제827조 (부부 간의 가사대리권) ① 부부는 일상의 가사에 관하여 서로 대리권이 있다.

② 전항의 대리권에 가한 제한은 선의의 제3자에게 대항하지 못한다.

제828조 (부부 간의 계약의 취소) 부부 간의 계약은 혼인 중 언제든지 부부의 일방이 이를 취소할 수 있다. 그러나 제3자의 권리를 해하지 못한다.

제829조 (부부재산의 약정과 그 변경) ① 부부가 혼인성립 전에 그 재산에 관하여 따로 약정을 하지 아니한 때에는 그 재산관계는 본관 중 다음 각조에 정하는 바에 의한다.

② 부부가 혼인성립 전에 그 재산에 관하여 약정한 때에는 혼인 중 이를 변경하지 못한다. 그러나 정당한 사유가 있는 때에는 법원의 허가를 얻어 변경할 수 있다.

③ 전항의 약정에 의하여 부부의 일방이 다른 일방의 재산을 관리하는 경우에 불적당한 관리로 인하여 그 재산을 위태하게 한 때에는 다른 일방은 자기가 관리할 것을 법원에 청구할 수 있고 그 재산이 부부의 공유인 때에는 그 분할을 청구할 수 있다.

④ 부부가 그 재산에 관하여 따로 약정을 한 때에는 혼인성립까지에 그 등기를 하지 아니하면 이로써 부부의 승계인 또는 제삼자에게 대항하지 못한다.

⑤ 제2항, 제3항의 규정이나 약정에 의하여 관리자를 변경하거나 공유재산을 분할하였을 때에는 그 등기를 하지 아니하면 이로써 부부의 승계인 또는 제삼자에게 대항하지 못한다.

제830조 (특유재산과 귀속부명재산) ① 부부의 일방이 혼인 전부터 가진 고유재산과 혼인 중 자기의 명의로 취득한 재산은 그 특유재산으로 한다.

② 부부의 누구에게 속한 것인지 분명하지 아니한 재산은 부부의 공유로 추정한다.

제831조 (특유재산의 관리 등) 부부는 그 특유재산을 각자관리, 사용, 수익한다.

제832조 (가사로 인한 채무의 연대책임) 부부의 일방이 일상의 가사에 관하여 제삼자와 법률행위를 한 때에는 다른 일방은 이로 인한 채무에 대하여 연대책임이 있다. 그러나 이미 제삼자에 대하여 다른 일방의 책임없

음을 명시한 때에는 그러하지 아니하다.

제833조 (생활비용) 부부의 공동생활에 필요한 비용은 당사자간에 특별한 약정이 없으면 부부가 공동으로 부담한다.

〈이혼〉

제834조 (협의상 이혼) 부부는 협의에 의하여 이혼할 수 있다.

제835조 (금치산자의 협의상 이혼) 제808조제2항 및 제3항의 규정은 금치산자의 협의상 이혼에 이를 준용한다.

제836조 (이혼의 성립과 신고방식) ① 협의상 이혼은 가정법원의 확인을 받아 호적법의 정한 바에 의하여 신고함으로써 그 효력이 생긴다.

② 전항의 신고는 당사자쌍방과 성년자인 증인 2인의 연서한 서면으로 하여야 한다.

제837조 (이혼과 자의 양육책임) ① 당사자는 그 자의 양육에 관한 사항을 협의에 의하여 정한다.

② 제1항의 양육에 관한 사항의 협의가 되지 아니하거나 협의할 수 없는 때에는 가정법원은 당사자의 청구 또는 직권에 의하여 그 자의 연령, 부모의 재산상황 기타 사정을 참작하여 양육에 필요한 사항을 정하며 언제든지 그 사항을 변경 또는 다른 적당한 처분을 할 수 있다.

③ 제2항의 규정은 양육에 관한 사항 외에는 부모의 권리의무에 변경을 가져오지 아니한다.

제837조의2 (면접교섭권) ① 자를 직접 양육하지 아니하는 부모중 일방은 면접교섭권을 가진다.

② 가정법원은 자의 복리를 위하여 필요한 때에는 당사자의 청구 또는 직권에 의하여 면접교섭을 제한하거나 배제할 수 있다.

제838조 (사기, 강박으로 인한 이혼의 취소청구권) 사기 또는 강박으로 인하여 이혼의 의사표시를 한 자는 그 취소를 가정법원에 청구할 수 있다.

제839조 (준용규정) 제823조의 규정은 협의상 이혼에 준용한다.

제839조의2 (재산분할청구권) ① 협의상 이혼한 자의 일방은 다른 일방에 대하여 재산분할을 청구할 수 있다.

② 제1항의 재산분할에 관하여 협의가 되지 아니하거나 협의할 수 없는 때에는 가정법원은 당사자의 청구에 의하여 당사자 쌍방의 협력으로 이룩한 재산의 액수 기타 사정을 참작하여 분할의 액수와 방법을 정한다.

③ 제1항의 재산분할청구권은 이혼한 날부터 2년을 경과한 때에는 소멸

한다.

제840조 (재판상 이혼원인) 부부의 일방은 다음 각호의 사유가 있는 경우에는 가정법원에 이혼을 청구할 수 있다.

① 배우자에 불정한 행위가 있었을 때
② 배우자가 악의로 다른 일방을 유기한 때
③ 배우자 또는 그 직계존속으로부터 심히 불당한 대우를 받았을 때
④ 자기의 직계존속이 배우자로부터 심히 불당한 대우를 받았을 때
⑤ 배우자의 생사가 3년 이상 분명하지 아니한 때
⑥ 기타 혼인을 계속하기 어려운 중대한 사유가 있을 때

제841조 (불정으로 인한 이혼청구권의 소멸) 전조제1호의 사유는 다른 일방이 사전동의나 사후용서를 한 때 또는 이를 안 날로부터 6월, 그 사유있은 날로부터 2년을 경과한 때에는 이혼을 청구하지 못한다.

제842조 (기타 원인으로 인한 이혼청구권의 소멸) 제840조 제6호의 사유는 다른 일방이 이를 안 날로부터 6월, 그 사유 있은 날로부터 2년을 경과하면 이혼을 청구하지 못한다.

토론해 봅시다.

1. 혼인관계를 법적으로 규정하는 이유는 무엇인가?
2. 이혼 인정의 의의는 어디에 있는 것인가?
3. 이혼으로 인한 가정해체 현상의 문제점을 열거해 보자.
4. 이혼율을 줄일 수 있는 적극적 대안을 제시해 보자.

02 '건전가정의례의정착및지원에관한법률'과 가정의례준칙

우리의 예절문화는 대부분 관습으로 전개되고 있지만 '대한민국'이라는 국가적 차원에서 하나의 표준으로 제시한 형태가 있다. 그것이 곧 「건전가정의례의정착및지원에관한법률」에 근거한 '건전가정의

례준칙'이다.

헌법에 종교의 자유가 보장되고 있는 이상 종교적 성격의 의례 또한 인정하지 않을 수 없다. 따라서 이러한 법규형식으로 존재한다 하더라도 강제성을 띠기는 어려운 것이다. 전통사회에서도 관혼상제의 사례(四禮)가 그 중심을 이루고 있었듯이 이 경우도 이를 위주로 하면서 수연(壽宴)의 의식을 더한 모습이다.

이 가정의례에 관한 법률은 1969년 1월 「가정의례준칙에관한법률」이라는 이름으로 처음 제정되었고, 1973년 3월에는 「가정의례에관한법률」로 개칭되다가 1980년 12월의 개정과정을 거쳐 1999년 2월에는 현행의 「건전가정의례의정착및지원에관한법률」로 개정되었다. 이에 따라 시행령이 제정되었고 또 '건전가정의례준칙'이 제시된 것이다. 여기서는 그 시행령 부분은 생략했다.

이 내용은 우리나라의 가정의례를 대표할 입장에서 제시된 것이므로 대체로 준용되고 있다. 그럼에도 불구하고 성년식 부분은 거의 간과되는 상황이고, 또 상기(喪期) 등의 세부 내용에서는 다른 모습을 보이기도 한다.

예의란 '인정(人情)의 반영'이라는 큰 틀에서 우리들의 현대화된 형태는 어떠한 방향으로 조정될 때에 정신(의미)과 형식(방법)의 양면을 겸지해 갈 수 있을 것인가 하는 문제의식을 가지고 이 각각의 내용을 검토하면서 한 마당의 토론을 벌려보자.

◦ 건정가정의례의정착및지원에관한법률

1999. 2. 8 법률제5837호

제1조 (목적) 이 법은 가정의례에 있어서 그 의식절차를 합리화하고 건전한

가정의례의 보급·정착을 위한 사업 및 활동을 지원·조장함으로써 허례허식을 일소하고 건전한 사회기풍을 진작함을 목적으로 한다.

제2조 (정의) 이 법에서 '가정의례'라 함은 가정의 의례로서 행하는 성년례·혼례·상례·제례·회갑연 등을 말한다.

제3조 (가정의례에 관한 시책의 수립·시행) 국가 및 지방자치단체는 제1조의 목적을 달성하기 위하여 다음 각호의 사항이 포함된 가정의례의 정착 및 지원에 관한 시책을 수립·시행하여야 한다.

① 건전한 가정의례의 개발·보급 및 실천과 그 지원에 관한 사항

② 가정의례 관련분야의 전문인력의 양성에 관한 사항

③ 기타 건전한 가정의례의 정착 및 지원에 관하여 대통령령이 정하는 사항

제4조 (가정의례심의위원회) ① 보건복지부장관의 자문에 응하여 건전한 가정의례의 정착 및 지원에 관한 사항을 심의하기 위하여 보건복지부장관 소속하에 가정의례심의위원회(이하 "위원회"라 한다)를 둔다.

② 위원회의 구성·직무·운영 기타 필요한 사항은 대통령령으로 정한다.

제5조 (건전가정의례준칙 등) ① 보건복지부장관은 모든 국민이 가정의례의 참 뜻을 구현할 수 있도록 가정의례의 의식절차를 엄숙하고 간소하게 행하게 하는 것을 내용으로 하는 준칙(이하 '건전가정의례준칙'이라 한다)을 위원회의 심의를 거쳐 정하여야 한다.

② 공직자윤리법 제3조제1항 각호의 1에 해당하는 자와 공직자윤리법 제3조제1항 각 호의 1에 해당되지 아니하는 공무원, 공공기관·단체의 임·직원 및 사회지도층의 위치에 있는 자는 건전가정의례준칙을 솔선하여 모범적으로 준수하여야 한다.

③ 보건복지부장관은 국가기관의 장, 지방자치단체의 장, 공공기관·단체의 장에게 소속 공무원 및 임·직원이 건전가정의례준칙을 실천하는 것을 내용으로 하는 시행지침을 마련하도록 권고할 수 있다.

④ 건전가정의례준칙의 내용과 그 보급 및 실천에 관하여 필요한 사항은 대통령령으로 정한다.

제6조 (보조금의 지원) 국가 및 지방자치단체는 제1조의 목적을 달성하기 위한 사업 또는 활동을 하는 민간단체나 개인에게 필요한 경비를 보조할 수 있다.

제7조 (혼인예식장소의 제공) 국가기관의 장, 지방자치단체의 장, 공공기관·단체 및 국공립 대학 등의 장은 업무수행에 지장이 없는 범위 안에서 강

당 · 회의실 기타 시설을 혼인예식의 장소로 적극 개방하여야 한다.

제8조 (명예가정의례지도원) ① 보건복지부장관, 특별시장 · 광역시장 · 도지사 및 시장 · 군수 · 구청장(자치구의 구청장을 말한다)은 가정의례에 관한 사항을 지도 · 계몽하기 위하여 명예가정의례지도원(이하 '명예지도원'이라 한다)을 위촉할 수 있다.

② 명예지도원의 위촉방법 · 업무범위 기타 필요한 사항은 대통령령으로 정한다.

◦ 건전가정의례준칙

1999. 8.31 대통령령제16544호

제1장 총칙

제1조 (목적) 이 영(令)은 건전가정의례의정착및지원에관한법률 제5조 제4항의 규정에 의하여 건전가정의례준칙의 내용과 그 보급 및 실천에 관한 사항을 규정함을 목적으로 한다.

제2조 (정의) 이 영에서 사용하는 용어의 정의는 다음과 같다.

① '성년례'라 함은 성인으로서의 사회적 책무를 일깨워 주기 위하여 행하는 의식절차를 말한다.

② '혼례'라 함은 약혼 또는 혼인에서 신행까지의 의식절차를 말한다.

③ '상례'라 함은 임종에서 탈상까지의 의식절차를 말한다.

④ '제례'라 함은 기제 및 명절차례의 의식절차를 말한다.

⑤ '수연례'라 함은 60세 이후의 생일을 기념하기 위하여 행하는 의식절차를 말한다.

⑥ '주상'이라 함은 상례의 의식절차를 주관하는 사람을 말한다.

⑦ '제주'라 함은 제례의 의식절차를 주관하는 사람을 말한다.

제3조 (종교의식의 특례) 종교의식에 따라 가정의례를 행하는 경우에는 이 건전가정의례준칙의 범위내에서 그 종교 고유의 의식절차에 따라 행할 수 있다.

제4조 (건전가정의례준칙의 보급 및 실천) 국가기관, 지방자치단체, 공공기관단체 및 기업체 등의 장은 소속공무원 및 임 · 직원 등에게 건전가정의례준칙의 실천을 권장하거나 건전가정의례준칙의 실천사항을 정하여 보급할 수 있다.

제2장 성년례

제5조 (시기) 성년례는 만 19세가 되는 때부터 이를 행할 수 있다.

제6조 (성년례) ① 국가기관, 지방자치단체, 공공기관·단체 및 기업체등이 성년예식을 거행하는 경우에는 엄숙하고 간소하게 행하여야 한다.

② 성년례의 식순·성년선서 및 성년선언의 내용은 별표 1과 같다.

제3장 혼례

제7조 (약혼) ① 약혼을 하는 경우에는 약혼 당사자와 부모 등 직계가족만 참석하여 양가의 상견례를 하고 혼인의 제반사항을 협의하되, 약혼식은 따로 거행하지 아니한다.

② 제1항의 경우에 약혼 당사자는 당사자의 호적등본과 건강진단서를 첨부하여 별표 2의 규정에 의한 약혼서를 교환한다.

제8조 (혼인) ① 혼인예식을 거행하는 경우에는 다음 각호의 사항을 준수하여야 한다.

㉮ 혼인예식의 장소는 혼인 당사자 일방의 가정, 혼인예식장 기타 건전 혼인예식에 적합한 장소로 한다.

㉯ 혼인 당사자는 혼인신고서에 서명 또는 날인한다.

㉰ 혼례예식의 복장은 단정하고 간소하며 청결한 옷차림으로 한다.

㉱ 하객초청은 친·인척을 중심으로 하여 간소하게 한다.

② 혼인에 있어서 혼수는 검소하고 실용적인 것으로 하되, 예단을 증여할 경우에는 혼인 당사자의 부모에 한정한다.

③ 혼인예식이 종료한 뒤 행하는 잔치는 친·인척을 중심으로 간소하게 한다.

④ 혼인예식의 식순·혼인서약 및 성혼선언의 내용은 별표 3과 같다.

제4장 상례

제9조 (상례) 사망후 매장완료 또는 화장완료시까지 행하는 예식은 발인제와 위령제를 행하되, 그 외의 노제·반우제 및 삼우제의 예식은 이를 생략할 수 있다.

제10조 (발인제) ① 발인제는 영구가 상가 또는 장례식장을 떠나기 직전에 그 상가 또는 장례식장에서 행한다.

② 발인제의 식장에는 영구를 모시고 촛대·향로 및 향합과 기타 이에

준하는 준비를 한다.

제11조 (위령제) 위령제는 다음 각호의 구분에 따라 행한다.

① 매장의 경우 : 성분이 끝난 후 영정을 모시고 간소한 제수를 차려놓고 분향 · 헌주 · 축문읽기 및 배례의 순으로 행한다.

② 화장의 경우 : 화장이 끝난 후 유해함을 모시고 제1호의 규정에 준하는 절차로 행한다.

제12조 (장일) 장일은 부득이한 경우를 제외하고는 사망한 날부터 3일이 되는 날로 한다.

제13조 (상기) ① 부모 · 조부모와 배우자의 상기는 사망한 날부터 100일까지로 하고, 기타의 자의 상기는 장일까지로 한다.

② 상기중 신위를 모셔두는 궤연은 설치하지 아니하고, 탈상제는 기제에 준하여 행한다.

제14조 (상복 등) ① 상복은 따로 마련하지 아니하되, 한복일 경우에는 백색 복장, 양복일 경우에는 흑색 복장으로 하고, 가슴에 상장을 달거나 두건을 쓴다. 다만, 부득이한 경우에는 평상복으로 할 수 있다.

② 상복을 입는 기간은 장일까지로 하고, 상장을 다는 기간은 탈상시까지로 한다.

제15조 (상제) ① 사망자의 배우자와 직계비속은 상제가 된다.

② 주상은 배우자나 장자가 된다.

③ 사망자의 자손이 없는 경우에는 최근친자가 상례를 주관한다.

제16조 (부고) 신문에 부고를 게재하는 경우에는 행정기관 및 공공기관 · 단체의 명의를 사용하지 아니한다.

제17조 (운구) 운구의 행렬순서는 명정 · 영정 · 영구 · 상제 및 조객의 순으로 하되, 상여로 할 경우 과다한 장식을 하지 아니한다.

제18조 (발인제의 식순 등) 발인제의 식순 및 상장의 규격은 별표 4와 같다.

제5장 제례

제19조 (제례의 구분) 제례는 기제 및 명절차례(이하 '차례'라 한다)로 구분한다.

제20조 (기제) ① 기제의 대상은 제주로부터 2대조까지로 한다.

② 기제는 매년 사망한 날 제주의 가정에서 지낸다.

제21조 (차례) ① 차례의 대상은 기제의 대상으로 한다.

② 차례는 매년 명절(설날 및 추석) 아침에 주손의 가정에서 지낸다.

제22조 (제수) 제수는 평상시의 간소한 반상음식으로 자연스럽게 차린다.
제23조 (제례의 절차) 제례의 절차는 별표 5와 같다.
제24조 (성묘) 성묘는 각자의 편의대로 하되, 제수는 마련하지 아니하거나 간소하게 한다.

제6장 수연례
제25조 (회갑연 등) 회갑연 및 고희연 등의 수연례는 가정에서 친척과 친지가 모여 간소하게 한다.

◦ 가정의례 순서 및 서식

[별표 1]
성년례의 식순·성년선서 및 성년선언(제6조제2항관련)

1. **성년례의 식순**
   가. 개별 성년례
      (1) 개식
      (2) 성년자 배례
      (3) 축사
      (4) 성년선서 및 서명
      (5) 성년선언 및 서명
      (6) 초례 및 주례의 훈화
      (7) 성년자 배례
      (8) 폐식
   나. 집단 성년례
      (1) 개식
      (2) 국민의례
      (3) 성년자 호명
      (4) 성년자 경례
      (5) 주례의 훈화
      (6) 성년선서 및 서명
      (7) 성년선언 및 서명
      (8) 내빈축사 및 답사

(9) 성년자 내빈에 대한 경례
(10) 폐식

2. 성년선서

성 년 선 서

저는 이제 성년이 됨에 있어서 오늘을 있게 하신 조상님과
부모님의 은혜에 감사하고 자손의 도리를 다할 것과 국가와
사회의 주인으로서 정당한 권리에 참여하고 신성한 의무에 충실하여
성년으로서의 본분을 다할 것을 엄숙히 선서합니다.

년 월 일

성년자 ○ ○ ○ (서명 또는 인)

3. 성년선언

성 년 선 언

성 년 자 ○ ○ ○
생년월일 년 월 일

그대는 이제 성년이 됨에 있어서 자손으로서 도리를 다하고
국가와 사회의 주인으로서 정당한 권리와 신성한 의무에 충실 할 것을
다짐하고 서명하였으므로 성년이 되었음을 엄숙하게 선언합니다.

년 월 일

주 례 ○ ○ ○ (서명 또는 인)

[별표 2]
약혼서(제7조제2항관련)

약 혼 서

구 분	남	여

성 명:
주민등록번호:
생 년 월 일:
주 소:

호주의 성명 · 주소 :

위 두사람은 다음과 같이 혼인할 것을 약속한다.
1. 혼인예정일 :
2. 기타 조건

[별표 3]
혼인예식의 식순·혼인서약 및 성혼선언(제8조제4항관련)

1. 혼인예식의 식순
   가. 개식
   나. 신랑입장
   다. 신부입장
   라. 신랑 · 신부 맞절
   마. 혼인서약 및 서명
   바. 성혼선언
   사. 주례사
   아. 양가부모에 대한 인사
   자. 신랑 · 신부 내빈에 대한 인사
   차. 신랑 · 신부 행진
   카. 폐식

2. 혼인서약

혼 인 서 약

저는 ○○○양(또는 ○○○군)을 아내(또는 남편)로 맞아 어떠한 경우라도 항시 사랑하고 존중하며 어른을 공경하고 진실한 남편(또는 아내)으로서의 도리를 다하여 행복한 가정을 이룰 것을 맹세합니다.

년 월 일

○ ○ ○ (서명 또는 인)

3. 성혼선언

성 혼 선 언

이제 신랑 ○ ○ ○군과 신부 ○ ○ ○양은 그 일가 친척과 친지를 모신 자리에서 부부가 되기를 굳게 맹세하였습니다. 이에 주례는 이 혼인이 원만하게 이루어진 것을 엄숙하게 선언합니다.

년 월 일

주 례 ○ ○ ○ (서명 또는 인)

[별표 4]

발인제의 식순 및 상장의 규격(제18조관련)

1. 발인제의 식순
   가. 개식
   나. 주상 및 상제의 분향
   다. 헌주
   라. 조사
   마. 조객분향
   바. 일동경례
   사. 폐식

2. 상장(喪章)의 규격
   가. 감의 크기(두겹)

상장의 크기와 모양

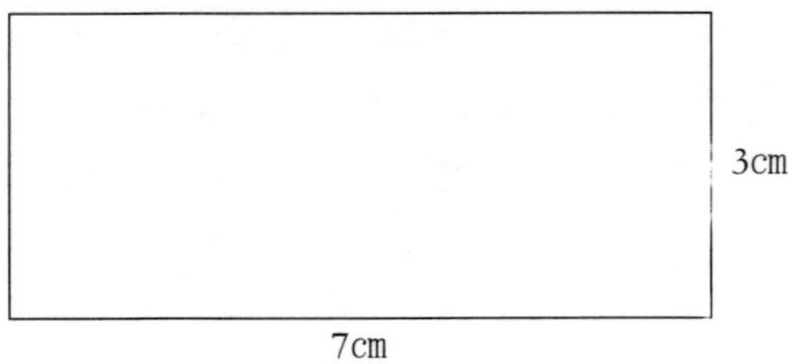

나. 접은 모양

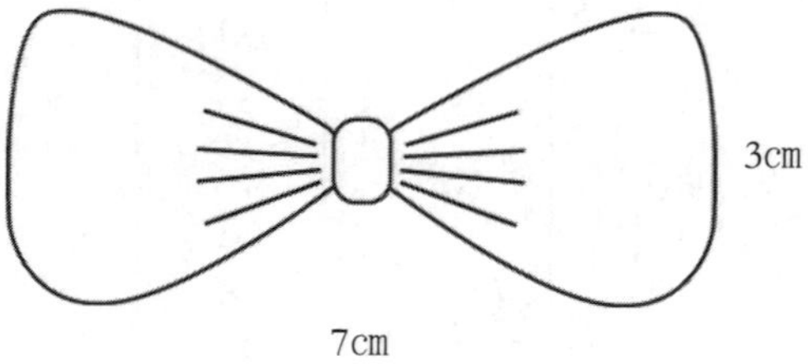

[별표 5]

제례의 절차(제23조관련)

1. 일반절차

   가. 신위모시기 : 제주는 분향한 후 모사에 술을 붓고 참사자는 일제히 신위 앞에 재배한다.

   나. 헌주 : 술은 한 번 올린다.

   다. 축문읽기 : 축문을 읽은 후 묵념한다.

   라. 물림절 : 참사자는 모두 신위 앞에 재배한다.

2. 신위모시기

   신위는 사진으로 하되, 사진이 없는 경우에는 지방으로 대신한다.

   지방은 한글로 백지에 먹 등으로 작성하되, 다음 각목에 의한다.

   가. 부모의 경우

아버님 신위	어머님 ○○○ 신위

나. 배우자의 경우

부군신위	부인○○○신위

다. 차례(합사)의 경우

할아버님신위	할머님○○○○신위	아버님신위	어머님○○○○신위

※ 위 지방(紙榜)의 ○|○|○|○에는 본관과 성씨를 기재한다.

토론해 봅시다.

1. 건전가정의례의 구성요소는 무엇인가?
2. 가정의례의 절차와 서식에는 어떠한 가치들이 내재되어 있는가?
3. 현행 가정의례 규정에서 개선되어야 할 부분을 거론해 보자.

03 북한의 가족법

우리나라는 가족 관련 법률이 '민법'에 편성되어 있지만 북한은 독립된 형태이다. 북한은 해방 다음 해(1946) 9월 '가정의 혁명화' 기치를 내세우며 호적제도를 파기하는 등 전통적인 요소를 척결해 왔는가 하면, 1956년 3월에는 합의이혼제도도 폐지하는 모습을 보여 왔다.

이제 우리는 민족 통일의 미래적 관점에서 이 가족관계 규정이 우리 대한민국의 경우와 어떻게 다른지, 그리고 그 발전적 통합은 어떻게 가능할 것인지 등의 문제의식을 가지고 현행 북한 가족법의 실제를 살펴보기로 한다.

◦ 조선민주주의인민공화국 가족법

1991년 4월 11일 최고인민회의 제9기 2차회의

제1장 가족법의 기본

제1조 조선민주주의인민공화국 가족법은 사회주의적 결혼, 가족제도를 공고발전시켜 온 사회를 화목하고 단합된 사회주의 대가정으로 되게 하는 데 이바지한다.

제2조 결혼은 가정형성의 기초이다. 국가는 결혼을 법적으로 보호한다.

제3조 가정은 사회의 기층생활단위이다. 국가는 가정을 공고히 하는 데 깊은 배려를 돌린다.

제4조 인간의 존엄과 권리를 보장하는 것은 사람을 가장 귀중히 여기는 사회주의제도의 본성적 요구이다. 국가는 후견제도를 통하여 행위능력이 없는 공민의 권리와 리익을 보호한다.

제5조 상속은 개인재산에 대한 법적 보호의 계속이다. 국가는 개인재산에

대한 상속권을 보장한다.

제6조 어린이와 어머니의 리익을 특별히 보호하는 것은 조선민주주의인민공화국의 일관한 시책이다. 국가는 어머니가 어린이를 건전하게 양육하고 교양할 수 있는 조건을 보장하는 데 선차적인 관심을 돌린다.

제7조 조선민주주의인민공화국 가족법은 사회주의적 결혼관계와 가족, 친척들 사이의 인격적 및 재산적 관계를 규제한다.

제2장 결혼

제8조 공민은 자유결혼의 권리를 가진다. 결혼은 오직 한 남자와 한 녀자 사이에만 할 수 있다.

제9조 조선민주주의인민공화국에서 결혼은 남자 18살, 녀자 17살부터 할 수 있다. 국가는 청년들이 조국과 인민을 위하여, 사회와 집단을 위하여 보람있게 일한 다음 결혼하는 사회적 기풍을 장려한다.

제10조 8촌까지의 혈족, 4촌까지의 인척 사이에는 결혼할 수 없다.

제11조 결혼은 신분등록기관에 등록을 하여야 법적으로 인정되며 국가의 보호를 받는다.

결혼등록을 하지 않고 부부생활을 할 수 없다.

제12조 다른 나라에서 사는 조선인민들의 결혼등록은 조선민주주의인민공화국 령사대표기관에 하며 령사대표기관이 없는 경우에는 그 나라의 해당기관에 할 수 있다.

제13조 이 법 제8~10조에 위반되는 결혼은 무효이다. 결혼의 무효인정은 재판소가 한다.

제14조 무효로 인정된 결혼은 처음부터 이루어지지 않은 것으로 한다. 그러나 자녀양육문제는 이 법 제22조, 제23조에 의하여 해결한다.

제3장 가정

제15조 가정을 공고히 하는 것은 사회의 건전한 발전을 위한 중요담보이다. 공민은 가정을 화목하고 명랑하게 꾸려야 한다.

제16조 남편과 안해의 관계는 결혼에 의하여 이루어진다.

제17조 남편과 안해는 자기의 성과 이름을 그대로 가지며 희망과 재능에 따라 직업을 선택하고 사회정치생활에 참가할 수 있다.

제18조 가정생활에서 남편과 안해는 똑같은 권리를 가진다.

제19조 남편과 안해는 로동능력을 잃은 배우자를 부양할 의무를 진다.

제20조 남편과 안해의 관계는 리혼하면 없어진다. 리혼은 재판에 의해서만 할 수 있다.

제21조 배우자가 부부의 사랑과 믿음을 혹심하게 배반하였거나 그 밖의 사유로 부부생활을 계속할 수 없는 경우에는 리혼할 수 있다.

제22조 남편과 안해가 리혼하는 경우 자녀를 양육할 당사자는 자녀의 리익의 견지에서 당사자들이 합의하여 정한다. 합의가 이루어지지 않을 경우에는 재판소가 정한다. 부득이한 사유가 없는 한 3살 미만의 자녀는 어머니가 양육한다.

제23조 자녀를 양육하는 당사자는 양육하지 않는 당사자에게 그가 로동할 나이에 이르기까지의 양육비를 요구할 수 있다. 양육비는 자녀수에 따라 월수입의 10~30% 범위 안에서 재판소가 정한다.

제24조 양육비를 지불하던 당사자가 로동능력을 잃었거나 자녀를 맡아 키우던 당사자가 재혼하여 그 자녀가 계부 또는 계모의 부양을 받을 경우 리해관계자는 양육비를 면제하여 줄 데 대하여 재판소에 요구할 수 있다.

제25조 부모와 자녀의 관계는 혈연적 관계이다. 결혼생활을 하지 않은 남녀사이에서 출생한 자녀와 그 부모의 관계는 결혼생활과정에 출생한 자녀와 그 부모의 관계와 같다.

제26조 자녀는 아버지의 성을 따른다. 아버지의 성을 따를 수 없는 경우에는 어머니의 성을 따르며 부모를 모르는 자녀의 성은 주민행정기관이 정한다.

제27조 자녀교양은 부모의 중요한 의무이다. 부모는 자녀교양을 잘하며 그들을 견결한 혁명가로, 공산주의적 새 인간으로 키워야 한다.

제28조 부모는 자녀의 건강과 신체의 발육을 책임지고 그에 대하여 일상적으로 관심을 돌려야 한다. 자녀는 부모를 사랑하고 존경하며 로동능력을 잃은 부모의 생활을 책임지고 돌보아주어야 한다.

제29조 계부모와 계자녀의 관계는 친부모와 친자녀의 관계와 같다. 계부 또는 계모와 계자녀의 관계가 이루어지면 계자녀와 친아버지 또는 친어머니의 관계는 없어진다.

제30조 공민은 다른 사람의 미성인 자녀를 립양할 수 있다. 선거권을 박탈당한 자, 양자녀의 건강에 해를 줄 수 있는 질병이 있는자, 그 밖에 양자녀를 보육 교양할 능력이 없는 자는 립양할 수 없다.

제31조 립양하려는 공민은 양자녀로 될 자의 친부모 또는 후견인으로부터 립양에 대한 동의를 받아야 한다. 양자녀로 될 자가 6살 이상인 경우에

는 그의 동의도 받아야 한다.

제32조 립양은 양부모로 될 자의 신청에 의하여 해당 주민행정기관의 승인을 받아 신분등록기관에 등록하면 이루어진다.

제33조 양부모와 양자녀의 관계는 친부모와 친자녀의 관계와 같다. 양부모와 양자녀의 관계가 이루어지면 립양 이전 부모와의 관계는 없어진다.

제34조 파양은 양자녀와 양부모 또는 양부모와 양자녀의 친부모나 후견인이 합의하고 해당 주민행정기관의 승인 밑에 신분등록기관에 등록하면 이루어진다. 파양에 대한 합의가 이루어지지 않을 경우에는 재판소가 해결한다.

제35조 조부모는 부모없는 손자녀가 건전하게 자라도록 양육하고 교양하여야 한다. 성인이나 이른 손자녀는 자녀가 없는 조부모의 건강과 생활을 책임지고 돌보아주어야 한다.

제36조 형제자매는 친혈육으로서 서로 사랑하고 존경하며 이끌어주어야 한다. 돌볼 자가 없는 형제자매는 부양능력이 있는 형제자매가 부양할 의무를 진다.

제37조 미성인과 로동능력이 없는 자는 가정성원들 중에서 부양능력이 있는 가족성원이 부양한다. 부양능력이 있는 함께 사는 가족성원이 없을 경우에는 따로 사는 부모나 자녀, 조부모나 손자녀, 형제자매가 부양한다.

제38조 이 법 제37조에 지적된 부양자가 없는 미성인과 로동능력이 없는 자는 국가가 돌보아준다.

제39조 리혼 또는 그 밖의 사유로 가정성원이 갈라져나가는 경우 개별재산은 각자가 가지며 가정재산은 당사자들의 합의하여 나누어가진다. 합의가 이루어지지 않을 경우에는 재판소가 해결한다.

제4장 후견

제40조 미성인과 신체상 결함으로 행위능력을 가지지 못한 자를 위하여 후견인을 정한다.

제41조 미성인에 대한 후견인으로는 부모, 조부모, 형제자매가 될 수 있다. 신체상 결함으로 행위능력이 없는 자에 대한 후견인으로는 배우자 또는 부모나 자녀, 조부모나 손자녀, 형제자매가 될 수 있다. 후견인으로 될 수 있는 자가 여럿인 경우 후견의무수행에 가장 적당하다고 인정되는 자가 후견인으로 된다.

제42조 미성인과 신체상 결함으로 행위능력을 가지지 못한 자에게 이 법 제

41조에 지적된 후견인이 없거나 후견인 선정에서 분쟁이 있는 경우에는 주민행정기관이 후견인을 정한다.

제43조 후견인은 후견받는 자의 재산을 관리하여 그의 대리인으로 된다.

제44조 후견인은 후견받는 자를 보육 교양하며 그의 생활과 건강을 돌보아 주어야 한다.

제45조 후견의무수행정형을 감독하는 사업은 주민행정기관이 한다.

제5장 상속

제46조 공민이 사망하면 그의 재산은 배우자와 자녀, 부모에게 상속된다. 배우자, 자녀, 부모가 없을 경우에는 손자녀와 조부모, 형제자매에게 앞항에 지적된 상속인이 없을 경우에는 가까운 친척순위로 상속된다.

제47조 같은 순위의 상속인이 여럿인 경우 그들에게 차례지는 몫은 같다. 상속인들 가운데서 일부가 상속을 거부한 경우 그에게 차례지는 몫은 나머지 상속자들에게 상속된다.

제48조 법이 정한 상속인이라 하더라도 사망자를 생전에 몹시 학대하였거나 의식적으로 그를 돌보지 않은 자, 상속조건을 고의적으로 만든 자에게는 상속권을 주지 않는다.

제49조 상속받기로 된 자가 상속시키는 자보다 먼저 사망한 경우 그의 자녀는 사망자의 상속순위를 차지한다.

제50조 공민은 자기의 재산을 유언으로 상속시킬 수 있다. 그러나 유언이 유언자의 부양을 받던 공민의 리익을 침해하였을 경우에는 무효이다. 유언의 무효인정은 리해관계자 또는 검사의 신청에 의하여 재판소가 해결한다.

제51조 상속받은 자는 상속받은 재산의 범위 안에서 사망자가 진 빚에 대하여 책임진다.

제52조 상속은 6개월 안에 하여야 한다. 6개월 안에 상속받을 자가 나타나지 않거나 상속받을 자가 상속권을 포기하는 경우 그 재산은 국고에 넣는다.

제53조 상속과 관련한 분쟁은 재판소가 해결한다.

제6장 벌칙

제54조 이 법을 어긴 공민에게는 정상에 따라 해당한 법적 제재를 가한다. 법적 제재의 적용은 재판소의 판결 또는 판정으로 한다.

토론해 봅시다.

1. 북한 가족법의 특징은 무엇인가?
2. 남 · 북한의 혼인규정과 이혼절차의 차이점 및 그 이유를 밝혀보자.
3. 민족통일을 향한 가족법의 개선방향을 제시해 보자.

참고문헌

〈원전〉

군오돈 역, 『禮記』 홍신문화사, 1987.

성백효 역주, 『논어집주』 전통문화연구원, 2003.

성백효 역주, 『맹자집주』 전통문화연구원, 2004.

소혜왕후 韓氏(육완정 역), 『內訓』 열화당, 1984.

劉淸之 · 朱熹(김성원 역), 『小學』 명문당, 1995.

李縡(도암이씨 대종회 역), 『국역 사례편람』 명문당, 2003.

李滉(도광순 역주), 『퇴계선생 自省錄』 삼중당, 1995.

朱熹(임민혁 옮김) 『주자가례』 예문서원, 2003.

秋適(박일봉 역), 『明心寶鑑』 육문사, 1995.

黃泌秀, 池松旭(한국정신문화연구소 역), 『增補四禮便覽 조선시대 관혼상제』 1999.

법전출판사, 『小法典』 법전출판사, 2003.

한국정신문화연구원, 『한국민족문화대백과사전』 웅진출판주식회사, 1991.

『四書正文』, 동인서원, 2001.

〈단행본〉

강신항 · 정양완, 『어느 가정의 예의범절』 문예학술사, 1986.

고정자, 『결혼과 가족』 형설출판사, 2001.

구인회, 『생명윤리의 철학』 철학과 현실사, 2002.

금장태, 『한국현대의 유교문화』 서울대출판부, 1999.

김득중 외, 『우리의 전통예절』 한국문화재보호재단, 1996.

김기인, 『직장생활과 예절』 형설출판사, 2004.

김수청, 「유교의 생명론과 안락사 문제」 『한국민족문화』(제24집), 2004.

김종욱, 『한국가훈사전』 문화출판공사, 1988.
김충렬, 『유가윤리강의』 예문서원, 1994.
김태길, 『유교적 전통과 현대 한국』 철학과 현실사, 2001.
문성학, 『현대인의 삶과 윤리』 형설출판사, 1998.
손인수, 『한국인의 道와 미풍양속』 문음사, 1984.
손인수 · 이원호, 『한국인의 家訓』 문음사, 1984.
예절교재편찬회, 『현대인의 예절』 형설출판사, 2002.
이경찬, 『한국인의 酒道』 자유문고, 1993.
전례연구위원회, 『우리의 생활예절』 성균관출판부, 1997.
정태윤, 『생활예절의 이론과 실제』 문경출판사, 1997.
조남욱, 『한국 윤리의 검토』 부산대출판부, 1991.
조남욱 외, 『앎과 삶에 대한 윤리학적 성찰』 한국정신문화연구원, 1988.
조선일보사 · 국립국어연구원, 『우리말의 예절』 조선일보사출판국, 1991.
조점동, 『아름다운 매너』 기러기문화원, 2002.
최성호, 『大學禮節』 문현사, 1988.
한국정신문화연구원, 『삶 그리고 죽음』 대한교과서(주), 1995.
한국철학사상연구회, 『삶, 사회 그리고 과학』 동녘, 1991.
메이브 빈치/정현종 옮김, 『친구네 집에 가는 길은 먼 법이 없다(Friendship)』 이레, 2004.
맥긴니스. A. L., 『진정한 우정의 비결』 보이스사, 1989.
김종택 외 3명, 『화법의 이론과 실제』 도서출판 정림사, 1998.
조영대 외 2명, 『글로벌 에티켓과 매너』 백산출판사, 2003.
원융희, 『글로벌 에티켓』 자작나무, 1999.
노르베르트 엘리아스/박미애 옮김, 『문명화과정 I』 한길사, 2003.
Aries, Philippe, Duby, Georges, Chartier, Roger, 이영림, 아리에스, 필립/카스탕, 이브/르브룅, 프랑수아/샤르티에, 로제/르벨, 자크/레이넘, 오리스트/플랑드랭, 장-루이/젤리, 자크/푸아질, 마들렌/굴모, 장, 『사생활의 역사: 르네상스부터 계몽주의까지/3』 새물결, 2002.
이명환, 『이럴 땐 어떻게』 21세기 북스, 1995.
조선일보, 『글로벌에티켓기사모음』 1999-2001.
이혁재, 『우리 얼마든지 잘 할 수 있습니다(글로벌 에티켓 교본)』 조선일보사, 1999.
2002년 월드컵축구대회문화시민운동중앙협의회, 『문화시민에티켓』 1999.

웨스틴조선비치호텔, 『테이블매너와 에티켓교본』 1997.

부산롯데호텔, 『현대인을 위한 정통 테이블 매너교실』 1998.

정보통신윤리위원회(사)KIPS IT 인증원, 『인터넷 윤리』 이한출판사, 2005.

Mark Caldwell, 『A Short History of Rudeness』, Picador USA/New York.

John F. Kasson, 『Rudeness & Civility(Manners in Nineteenth-Century Urban America)』, Hill & Wang/New York, 1990.

〈인터넷사이트〉

www.albion.com

http://www.albion.com/netiquette/index.html

http://kin.naver.com/openkr/entry.php?eid=Ve0RRMw+yGofQYBIrA2kSnxXLzFop+he

http://news.naver.com/news/read.php?mode=LSD&office_id=105&article_id=0000003285&section_id=104&menu_id=104

생활과 매너

초판1쇄 / 2006년 3월 10일
저 자 조남욱 외
펴낸이 여국동
펴낸곳 도서출판 인간사랑
인 쇄 백왕인쇄
제 본 은정제책사

(411-815) 경기도 고양시 일산구 백석동
1178-1
대표전화(031) 901-8144, 907-2003
팩시밀리(031) 905-5815
e-mail / igsr@Yahoo.co.kr

출판등록 1983. 1. 26. / 제일-3호

정가 12,000원

ISBN 89-7418-191-6 03190

※ 잘못된 책은 교환해 드립니다.
※ 저자와의 협의하에 인지는 생략합니다.